Əsəd Bəy

Qafqazın
on iki sirri

❧

Alman dilindən ingilis dilinə tərcümə edən:
CORC UOTERSTON

Essad Bey

Twelve Secrets of
the Caucasus

Bakı neft milyonçusunun xəstə oğlu atasının izni ilə süd qardaşı Əli bəylə birlikdə yay tətilini onların kəndində – Qafqazın uzaq bir dağ aulunda keçirməyə gedir. Yeniyetmələr qoca bir xədimin müşayiəti ilə qədim bir dünyaya, cəngavərliyin hakimiyyətdən, şairliyin zadəganlıqdan üstün tutulduğu dağlar diyarı Dağıstana yola düşürlər...

Bu, Əsəd Bəyin ikinci kitabıdır. İngilis dilində ilk dəfə 1931-ci ildə çap olunmuş əsərdə müəllif öz gördüklərinə və Şərq təsəvvürlərinə əsaslanaraq Qafqazın nəhəng mənzərəsini yaradır, onun xalqları və adət-ənənələri haqqında geniş məlumat verir. Bəzən, hətta elmi dəqiqliyi iddia etməsə də, təsirli bir dillə bu diyarın nəinki on iki sirrini, min bir sirrini də açır. Tez-tez təxəyyülünün gücü ilə, qəlbinin və ruhunun cazibəsi ilə ömründən keçən günlərini canlandırır, bir vaxt uşaq kimi yaşadıqlarını, sevdiklərini səhifələrə köçürür, zəngin bədii detallarla oxucu marağını əsir edən etnoqrafik "yol xəritələri" çızır.

Essad Bey **TWELVE SECRETS OF THE CAUCASUS**
Əsəd Bəy **QAFQAZIN ON İKİ SİRRİ**
Bakı, Qanun Nəşriyyatı, 2014, 308 səh., 1000 tiraj

Alman dilindən
ingilis dilinə tərcümə edən: Corc Uoterston
İngiliscədən tərcümə: Firidun Ağazadə
Redaktor: Cavid Cabbaroğlu (İsmayıl)
Korrektor: İradə Musalı

ISBN 978-9952-26-809-6

© Qanun Nəşriyyatı, 2012, 2014
© First published 1931

Qanun Nəşriyyatı
Bakı, AZ 1102, Tbilisi pros., 76
Tel.: (+994 12) 431-16-62; 431-38-18
Mob.: (+994 55) 212 42 37
e-mail: info@qanun.az
www.qanun.az
www.fb.com/Qanunpublishing

1 noyabr 2013-cü ildə Vergilər Nazirliyinin 20 nəfər əməkdaşı Qanun Nəşriyyatına qeyri-qanuni reyd edərək bütün sənədləri müsadirə etmiş, az sonra 150 min manat cərimə kəsilmiş, Nəşriyyatın fəaliyyətini təhlükə altına salmışlar.

Məmurların qanunsuz əməllərinə etiraz olaraq görkəmli ziyalılar Nəşriyyata dəstək məqsədilə təmənnasız yardımlarını təklif edir.

Bu kitab nəşriyyata yardım məqsədilə Cavid Cabbaroğlu tərəfindən redaktə olunmuşdur.

MÜNDƏRİCAT

GİRİŞ

Şərqin incisi olan Qafqaz... Qədim vaxtlarda ona "torpağı dövrəyə almış dağların üzüyü" deyiblər – "barmağa dolanan nişan üzüyü kimi". Bu günsə Şərqin şairləri onu "dillər və möcüzələr diyarı" adlandırırlar, çünki bu dağlarda işlənən dillərin sayı bilinməz, bu dillərlə bağlı söylənən möcüzələr saya gəlməz.

Bu kitab gözümlə gördüyüm, qismən də başqalarından eşitdiklərim əsasında həmin əsrarəngiz və özünəməxsus dünyanı təsvir etmək, sizə tanıtmaq cəhdidir. Min illər ərzində Asiya ilə Avropa arasında ucalan bu azman dağlar maraqlı qəbilələrin, ağlagəlməz adət və ənənələrin vətəni olmuşdur. Onun Prometeydən Stalinə qədər uzanıb gələn heyrətamiz tarixi artıq unudulmuş, yaşanmış dünya tarixinin bu yerdə olduğu kimi qorunub saxlanan maraq emalatxanasıdır. Sərt amansızlıq, quldurluq, qan hərisliyi, eyni zamanda bir cəngavər məğrurluğu, nəciblik və şərəf hissi bu dağ adamlarını səciyyələndirən cəhətlərdir. Onları barbar, geridəqalmış və mağara təfəkkürlü adamlar kimi təsəvvür etmək kökündən səhvdir. Qafqaz xalqlarının tarixi üzrə gözəl mütəxəssislərdən biri olan professor Marr[1] çox düzgün olaraq qeyd edir ki, "Qafqazda barbar xalq yoxdur, burada öz mədəniyyəti olmayan xalq da yoxdur". Həm də bu mədəniyyət heç də əhəmiyyətsiz deyil, hətta bu, zahiri mədəniyyət

---

[1] Nikolay Yakovleviç Marr (1865–1934) – Rus sovet şərqşünası, akademik, Qafqazşünas, filoloq, tarixçi, arxeoloq və etnoqraf, SSRİ Elmlər Akademiyasının vitse-prezidenti.

təzahürləri formasında deyil, avropalıların anlaya bilmədiyi ruhi-mənəvi formada görünsə belə.

Bu gün Qafqaz yollar ayrıcındadır. İnqilablar, müharibələr əski patriarxal yaşayış tərzinin əsaslarını sarsıtmaqdadır. İndiyə qədər özlərini dünyadan təcrid edib bir dərə qucağında yaşamağı üstün tutan qəbilələr, şəraitin diktəsi ilə əcdadlarının həyat tərzini davam etdirənlər bu gün Qafqazın geniş və məhsuldar düzlərinə enir, buralardan getdikcə daha çox köç edirlər. Əgər bu cür davam etsə, bu dağ xalqları əsrlər boyu arzuladığını, doğrudan da, həyata keçirib düzlərdə məskunlaşsalar, bu gün hələ də var olan məğrur və çapqınçı Qafqaz hökmən məğlub olacaq, köhnə adətlər, buradakı həyatın qədim özünəməxsusluğu başqa bir nizamla əvəz olunacaq. Hazırda bu inkişaf tam getmir. Avropa artıq qapıları döyməkdədir, amma qapılar yarı açılır. Qafqazı tanıyan hər kəs bilir ki, sonuncu quldurun sülhsevər bir əkinçiyə, biçinçiyə çevrilməsi yüz il çəkə, sonda isə dağların romantik həyatı sönə bilər. Amma bu metamorfoza yavaş-yavaş başa çatır. Köhnə nizam dəyişir, hətta bu gün, bu sətirləri yazdığım anda, ola bilsin, səs-küylü dağlı adətləri, yaxud başqa nələrsə yeni, daha müasir və bayağı Avropa adətləri ilə əvəz olunur.

Hələliksə dünya tarixinin bu olayı başa çatmaqda olsun (kim bilir, o nə vaxt başa çatacaq), Qafqazın füsunkar və əfsanəvi torpağı, həmişə olduğu kimi, diqqəti cəlb etməkdədir. Onun ayaq dəyməmiş zirvələri sirlərlə doludur, qaya və dərə yamaclarında naməlum tayfalar yaşamaqdadır, əski kübar nəcabəti bütün təmtərağı ilə görünür. Cəsarət göstərib onun zirvələrinə ayaq basan avropalı isə bu günə qədər də bilmir ki, bu dağların cəsur oğulları onu qonaqpərvərliklə, yoxsa güllə ilə qarşılayacaqlar.

Qafqazda yaşayan xalqlar müxtəlifdir. Burada xristian, müsəlman, bütpərəst və yəhudi tayfaları çiyin-çiyinə ömür sürürlər. Qədim və gözəl mədəniyyətləri olan gürcülər, ermənilər, azərbaycanlılar xevsur, svaneti və bu kimi barbar, kobud tayfalarla qonşuluqda yaşayırlar. Dağlar ucaldıqca Qafqazın üç böyük, mədəni xalqının təsiri daha aydın görünür, varlığın ilkinliyi daha mühafizəkar, daha xarakterik hiss olunur.

Az qala Allahın da unutduğu bu dar dərələrdə, bu dağ zirvələrində məskən salmış dağlı tayfalarının yaşayış və adətlərini təsvir edərkən demək istəyirəm ki, qoca Qafqaz məhz buralarda yaşayır. Amma ümid edirəm ki, bu qədim dağ torpaqlarının ekzotik xarakteri bir avropalının mənim vətənimə olan münasibətinə mənfi təsir etməyəcək. Əksinə, düşünürəm ki, mənim təsvirim bu insan ayağı dəyməmiş, tamamilə fərqli olan yerlərlə tanış olmağa imkan yaradar.

Bədxah tənqidçilərimə bir neçə söz. Müəllif öz şəxsi müşahidələrindən bilir ki, Qafqazda xəstəxana və qızlar üçün orta məktəb kimi şeylər var. Amma ensiklopediyada bəhs olunmalı şeylər bu kitabda rast gəlinməyə bilər, çünki kitabın belə geniş elmi tədqiqat məqsədi yoxdur.

Əsəd Bəy
Berlin, 1930-cu ilin payızı

1.

DAĞLARA DOĞRU

İsgəndər Xan, özünün dediyinə görə, gəncliyində orduda xidmət etmişdi. Taleyi etibarsızlıq etməsəydi, şübhəsiz, yüksək hərbi təltiflər də alacaqdı. Pasportunda yazılmışdı: "İsgəndər Xan. Zadəgan". Bu sözlərin altında isə mötərizədə yazılmışdı: "Savadsızdır". İsgəndər bu sözü pasportundan silə bilmirdi. Elm, bilik öyrənmək dərin bir uçurum kimi onu həmişə qorxudurdu, amma məmur olduğu üçün lap doğma Dağıstanda da, heç olmasa, adını səhvsiz yazmalı, qol çəkməli idi. Əks halda, adını daşıdığı Böyük İsgəndərin adından imtina etməli idi.

Sonralar İsgəndər Xan tez-tez təkrar edərdi: "İndi cəngavərlər də xəttatların tayı olub. Heç kim düşmən aulunu çapıb talamır, qoyun-quzu oğurlamır, düşmən tayfanın gözəl qızlarını qaçırmır. Evdə otururlar, qılıncları kütləşir, kitablara baxa-baxa qara-qura işarələr gözlərinin nurunu aparır. Azad cəngavərin kitabla nə işi?"

Mənim üçün İsgəndər Xan Dağıstan cəngavərliyinin rəmzi idi. Uzun, qara bığları dodağının üstündən qorxunc bir şəkildə sallanırdı. Heç vaxt ayrılmadığı, həmişə böyründən asdığı qılınc və xəncəri o yeridikcə cingildəyirdi. O axşam da xəncərini ehmalca qınından çıxarıb, qızardılmış mal ətindən özünə iri bir tikə kəsəndə də üzündə istefada olan dünya fatehinin zəhmi vardı.

Pasportunda olan təhqiramiz qeyd onun hərbi karyerasını məhv etsə də bu, onun Dağıstan sakinləri arasındakı nüfuzuna xələl gətirə bilməmişdi. Onlar xarici pasportdakı zəhlətökən yazılara fikir vermirdilər. İsgəndərin zəhmi onları basırdı. Demə görməmişəm, təmtəraqlı hərbi libasda, şəstlə atın belində oturub kəndin içindən keçəndə adamlar ona baş əyir, onun nəcabət və qüdrəti, cəngavər şücaəti haqqında əfsanələr danışırdılar.

Mən özüm möhkəm inanırdım ki, bir Dağıstan kəndinin sahibi olan İsgəndər Xan daha çox qorxubilməz bir banditə oxşayır, nəinki adi məmura. "İsgəndər, indiyə qədər neçə adam öldürmüsən? Neçə qız qaçırmısan?", – deyə soruşanda, deyəsən, başa düşdü ki, inkar etmək onun ləyaqətini əskildər, ona görə də fəxrlə "Çox, lap çox", – dedi. Bu günə qədər də bilmirəm ki, bunu deyən zaman onun sözlərində daha çox həqiqət vardı, yoxsa etdiklərini daha çox qələmə vermək istəyi. İsgəndər Xan haqqında çox şeylər danışırdılar – bir kəndin sahibinə, bir ailənin başçısına əsla yaraşmayan şeylər.

Ailəsi böyük olsa da, bircə arvadı vardı, ona da əsl döyüş cəngavəri kimi çox sadiq idi. Arvadı ləzgi idi, onu Dağıstandan gətirmişdi. Bu qadın ailəyə, evliliyə bir Avropa anlayışı gətirmişdi, üstəlik uşaq doğmağa çox meylli idi. Hər dəfə uşaq gözləyərkən o, dağlardan Azərbaycana enir (nədənsə bu, həmişə qış

vaxtına düşürdü), Bakıda – bu neft diyarının şübhəli
əmin-amanlığı şəraitində öz qadın vəzifələrini yerinə
yetirirdi.

Vaxtın o vaxtı idi ki, mən neft Bakısını ilk dəfə gö-
rürdüm, bu qadın daha bir körpəsini – oğlunu dün-
yaya gətirdi. Uşağın adını Əli bəy qoydular. Anam
xəstəhal olduğundan, atam bu güclü ləzgi qadınını
mənə daya tutdu. O razılaşdı və beləliklə, Əli bəy mə-
nim süd qardaşım, onun atası İsgəndər Xan da mənim
atalığım oldu. Suata adlı dayəm Bakıda çox qalmadı,
tezliklə dağlara qayıtdı. Əli bəy isə sonralar hər il
yayda bizim Bakı yaxınlığında, Mərdəkan kəndində-
ki evimizə gəlir, bizimlə qalırdı. Mərdəkan kəndistan
yeri olsa da, burada kəndçilər yaşamır. Ətrafında bağ-
lar salınmış villalar var. Bağlardan o yana neftli çöllər,
onlardan da o tərəfə yaşıl düzlər uzanıb gedir.

Mənə Mərdəkana getməyə hərdən icazə verirdilər.
Deyirdilər ki, orada – qarpız və şaftalı plantasiyaları
ətrafında malyariya tüğyan edir. Hər yaz asfalt yum-
şalmağa başlayanda mən şimala – Almaniya, Fransa,
ya da İsveçrəyə gedirdim, Mərdəkandakı evimiz boş
qalırdı, atam hərdən neft işlərindən başı açılanda gə-
lib orada dincəlirdi. Sonra müharibə başladı, xaricə
getməyə daha imkan olmadı.

1916-cı ilin yayında mən Mərdəkana gəldim. Bura-
da bir müddət qalmalı idim. Süd qardaşım Əli bəyi
gördüm, qarpız və şaftalı yedik. Qoca xidmətçi bizə
nağıllar danışdı. Mən burada malyariyaya tutuldum.
Mənim malyariyaya tutulmağımdan dolayı Mərdə-
kandakı evimizdə hamı əl-ayağa düşmüşdü. Həkim-

lər, təcrübəli neftçilər, belə hallarda həmişə başımın üstünü kəsdirən xalalarım... hərə bir məsləhət verirdi. Hər kəs özünü müəyyən qədər günahkar sayırdı, amma heç kim dəqiq bilmirdi ki, malyariyaya qarşı nə etmək lazımdır. Xəstəliyin həqiqi müalicəsini bizə nağılçı qoca xidmətçi dedi.

Bu qoca xidmətçi xədim idi, cavanlığında İranın harasındasa kişiliyini itirmişdi, deyəsən, elə o vaxtdan da nağıl xəzinəsinə dönmüşdü, dərin mühakimələri vardı, noğul-nabatı çox sevirdi. Atam on beş il qabaq onu haradansa tapıb gətirmişdi, o vaxtdan bəri həm kişi işlərini, həm də qadın işlərini görürdü. Bu keyfiyyətlərini özü də bilir, bununla qürur duyurdu.

"Allah-taala, – xədim sözünə belə başlayardı, – yeri yaradanda o, dənizin üzü kimi hamar və düz idi. Yer üzərində cürbəcür məxluqlar vardı: insanlar, heyvanlar, ruhlar, əzablar, bir də xəstəliklər. Adil Allah bunları yaradandan sonra fikirləşdi ki, yeri çox hamar və düz yaradıb, ona görə də qərara gəldi ki, səxavət göstərib hər torpağa dağlar, təpələr də versin. Odur ki, dağları, təpələri kisəsinə yığıb onları ədalətlə yer üzünə paylamağa başladı. Əzab və xəstəliklərin sahibi Şeytan isə istəmirdi ki, insan bunlara sahib çıxsın. Allah Xəzər dənizi ilə Qara dənizin üstündən keçəndə Şeytan kisənin ağzını açır, kisədəki bütün dağlar bu iki dənizin arasındakı düzənliyə səpilir. Dağlar diyarı Qafqaz belə yaranır. Amma Dünyanın Sahibi yaman qəzəblənmişdi. "Ey, Şər! – O deyir. – Sən mənim yaratdıqlarımın ən məkrlisi və mənim birinci səhvimsən. Ona görə də cəza olaraq sənə bu dağlara gəlməyi qadağan edirəm. Bu dağlarda insanlar və heyvanlar məskən salacaq, amma sən, sənin qulluqçuların olan əzablar və xəstəliklər bu torpağa gərək ayaq basmasın. Bu dağlar arasındakı həyat sizsiz də çox ağır olacaq".

Adil və Rəhmli Allah belə dedi, belə də oldu. Əzab və xəstəliklər düzənliklərdə, bağlarda, həyatın asan olduğu yerlərdə məskən saldı. Cəsurlar və kübarlar isə uca dağlarda, şərin, azar-bezarın olmadığı yerlərdə qaldılar".

Qoca xədim ağıllı adam idi. Mənim bu halımda hamı ona diqqətlə qulaq asırdı. Mən yastığa dirsəklənib dedim:

– İstəyirəm dağlara, dostum Əli bəygilə gedim.

Atam boğazını arıtladı. Dedi:

– Dağlarda barbar adamlar yaşayır, dillərini də heç birimiz bilmirik. Orada bütpərəstlər, çapqınçılar yaşayır. Neyləyəcəksən dağlarda?

Süd qardaşım Əli bəy ayağa qalxdı, öz yerlərini tərifləməyə başladı:

– Dağlarda mənim atam, anam, qardaşlarım, bacım yaşayır. Onlar mənim süd qardaşıma yaxşı baxacaqlar. Bizim aulda yolkəsənlər, soyğunçular yoxdur. Mənim qardaşıma Dağıstanda heç kim toxuna bilməz. Atamın bütün aulda, elə hər yanda yaxşı dostları var. Dağlarda hava da buradakından yaxşıdır. Qardaşım orada sağalacaq.

Mənim süd qardaşım, müdrik xədim və mən bir neçə gün atamı dilə tutduqdan sonra İsgəndər Xanın kəndlərinə getməyə icazə aldıq. Mənə bütün yayı Dağıstanda qalmağa icazə gərəkdi, sonra da Qafqazın sirli mineral suları çağlayan Beştau dağlarına gedəcəkdim. Atam mənimlə gedə bilməsə də süd qardaşım mənimlə getdi. Bizimlə birlikdə mənə dayəlik edəcək müdrik xədim, bir də neft kontorundan iki etibarlı adam gedirdi. Atam, nəhayət, bu adamlarla Qafqazdakı qohumlarımızın yanına getməyimə icazə verdi. Yola düşməzdən qabaq atam mənə qızıldan düzəldilmiş bir Qafqaz xəncəri verdi, dağlarda ondan haçan istifadə etmək lazım olduğunu, ləyaqətli və tərbiyəli adam kimi özümü necə aparmalı olduğumu başa saldı. O özü bu barbar, dağlıq ölkəni yaxşı tanıyırdı, bilirdi ki, oradakı qanunlar, qaydalar bir neft şəhərinin hotellərindəkindən daha mürəkkəbdir.

– Dağıstanın barbar xasiyyətli adamları, – atam deyirdi, – dünyada heç kimə oxşamır, onlar ipə-sapa yatmayan, tamam başqa cür adamlardır. Dağıstanda səhv etməmiş gəzib dolanmaq çətindir. Hər şeydən əvvəl gərək sən qocalara hörmət edəsən, oranın adətlərinə əməl edəsən. Həmişə yadda saxla ki, dağlarda pulun heç bir əhəmiyyəti yoxdur. Əgər bir şey olsa, xidmətçi deyən kimi elə.

Bu öyüd-nəsihət sözləri çox yerinə düşürdü, çünki ağıllı xədim çox görüb-götürmüş adam idi. Beləliklə, biz yaxşı silahlanıb, yaxşı da məsləhətlər alandan sonra süd qardaşım Əli bəylə birlikdə bir çox tayfaların, bütpərəstlərin, cəngavərlərin, yolkəsənlərin və qorxubilməz igidlərin torpağına yola düşdük.

2.

İDİLLİK – QAÇAQ-QULDUR YUVASI

Dağıstanın mərkəzindəki Temirxan-Şura qəsəbəsinin qərb tərəfində yerləşən Qunib kəndinə gəldik. İsgəndər Xanın aulu Qunibin arxasında, köhnə Şamxal qəsrinin xarabalıqları yaxınlığında, sanki qayaların köksündən asılıb qalmışdı. Beş gün idi ki, yol gəlirdik. Əvvəlcə Xəzər dənizinin sahili boyu, köçərilərin getdiyi məşhur yolla gəldik. Hər il yazağzı bir az şimal tərəfdə yaşayanlar əsrlər boyu bu yolla Zaqafqaziya düzlərinə enib gəlirdilər, sonra ağıllı bir hökmdar bu dağ keçidini dəniz tərəfdən dəmir divarla tutur. "Buradan Azərbaycan ərazisi başlayır", – hökmdar dəmiri döyəcləyib deyir. Köçərilər çaşıb qalsa da, o gündən yolların ağzı düzlərə tərəf dönür.

Temirxan-Şuradan o yana – bu şəhərin əsasını Teymurləng qoyub, sonralar rus generalları dağıdıb – dağlar başlayır, dəniz sahilinin yaşıl zolağı qurtarırdı. Uzaqda bozaran zəhmli dağlar xeyli qorxunc görünürdü. Buralarda hələ də qaban və pələnglər yaşayırdı. Unudulmuş xarabalıqlar yerə çöküb az qala görünməz olmuşdu. Ləzgilər qapı doqqazlarında oturub tanımadıqları adam yaxınlaşarkən havaya güllə atırlar – bu yolla ya qorxudur, ya da qarşılayır, salamlayırlar. Əgər yolçu dağlıların geyimində olmasa, onu diqqətlə süzür, arxasınca uzun-uzadı boylanır, sonra bərkdən gülürlər.

Yol üstündəki birinci kənddə paltarımı dəyişməli oldum. Ağ, çərkəzi paltarım, xüsusən böyrümdən asılan qızıl xəncərim dağlıların təbii hisslərini yerindən oynadırdı. Sanki məni barbar zənn edirdilər. Ağı, qızılı şəhərdə və ya da təmtəraq məskəni Beştauda geyərlər, o yerdə ki, orada heç kimin yaxşı zövqü yoxdur. Burada, dağlarda isə deyirlər ki, gərək paltar xəncərə yaraşsın. Qızıl tünd, ya da tamamilə qara paltarla yaxşı uyuşur. Mənim vəziyyətimdə isə yaxşı geyinmək istəyən adam üçün qara və sarı ən münasib idi. Onda da yalnız xəncər qızıldan olmalıdır. Qızıl naxışlı revolver və ya qılınc götürmək, yaxud üst-başı bər-bəzəkli halda kəndin içindən keçib getmək ciddi səhv olardı. Bu axırıncı lap pis zövqün əlaməti sayılırdı. Sadə çoban da belə geyimdə olan adama arxasını çevirərdi, bər-bəzəyi İran şahının, yaxud Rus çarının bəxşişi olsa da.

Mahaçqalada Dağıstanın dəmir yolu bitir. Yolun qalan hissəsini kənddən-kəndə keçərək, dağ cığırı ilə eşşək belində getməli idik. Bu kəndlərin hər birində İsgəndər Xanın bir dostu bizi qarşılayır, onların ağası, mənim atalığım olan İsgəndər Xanın son igidliklərindən söhbət açırdılar.

Qunibdən keçəndən sonra qarşımızda böyük bir dərə açıldı, qayaların sıldırım yerinə çatanda elə bil səfərimizin məqsədini anladım. Ötəri bir baxış kifayət idi ki, bu əlçatmaz yerlərin necə təhlükəsiz olduğunu hiss edəsən. Aulun başçısı doğrudan da yalnız belə yerdə düşmənlərindən qoruna bilərdi.

– Gəlin əvvəlcə burada dayanaq, – xədim dedi. – Əli bəy qabaqda gedib gəldiyimizi xəbər versin, hazırlıq görsünlər.

17

Çox gözləmək lazım gəlmədi. Paltara bürünmüş, enli, rəngli şalvarda, kürəyində uşaq olan bir qadın göründü. Ayağında qızıl tikməli başmaq vardı. Bir neçə silahlının müşayiəti ilə qadın bizə tərəf yüyürdü.

– Əssə, – o qışqırdı. – Əssə! – İlk dəfə idi ki, döşündən süd əməndə dayəmin mənə verdiyi adı eşidirdim.

Qadın ləzgi dilində nəsə dedi, silahlı adamlar qadının üzünü görməmək üçün çevrilib getdilər. Qadın üzündəki örtüyü açdı. Yalnız mənə, bir də xədimə onun üzünü, iri qaynar gözlərini görməyə icazə verdilər. Qadın qabağımda əyildi, dedim yəqin məni öpmək istəyir, amma süd analığım məni qoxuladı, qollarımı qaldırıb bədənimi, sinəmi, ağzımı qoxuladı. Sonra məni bağrına basıb öpdü, razı halda dedi:

– Daha kişi qoxusu verirsən, bu yaxşıdır. – Sonra yerə oturdu, məni də yanında oturdub dedi: – Əssə, oğlum, onlar deyirlər, sən çox xəstəsən. Mənsə deyirəm ki, sən xəstə deyilsən, bəlkə də acsan. Sən beşiyində yuxuya getməyəndə mən səni əmizdirirdim, sən doyub yatırdın. İndi səni yenə yedizdirərəm, – deyib qadın köynəyini qurşağına qədər endirdi, döşünün birini ağzıma tutdu. Qorxdum, bir gözümlə xədimə baxdım.

– İç, – o, rus dilində dedi, – dağlarda bir-birini belə qarşılayırlar.

Mən cəsarətə gəldim, son dəfə dayəmin döşündən süd əmdim. O qədər əmdim ki, analığımın belində gətirdiyi körpə uşağı etiraz əlaməti olaraq qışqırmağa başladı. Ehmalca analığımın döşünü buraxdım, ayağa qalxdım.

– Sən çox yaxşı anasan, – dedim. – Qoy o balaca da əmsin.

Bir az kənarda bir kişi dayanmışdı. Bu, İsgəndər Xan idi. Mən onu tanımamışdım. O, bərkdən güldü, məni yerdən qaldırıb qucağına aldı, körpə uşaq kimi elə qucağındaca kəndə gətirdi. Dayə, xədim, o biri adamlar arxamızca gəlirdilər. Beləcə, mən süd qohumlarımın yanına gəldim.

Xədimlə mənim qaldığım, artırmalı, villaya oxşar yastı damlı saklyada (qazma) ipək döşəkcələrdən savayı heç nə yox idi. İpək döşəkcələr üstə yeməklər düzülmüşdü. Yatanda döşəkcə üstündə yatır, üstünə ayrı bir döşəkcə də atırdın. Hər axşam İsgəndər Xan bizi görməyə gəlir, mənə buza gətirirdi. Buza güclü alkoqol qatılmış süddür, dağlılar inanır ki, buza hər cür xəstəliyin dərmanıdır. Süd analığım da hökmən hər səhər mənə baş çəkir, ləzgi dilində gözəl ovsun-cadu sözləri deyirdi – etiqada görə, bu ovsunlar buza ilə birlikdə yaxşı təsir edir. Bütün günü mən yastı damda uzanıb dağlara baxır, xəyallara dalırdım.

İndiyə qədər bilmirəm ki, məni sağaldan nə idi – dağ havası, süd və alkoqol, yoxsa ləzgi caduları. Bir şey qətidir: cəmi bir həftədən sonra malyariyanın izi-tozu da qalmadı, mən də ipək döşəkcələri, yastı damı tərk edib sonuncu cəngavərin kəndi ilə yaxından tanış olmağa çıxdım. Əli bəy, mən və xədim birlikdə gəzintiyə çıxdıq. Kəndlərdən, dağlardan, neçə dildə danışan dərələrdən, rəngarəng Dağıstan torpağından keçdik – heybətli, sirli-sehrli, amma qonaqpərvər torpağı səyahətə çıxdıq. Onu çox az adam tanıyır, amma tanıyan belə tanıyır.

3.
DAĞLAR DİYARI

Dağlar heybətli, sirli və müəmmalıdır. Dağıstanda boz şiş dağlar, İçkeriyadakı yaşıl çəngəlliklər, Çeçenistanda bəyaz buzlaq çölləri... Dağıstanda aullarda, boz məscidlərin həyətində bət-bənizi ağarmış insanlar on il, iyirmi il oturub Quran oxuyur, onun nadir və nəfis xətlə yazılmış təkzibedilməz həqiqətlərini öyrənirlər. Cəngəlliklər başlayan yerdə Quran qurtarır. Oralarda bu möhtəşəm kitabı kimsə oxuya bilmir.

Çəngəlliklər arasında, dağlar və çay axarları əhatəsində çadırlar görünür, kimsə onları görə, tapa bilməz, onu tikənlərdən başqa. Çadırlarda, daş sütunlar üzərində ağac fiqurlar qoyulub – meşə tayfalarının tanrıları. Qabaqlarında tonqal alovlanır, ağ saqqallı keşişlər qurbanlıq heyvanı kəsir, çiy ətdən yeyir, ağac tanrılarını və özlərini qurbanın qanına boyayırlar. Əsgərlər də əllərini qanla boyayırlar, onlar əhalini yerindən-yurdundan didərgin salmış kazaklarla döyüşə – çapqına, qarətə hazırlaşırlar. Sonra kazak stanitsaları alışıb yanır, sonra mal-qara böyürtüsü, güllə səsləri... Sonra da Tiflisdə yüz pəncərəli sarayda qərar tutmuş imperator hakimiyyəti uzun-uzun hesabatlar alır və qırmızı karandaşla üstündə yazır: "Cəza ekspedisiyası".

Dağıstanda məscid minarələrindən gündə beş dəfə "Allahu-əkbər" ("Allah böyükdür") sədası ucalır. Dağlılar gündə beş dəfə bu çağırışı və azan səsini eşidirlər: "Allahu-əkbər". Dağlarda hər kəs bunu başa düşür. Ərəb dilindədir, Allah kəlamı Quranın yazıldığı dildə. Ana dilindən, doğma kəndlərinin dilindən başqa, bildikləri yeganə dil budur. Beş-altı kəndin əhalisi (on-iyirmi min adam öz aralarında belə bir ümumi dildə danışa bilir) bir balaca xalq yaradır. Dağın o biri üzündə isə başqa bir xalq yaşayır, hər səsi, hər sözü bu adamların dilindən fərqlənən tamam başqa bir dildə danışır.

Bir-birinə qonşu dərələrdə yaşayan xalqların dilləri Çin və alman dilləri qədər bir-birindən fərqlənir. Qafqazda dağların sayı bilinmir, eynilə dərələrin də sayı-hesabı yoxdur. Bir-biri ilə əlaqəsi olmayan müxtəlif dillərdə danışan, fərqli kəllə sümüyünə malik adamlar bir-birinə yad olan insanlardır. Bu dağlarda yüz, iki yüz, bəlkə də üç yüz dildə danışırlar və çox nadir hallarda qonşusunun dilini başa düşənlər olur. Başa düşməyə heç ehtiyacları da yoxdur, çünki doğma aulu tərk edib özgə dağlara sığınmaq, etibar etmək çətin və təhlükəlidir. Yalnız Abrek – savaşçı və soyğunçu, quldur buna cürət edər, bir də vergi yazan – kəndbəkənd gəzib İslamı təbliğ edən molla. Vergi yazan ərəb dilində yazır. O, hər aulda ərəb dilini başa düşənləri axtarıb tapa, istədiyini yaza bilər.

Quranın dilini öyrənmək çətindir, iradəli və alim adam onun hikmətini başa düşmək üçün on-iyirmi il başını bu kitablara əyməlidir. Savaşçılar, kəndlilər, xüsusən qadınlar buna qabil deyil. Amma kəndli və arvadı Azərbaycan dilini öyrənir. Bu dil asandır, hər kəs – nə qədər küt olsa da – bu dili başa düşə və işlədə bilər.

Amma bu dil əyanlar üçün, qaçaq-quldur üçün münasib deyil. Dağlarda bu dili başa düşənlər olduqca çoxdur. Adi bir qadın da iki zadəganın danışığını eşitsə, nə danışdıqlarını başa düşər, belə işlər isə qadının, kəndlinin, yaxud nökərin, təhkimçinin işi deyil. Əyan-əşrəfin öz dili var, elə bir dil ki, yalnız özləri və ətrafındakılar başa düşür. Bu dil həm də məşhur ov dilidir. Bu dili zadəgan qəsrlərində, kral saraylarında, yolkəsən, pusquçu quldur istehkamlarında yaradıblar. Onun sirri möhkəm qorunur, dağlarda və məlum təbəqə arasında belə geniş yayılmasına baxmayaraq, indiyədək heç kim onu başa düşə bilməyib. Deyirlər, bu, məhv olmuş zadəganlar nəslinin danışdığı dilin qalıqlarıdır, amma bu, yalnız son illər məlum olub. Knyazlar, əyanlar sirlərini belə qoruyurmuşlar. Bütün mühüm işlər, dağlıların taleyinə təsir edəcək bütün təşəbbüslər bu dildə müzakirə edilir – heç kim bu sirri eşitməməlidir. Bu günə qədər bu dildə yalnız beş söz elmə məlumdur, bu sözlər başqa heç bir dilin sözlərinə oxşamır: şapaka – at, amafa – qan, ami – su, asaz – tüfəng və aşopşka – qorxaq. Dilin adı isə belədir: çakobsa.

Bu dillərin heç birinin yazılı forması yoxdur, onsuz da dağ adamlarının yazmağa ehtiyacı olduğu bir şeyləri də yoxdur. Bu işlərə ərəb dilində yazan xəttatlar (vergi yazanlar) baxır. Böyük dağlı xalqlarının – "böyük" sözü burada nisbi mənada işlənir – çox kiçik ədəbiyyatları var, kiçik xalqların isə heç ədəbiyyatı

yoxdur. Onlar hamısı mürəkkəb dağ qanunları – adət-
lər əsasında yaşayırlar. Hər xalqın öz adəti var, onu
da yalnız yaşlılar bilir. Bu adətlərə görə, uşaq qətli,
qardaş-bacı qətli üçün cəza verilmir. Yalnız yad qanlı
adamı, yaxud başqa nəslin adamını öldürməyə görə
cəza verilir, həm də qan düşmənçiliyi qanunlarına
görə.

Bəzən dağlarda yol getdiyin yerdə, orda-burda
tüfəng lüləsi görmək olur – yol kənarında, kənd civa-
rında, kolluqda və ya qaya dalında parıldayan tüfəng
lüləsi. Qorxmaq lazım deyil, bu silahlar turistlərə, gəl-
mələrə tuşlanmayıb. Onlar qan ədavəti olan adamlara
məxsusdur, qurbanlarını gözləyirlər, düşmən tayfa-
nın bu yoldan keçə biləcək adamını axtarırlar. Yalnız
böyük ailə Allahın verdiyi ömrü axıra qədər yaşaya,
yaxud özünü qan düşmənçiliyindən qoruya bilir. Nis-
bətən kiçik tayfa sayca daha böyük düşmən ailənin
heç zaman bitməyən təqibinə məruz qalır. Bu, sərvət,
ağıl, güc, ya da dağlarda yüksək qiymətləndirilən
comərdliyə, cəsarətə görə deyil, daha çox böyük tay-
fadan olan müdafiəçinin və qisasçının kişi qohumla-
rının sayından asılıdır. Təsadüfi deyil ki, dağlılar ara-
sında yayılmış belə bir dua var: "Allah eləsin ki, mə-
nim qohum-əqrəbamın sayı artsın, düşmən tayfamın
adamları isə yoxa çıxsın". Zadəganın da, kəndlinin də
məqsədi budur: qohum-əqrəba çox olsun.

Hər aulda, hər dağ başında, hər bulaq kənarında
qalalar ucalır. Onların hamısı zadəgan istehkamları
deyil. Çoxu sadəcə girişi və bir-iki balaca mazğal-pən-
cərəsi olan daş qüllələrdir. Bu qüllələrin qapısı tutul-

muş olduqda, bunun nə demək olduğunu hər kəs bilir. Mazğal-pəncərələrdən səbri tükənmiş, təlaşlı üzlər baxır, kişi və qadınlar əllərini uzadıb yalvarır, aman istəyirlər. Onlar ömürlük dustaqdır, özləri-özlərini məhkum ediblər, çünki qan düşmənçiliyi üstündə qisas alınanda onlar ən məzlum adamlar olub. Ən məzlum, yəni öz ailələrində. Əgər ailənin bir üzvü təqsiri üzündən, yaxud bilməyərəkdən (bu heç vaxt baş vermir) adam öldürübsə, demək, o öz ailəsini təzyiqə, təhlükəyə məruz qoyur. Əgər o, gücsüz və "zəif"dirsə, onda bu qatil özünü qoruya bilməz, buralardan çıxıb getməlidir. O, qapı-bacasını bağlayıb, dostları və qohumları ilə vidalaşır, zəmisini, mal-qarasını atıb gedir, ailəsini də götürüb təhlükəsiz daş qüllələrin birinə sığınır, oranı bir də heç vaxt tərk etmir. Qapını düşmənlər kəsib, qisas almaq istəyir, qayada, kol-kosda, otluqda növbə ilə pusqudadırlar. Səbirlə gözləyirlər, bir il, iki il, o vaxta qədər ki, qüllənin içindəkilər ya həlak olur, ya da tamam haldan düşüb bezir, qapını açıb düşmən gülləsinin qabağına çıxır. Onlara heç kim baş çəkə bilməz, yalnız gündə bir dəfə dostları onlara yemək-içmək gətirirlər.

Aydındır ki, özü zəif ola-ola güclü bir tayfanın düşmənçiliyini qazanmaq dəhşətli şeydir. Deyilənə görə, bir dəfə qisasçılar bu sayaq qülləyə sığınmış adamları otuz il mühasirədə saxlayıb – bu, qan düşmənçiliyində qeyri-adi bir şey deyil.

Hər xalqın zadəganı, ya da aristokratı olmur. Məsələn, çeçenlər sayca çoxdur, amma onlarda aristokratlıq, kübarlıq yoxdur. "Biz hamımız zadəganıq",

– çeçenlər fəxrlə deyir. Onlar dərəcə, rütbə üstünlü-
yü olmayan xalqdır, heç vaxt da olmayıb, ona görə də
onların dilinə "əmr" sözü şamil edilə bilməz. Bu söz
onlara heç tanış deyil və "xahiş etmək" kimi tərcümə
olunmalıdır. Məsələn, belə deyilə bilər: "Çar cənab
X-dan xahiş edir ki, qazamatda on il keçirsin" (çünki
bu xalq rus qanunları ilə yaşayır).

Çeçenlərin qonşuluğunda, çeçen kəndindən bir az
aralıda kabardinlər yaşayır. Bu xalq bəlkə də dünya
xalqları arasında ən feodal xalqdır. Onlar orta əsr-
lər feodalizminin ifrat prinsiplərini görünməmiş bir
məntiqlə bu günə qədər gətiriblər, bu gün də onları
hökmdarsız, şahzadəsiz, qrafsız, baronsuz, lordsuz,
saray əhlisiz, zadəgansız, meşşansız, əsnaf-sənətkar-
sız, kəndlisiz və qulsuz təsəvvür etmək mümkün
deyil. Yəqin buna görə də bir çox alimlər onları səlib
yürüşlərinin qalıqları hesab edirlər. Hətta bu halda
belə ailə bağları olmayan prins çoxlu ailə üzvü olan
kəndli ilə müqayisədə məzlumdur. Özündən sonra
kimsəsi olmayan şahzadə kənddən çıxarılır, yəni qo-
hum-əqrəbasız onun nə gücü, nə hörməti var.

Zadəganlar və vergi yazanlar dağlardan keçib hər
yana gedirlər. Onlara hörmət edir, onlardan qorxur-
lar, çünki onların yolu "haqq yoludur". Amma onla-
rı sevmirlər, aşıqlar isə burada sevilir. Aşıq universal
artistdir, saz çalır, oxuyur, nağıl söyləyir, şayiələrdən
danışır, xəbər gətirir, trubadur *(orta əsr saz şairi – tərc.)*
kimidir. Aşıq dağlarda ictimai fikri təmsil edir. O,
hərəkat, partiya yarada, qara fikirləri, incə zarafatları
və üstüörtülü atmacaları ilə qanlı qırğınlar sala, aranı

qarışdıra, ya da sülh yarada bilər. Aşıq kiminsə evin-
də çalıb oxusa, durub evin divarındakı xalçanı götürə,
yaxud ev sahibinin xəncərini ala və ya evdən nə istəsə
götürüb apara bilər. Bu artıq ona məxsusdur, onun
haqqıdır, o belə istəyir, kimsə də buna etiraz edə bil-
məz. Keçmişdə əgər aşıq – dağların jurnalisti knyaz
nəslindən olardısa, ev sahibinin qızı və arvadı da ona
məxsus olardı. Çünki aşıq, dağlarda deyildiyinə görə,
həmişə insanların işlərini düşünür, ona görə insanla-
rın sevgisi də ona məxsusdur.

Xalqların bu saysız-hesabsız fraqmentləri heyrəta-
miz, sirli və müəmmalıdır, öyrənilməyib. Kimsə də
bilmir ki, bunlar haradan gəlib və bu əlçatmaz dağla-
rın tarixində hansı rolu oynayıblar. Bunların haqqın-
da latın və yunan dillərində, ərəb, rus və Qərb dillə-
rində uzun-uzun tədqiqatlar yazılsa da, sanki heç nə
demir, bu dağların sirri açılmamış qalır. Dağlılardan
bu haqda soruşsan, başlarını bulayır, saqqalını sığal-
layır, gülümsünüb sizi müdriklərin yanına göndə-
rirlər. Müdrik isə gülümsəmir, əvəzində bəyan edir
ki, "Allah-taala böyük daşqın hazırlayırdı, ona görə
də hər heyvandan biri erkək, o biri dişi olmaqla bir
cüt götürüb Nuhun gəmisinə qoydu ki, xilas eləsin.
Daşqın başlayanda Adil və Qüdrətli Allah hər xalq-
dan iki nəfəri də gəmiyə mindirdi. Sonra bu adamlar
Ararat dağından da hündür olan Qafqaz dağlarında
gizlədildi. İndiki dağlılar, bax, o adamların törəmələ-
ridir. Amma onlara çox artmaq icazəsi verilmir, çünki
hər şey yaxşı olandan sonra bu yerlərə başqa adamlar
da gələcək. Qafqaz xalqları Allahın mərhəmət və cə-
zasının əbədi yadigarı kimi bu dağlarda qalmalıdır".

Müdrikdən bunları haradan öyrəndiyini soruşsan, deyəcək: "Kitabda belə yazılıb".

Dağlarda müdrik adamlardan nəsə soruşsan, bu cür cavab alacaqsan. Hətta yaraqlı, barbar dağlıların dilindən hərdən elə qəribə sözlər eşidərsən ki, bu kəlamlar, bu deyimlər heç ibtidai insanların ağlına gəlməz. Bu sözlər unudulmuş mədəniyyətin əks-sədası, qiymətli qalıqları kimi üzə çıxır, onlar gözlənilmədən "işarır", sanki keçmişin yaddaş pərdəsi qəfildən yırtılır, parçalanır. Sonra bütün bunların "bir kitab"da yazıldığı deyilir – aydındır ki, heç kimin oxumadığı bir "kitab"da. Müdriklik kitabına çox az adamın əli çatır. Hər on ildən bir tayfanın müdrikləri dağlarda yerləşən Esan gölünün sahilində yığışır. Gecələr kitab onların gözünə görünür, burada yığışanlarla hər dildə danışır. Kitab yalnız saat yarım danışır, amma on ilin sükutunu pozmağa elə bu da bəs edir. Qafqaz hələ də elm üçün "terra incognita" (naməlum torpaq) hesab edilir. Tədqiq edilmiş onlarla dil arasında yalnız bir neçəsi digər dilləri xatırladır. Qalanı dünyadan təcrid olunmuş şəkildə yaşayır. Hətta bu əhali qrupunun mənşəyi bilinmir. Üstəlik, heç də hər bir tayfanın, yaxud hər bir dilin adı da yoxdur. Yəni onların çoxunda "bizim xalq", "bizim dil" anlayışı yoxdur, yaxud adları yadlarından çıxıb və ya gizlədirlər. Belə ki, Dağıstanın bir rayonunda səksən minə qədər insan yaşayır ki, bunlar ümumi bir dildə danışırlar, amma dilin adı yoxdur. Alimlər onları avar adlandırmaq istəyirlər, amma qədim avarlarla onların heç bir ümumi cəhəti yoxdur.

Bu xalqların heç birinin mənşəyi məlum deyil. Ola bilsin, min illər qabaq onlar Avropa və Asiya çöllərində yaşayıb, sonra gəlmələr tərəfindən təcavüzə məruz qalıb məhv olublar, yalnız kiçik bir qismi məcbur olub geriyə – dağlara pənah gətirib. Ola da bilər ki, əsrlər boyunca Qafqazdan keçib-gedən saysız-hesabsız miqrasiya axınları nəticəsində köçdən qalanlar, dağlarda orda-burda məskunlaşanlar olub. Beləcə, tarixin yaddaşında iz qoymaqla, tayfaların bəziləri zorla özlərini burada məskunlaşmağa məcbur ediblər.

Dünyanın başqa, daha uzaq yerlərində – İspaniyada, Şimali Afrikada, ondan da o yana Çində Qafqazın dağlı xalqları ilə əlaqəsi olan, bir vaxt yox olmuş qəbilələrin izləri tapılmaqdadır. Suriya və Misirdə də Qafqaz memarlığını xatırladan qalıqlar var. Hindistan və Birmada yalnız Qara dəniz və Xəzər dənizləri arasındakı dağlarda məlum olan adətlər yaşamaqdadır. Qafqazın izi itmiş xalqları, bu dağlar-daşlar danışa bilsəydi, bəlkə də dünyanın tarixi yenidən yazılardı. Bəşəriyyətin min illər ərzində mövcudluğu, məhv olmuş mədəniyyətlər, unudulmuş miqrasiyalar bu dağ xalqlarının sükutunda uyuyur. Onlar əcdadlarının gördüklərini, etdiklərini deyə, danışa bilmir. Bəşər tarixi natamamdır. Onun bəzi sirləri keçmişin bu unudulmuş hücrəsində basdırılıb. Hərdən bu qədimlik atalar sözlərində, anlaşılmaz adətlərdə, yaxud ibtidai vərdiş və hərəkətlərdə özünü göstərir. Kənardan gələnlərə bu keçmiş, şübhəsiz, qeyri-müəyyən və anlaşılmazdır.

Bir şey dəqiqdir ki, silah gəzdirməyə həris olan bu savadsızlar, bu kobud barbarlar heç də barbar deyillər, Avropanın öz möhürünü asan vura biləcəyi yumşaq mum deyillər. Bu xalqların qədim bir mədəniyyəti olmuşdur və o, onları indi də idarə edir. Belə ki, primitiv və həqiqətən barbar xevsurların lap yanında yaşayan inquşların etiketi və sosial ünsiyyəti Avropanın adlı-sanlı məhkəmə etikasından daha çox stereotipləşib, müəyyəndir. Məsələn, kabardinlərin mənəvi mədəniyyəti onların hər bir hərəkətində, hər addımda özünü göstərir, bu, onların yüksək davranış mədəniyyətindən, zadəgan əcdadlarına görə duyduqları nəcabət və fəxarətdən, az inkişaf etmiş qonşularına loyal münasibətindən xəbər verir. Təkcə bu dilləri bilməklə, ölkə daxilindəki əlaqələr və ümumiyyətlə, Şərq münasibətləri haqda biliklərlə bu mədəniyyəti öyrənmək, tədqiq etmək çətindir. Dağlıların möhkəm etibarı, sənə inanması üçün yaxşı zəmanətin olmalıdır. Əslində zəmanət heç lazım olmur, çünki hər yerdə, hətta ən uzaq aullarda da təkcə gəlmə olduğunu bilsələr, sənə ürək qızdırır, hərarətlə qəbul edirlər. Bütün qapılar qonağın üzünə açıqdır, hər kəs qonağa xidmət etməyə çalışır. Amma hər halda bir zadəgandan və ya bir dostdan, kunakdan (qonaqdan) zəmanəti olmasa, qonaq ev sahiblərinin gerçək düşüncələrini, onların həyatını, adət-ənənələrini heç vaxt öyrənə bilməz. Dağlılar avropalılara etibar etmir, ürəklərini açmırlar. Onlar bu tanışlıqdan yaxşı heç nə gözləmirlər. Hətta Qərb səyyahı olan qonağa da qapı açarlar, amma ürəklərinin qapısını şübhə ilə bağlayarlar.

Dağıstanda savadsız ləzgiyə az rast gələrsən, eynilə burada savadlı noqay tatarına da az rast gəlmək olar. Şərqdə savadlı adam maraq doğurur, diqqətdə olur, ona görə, öz yazıları olmasa da, ləzgilərin biliyə can atması aydındır. Onlar müsəlman-sünnidirlər, bütün Qafqazı savadlı mollalarla təmin edən də onlardır. Harada ki, on ləzgi bir yerə yığılır, orada ərəb dili məktəbi açılır, amma buna baxmayaraq, onlar ölkədə ən davakar, pirat və cəsur tayfadır.

Bu tayfalar hamısı Qafqazda yaşadığına görə və öz yaşayışlarını da bu əsasda qurmalı olduqlarına görə, aydındır ki, burada hansısa müəyyən bir oxşarlıq, eynilik olmalıdır. Burada qonaqpərvərlik, ədəb və hörmət-izzət hər yerdə müqəddəs sayılır, hər yerdə də xeyirxahlıq, sədaqət və davakarlıq ruhu hakimdir. Geyimləri də, demək olar ki, eynidir. Burada hamının eyni cür silahı var, dağlardan olmayanlara hamı istehza ilə baxır. Hamıya xas olan ümumi bir cəhət də azadlığa olan dəyişməz sevgidir, üstəlik hər yerdə, hər zaman – istər Avropa məhkəməsi olsun, istərsə də Amerika bankı, ya da Afrika səhrası – özünəməxsus davranışını saxlamaq, bununla da rəğbət və dost münasibəti qazanmaq bacarığı...

Amma ləhcələri, keçmişləri və adətləri fərqlidir. Allahları və məbədləri ayrıdır, sakit, fərqli xüsusiyyətləri də eləcə. Əsrlər öncə bu xalqlar ilk yaşayış yerlərindən həmişəlik ayrı düşüb, mürəkkəb bir mədəniyyətdən qopub Qafqazın bu tutqun-bozumtul daş divarlarına, uca dağlar diyarına sığınıb, bu məchul dərələrə, bəyaz buzlaqlara pənah gətirib və bu torpağı hər cür işğalçıdan mərdliklə qoruyurlar.

4.

ƏLÇATMAZ XƏZİNƏ

Mənim süd qardaşım Əli bəyin pula ehtiyacı yox idi, pul əvəzinə qoyun, xəncər və ya atla alış-veriş edirdi. Amma atası İsgəndər Xan başqa cür edirdi – o, qızıl pulların cingiltisini, mirvarini, daş-qaşı çox sevirdi.

İsgəndər Xan asan pul qazana bilmirdi. Bundan sadəcə çətin baş çıxarır, ona görə də az qazanırdı. Yəqin o da həmkarları ilə dağdan, dərədən vurub keçir, varlıları soyub talayır, pullarını alırdı. Geri qayıdanda kənd içində lovğalanıb dostlarına, knyazlara fəxrlə deyirdi: "Görün necə cəngavərəm". Yəqin ki, o da belə edirdi. Ola bilsin hə, ola bilsin yox. Nökərimiz hər halda buna belə istehza edirdi: "İsgəndər ac-yalavac, oğrun-oğrun dağları gəzib-dolaşır, bir ovuc qızıl əldə etmək üçün. Allah haqqı, sənin atan o düzən yerlərdə daha yaxşı yaşayır. Nə at çapır, nə pusquda durur, nə də adamları soyub-talayır. Torpaqdan başqa heç kimi soymur, amma yenə də İsgəndər Xanın bir ayda qazandığını bir gündə qazanır". Bu sözləri xədim deyirdi.

Biz dərələrdən, qonşu kəndlərdən keçib gedirdik. Haradan keçirdiksə xədim deyirdi: "Buralarda yaşayanlar qəhrəmandır, çünki dünyadan xəbərsiz, biliksiz-zadsız yaşayırlar. Müdrik qocalar ölüb gedib, bircə Şeyx Cəfər qalıb, o da ki, ağzına su alıb, sirlərini faş etmir".

Xədimin nə demək istədiyini yavaş-yavaş başa düşürdüm. Qafqaz olduqca zəngin, sərvətli bir yerdir. Burada pul qazanmaq üçün, doğrudan da, kimisə soymaq lazım deyil. Çox az adamdan savayı, heç kimin bu sərvətdən xəbəri yoxdur, xəbəri olanın da əlindən bir şey gəlmir.

Bir dəfə məcrası qurumuş çayın kənarında oturmuşdum, hiss etdim ki, yel döyən qayanın lap kənarında nəsə yapışqanlı, sürüşkən bir gil parçası əlimə dəydi. Mən bu gil parçasını əlimə alıb sıxdım, yastıladım, ondan bir fiqur düzəltdim. Burnumda tanış bir qoxu duydum. Əvvəlcə buna fikir vermədim. Bu qoxu mənə yaxşı tanış idi. Bu, xam neftin qoxusu idi – gillə qarışmış xam neft. Ayağa sıçradım. Tamam yaddan çıxarmışdım ki, mən Bakıda, hər qarışı neft qoxuyan o şəhərdə deyiləm. Dağıstanda idim. Mənimlə ən yaxın neft mədənləri arasında nəhəng dağlar ucalırdı. Həmin yeri yoxladım, doğrudan da, qayanın altından gilli-palçıqlı kiçik bir neft şırnağı axırdı. Mən bu cür şırnaqların əhəmiyyətini bilirdim. Bir çox Avropa banklarının belə kiçik, nazik neftli şırnaqlara verməyə kifayət qədər pulu yoxdur. Mən neftçilər arasında böyümüşəm, bilirəm ki, onlar belə neftli axınların arzusu ilə yaşayırlar. Mən dərhal bildim ki, bu yerdən axan neft əsl xam neftdir, özü də çox qiymətlidir, şübhəsiz, çox dərin laylardan, həm də özü axıb gəlir. Bu, bir ay ərzində axıb qurtaran, elə-belə qarışıq material deyildi, daimi axıb gedən, tükənməz bir çeşmənin ol-

masına sübut idi. Həyəcanla ayağa qalxdım. Bilmir-
dim nə edim. Ayaqlarımın altında böyük sərvət vardı
– İsgəndər Xan bütün ömrü boyu soyğunçuluq etsə
də bu qədər sərvət toplaya bilməzdi.

– Əli bəy, – qışqırdım. – Əli bəy, bax, gör nə tapmı-
şam.

Süd qardaşım Bakıda tez-tez olurdu deyə neftin nə
olduğunu bilirdi, dərhal yaxına gəldi. Amma üzü ifa-
dəsiz idi.

– Bir şey deyil, – dedi. – İki il qabaq qonşu kənddə
su quyusu qazırdıq, birdən yerin təkindən neft fontan
vurdu. Üç gün fontan dayanmadı, sonra molla o yeri
lənətlədi, fontan dayandı. İndi heç kəs oraya getməyə
cürət etmir. O yeri də torpaqla doldurdular.

Mat qalmışdım. Həmin günlərdə fikirləşirdim ki,
dünyada ən müqəddəs şey neftdir, amma burada ona
laqeyd idilər, torpaqlayıb izini itirirdilər. Xədim də
ora gəldi. Amma bu xəbər ona da heç təsir etmirdi.

– Buralarda hər yerdə neft var, – o dedi. – Amma
adamlar bilmirlər ki, ondan necə istifadə etsinlər. Biz
Bəyə (atama) bu haqda xəbər verməliyik.

Həqiqətən, bu yer dağlarda olduğum vaxt ta-
nış neft qoxusunu hiss etdiyim yeganə yer deyildi.
Get-gedə buna öyrəşdim və neft qoxusu mənim üçün
adi bir şeyə çevrildi. Bir neçə ay sonra bu haqda atama
deyəndə o bərkdən güldü. Heç demə, cavanlığında
bu dağlarda çoxlu neftli yerlər tapıb, hətta geoloqla-
rı göndərib ki, ətraflı yoxlasınlar. Bu yerlərdə nəhəng
neft ehtiyatları gizlənir, bəlkə Bakıdakından da çox.
Amma nə xeyri? Dağlarda yaşayanlar onu çıxara

bilmir, soyğunçuluq, çapovulçuluqla məşğuldurlar. Hətta kimsə bu nefti çıxara bilsə də, az faydası olacaq. Neft şəhərləri salına bilər, nə qədər istəsən, neft çıxarmaq olar, amma dağlardan neft boruları çəkilməli, dəmir yolları salınmalıdır. Bunlarsız ən zəngin quyu da faydasızdır. Nefti nəql etmək üçün hər şeydən əvvəl müvafiq vasitələr olmalıdır. Nefti bir yana çıxarmaq üçün yeganə vasitə dəmir yolları, yaxud kəmərlərdir, bunlar isə tələsik başa gələn şeylər deyil. Ola bilsin, haçansa Bakıda neft tükənsə, o vaxt Qafqazın bu hissəsində neft çıxarıla bilər. Qafqazda neft yalnız dəniz sahili boyu çıxarılır, Xəzər dənizinin sahilində yerləşən Qroznı sakinləri – barbar çərkəzlər yaxşı neft operatorudur, dünyada neft operatorlarına nümunə ola bilərlər.

Gələcəyin bu neft mədənləri dağların ürəyindən keçərək Xəzər dənizindən Qara dənizə qədər uzanır. İndisə Kabardin knyazları və Kumık xırda aristokratiyası buraların keşiyini çəkir, çünki onlar cəngavərlik ruhuna uyğun olmayan hər şeyə nifrət edirlər. Onlar buna nə qədər nəzarət edə biləcək? Bu dağlardan gələn neft qoxusu çox güclüdür. Dünyanın ən zəngin neft yataqlarının qoxusu gəlir buralardan.

Bir dəfə uzun gəzintidən sonra aulumuza dönəndən sonra Əli bəy dedi:

– Şeyx Cəfərə baş çəkək? Qoca kişidir, həm də bugün-sabahlıqdır. Qocaları yoxlamaq yaxşı bir işdir.

Xədim dərhal razılaşdı. Görünür, o da qocaların xətrini istəyirdi. Biz yolumuzu döndərib dərə aşağı getdik, bir azdan Şeyxin daxmasına çatıb çəkinə-çəkinə qapını döydük. İçəridən səs gəldi. Cəfər adi müdriklərdən deyildi, o, camaatın gözündə müqəddəs idi, həm də özünün dediyi kimi, böyük günahkar idi. Onun həyatı bir tapmaca idi, illər öncə böyük imamlar dağları idarə edəndə Cəfər müridlərin – bu müqəddəs savaşçıların ön cərgəsində vuruşurdu. Hər döyüşdən sonra evə qayıdanda bir torba kəsilmiş düşmən əli gətirirdi, sonra bu əlləri evinin divarlarına mıxlayırdı. Cəfər hər əl üçün ağasından bir qızıl pul alırdı. Bu, dövrün qanunu idi. Sonralar Şeyx əyalətin naibi – qubernatoru oldu, tütün çəkənlərə və gündə beş dəfə namaz qılmayanlara qarşı mübarizə apardı. Amma elə bu vaxt çar ordusu ilk dəfə Qafqaza ayaq basdı, Şeyxin də ad-sanına son qoyuldu.

Ruslar dağlardan keçib qalib gələndə Şeyx Cəfər öz adamları ilə qayalarda gizlənmişdi. Qabaqda ağ atın üstündə zati-aliləri, general özü gəlirdi – bu yerlərin yeni hökmdarı. Şeyx sərrast atırdı, fürsəti əldən verə bilməzdi. Generalın həyatının son dəqiqələri idi. Tüfəng birdən açıldı, general səssiz-səmirsiz yəhərə çökdü. Şeyx uzaq dağlara, dərələrə çəkildi, hər yanda qürrələnib fəxrlə deyirdi: "On min qadını dul qoymuşam, elə o qədər də uşağı yetim qoymuşam. Generalın arvadı salamat, uşaqları da cavandır. Yəqin indi onlar da, onların çarı da ağlaşırlar. Mən eləmişəm bunları!"

Dağlarda adətən belə lovğalanırlar. Amma vadilərdən gələn ruslar da çox amansız idi. "Kiminsə generalı öldürüb cəzasız qalmaq vaxtları keçdi", – onlar deyir və dağlıları cəzalandırmağa başlayırlar. Şeyxin idarə etdiyi beş kənd mühasirəyə alındı. Təzə bir general gəlib bildirmişdi ki, "əgər bu kəndlərin camaatı bir ay ərzində beş yüz min rubl verməsə, həmin beş kənd yerlə yeksan ediləcək".

General yaxşı bilirdi ki, Qafqazın hətta yüz kəndi yığışsa, o pulu verə bilməyəcək. Onu da yaxşı bilirdi ki, belə olan halda bu kəndləri dağıdacaq. Əvvəlki ağası üçün məsuliyyət daşıyan bu kəndlərin camaatı indi özünü taleyin ümidinə tapşırmalı oldu. Onları gözləyən fəlakətin sorağı hər yana yayıldı, təkcə bunun baiskarı olan naibdən başqa. Yalnız o gəlib camaatı bu bəladan qurtara bilərdi, amma o da görünmürdü. Günlər keçirdi. Camaatın evlərini yandıracaq od şəhərdən yol gəlirdi. Sakinlər az qala bütün ümidlərini itirmişdilər, amma gözlənilməz bir hadisə baş verdi. Uzaqdan gələn bir atlı əlindəki məktubu generala verdi. Məktubda deyilirdi:

– Zati-aliləri, razı olmaram ki, mənə görə camaat sizin qəddarlığınıza tuş gəlsin. Mənim elçim sizin tamahkarlığınızı susduracaq məbləği verəcək.

Məktubdakı sözlər ağlasığmaz idi, amma doğru idi. Elçi özü ilə üç kisə gətirmişdi. Kisələrdən biri işlənməmiş almaz külçələri, o biri iki kisə isə qızıl filizi ilə dolu idi. Onlar oğurluq sərvətə oxşamırdı. Belə olsaydı, onlar parlayar, cilalanar və ya qəliblənmiş olardı. Xəzinə birbaşa qızıl mədənlərindən gələnə bənzəyirdi. Bəs o mədənlər harada idi ki, kimsə bilmirdi, hətta buraların sakinləri də.

Bu hadisədən sonra hamı almaz axtarışına çıxdı. Axtarışlar kəsilmək bilmirdi. Ruslar və yerlilər yolsuz-cığırsız dağları ələk-vələk etməyə başladılar, xəzinə axtaranlar bir-birinə qənim kəsilirdi. General özü də, tabeliyindəkilər də qızıl ovuna çıxmışdılar. Ruslar lap qızıl xəstəliyinə tutulmuşdular, lakin əbəs yerə. Qızılın, daş-qaşın heç izi-tozu yox idi. Daş-qayadan savayı heç nə... Amma Şeyxin göndərdiyi əsl qiymətli daş-qaş idi axı.

Şeyx davasız-şavasız geri çəkildi və qonşu aulda bir daxmada məskən salıb tövbə dualarına rəvac verdi. Bir dəfə ruslar onu həbs edib işgəncə verdilər, amma o, daş-qaş mədənlərinin yerini demədi. Təkcə onu dedi ki, dağlarda haradasa çoxlu, lap çoxlu almaz var, amma onları əldə etmək mümkün deyil. Sonra onu rahat buraxdılar.

İndi Şeyx qabağımda dayanmışdı. Ucaboy, qoca bir kişiydi, kürən saqqalı, qəhvəyi-qırmızı dırnaqları, iri, boz gözləri vardı. Salamlaşdıqdan sonra bizi qonaq otağına dəvət etdi. Əli bəy bizi tanış etdi. Şeyx biləndə ki, mən onun həmyerlisinin süd qardaşıyam, qalxıb məni Azərbaycan dilində salamladı, sonra qəribə bir sual verdi:

– Heç dinsiz, Allahsız adam öldürmüsünüz?

Utana-utana:

– Yox... – dedim. Şeyx narazı-narazı başını yellədi, ərəb dilində bir-iki döyüşkən misra deyib sözünü belə bitirdi:

– Mən sizin yaşda olanda iki dinsiz öldürmüşdüm, bir qan düşmənimi qətlə yetirmişdim. Mənə elə gəlir ki, indiki uşaqlar gec böyüyür.

Xədim çalışırdı ki, söhbətə körpü salsın, onu sülh məcrasına yönəltsin:

– Hörmətli Şeyx, – o dedi, – sizin ad-sanınız, şöhrətiniz bütün Dağıstana yayılıb, biz də bunu eşidib sizi ziyarətə gəldik ki, öyüd-nəsihətinizdən bizə də pay düşsün.

Bu, Şeyxin çox xoşuna gəldi. Sonra o, mənsub olduğu hansısa məchul Şikra məzhəbindən, müridlərin müqəddəs qanunu olan təriqətdən, möminlərdən danışdı. Dedi ki, möminlərin yolu düşmən cəsədləri üzərindən keçməlidir, bu yol ilahi qəsrlərə aparan yoldur, orada onları, deyilənə görə, mələklər, huri-qılmanlar qarşılayacaq.

İlahi qəsrlər, behişt huriləri xədim üçün heç maraqlı deyildi. O dedi:

– Bizim yerlərdə camaat arasında danışırlar ki, siz rusların yandırmaq istədiyi beş kəndi xilas etmisiniz.

Bu yerdə Şeyxin sifəti tutuldu, bu haqda danışmaqdan boyun qaçırdı:

– Bu, mənim günahım idi, bunun üçün gərək tövbə edim, – dedi və susdu. Sonra aulda mənə danışdılar ki, guya əski müridlərin naməlum almaz mədənləri tapılıb. Amma müridlərin ağası İmam Qasımulla bu daş-qaşı adamların azadlığı üçün, daha çox dindar və möminlərin etiqadı üçün təhlükə hesab edib, ona görə də o mədənləri narahat etməyi qadağan edib, orada olan sərvəti də lənətləyib, oraların yolunu bilənlərə də əmr edib ki, birdəfəlik unutsunlar. Görünür, Şeyx Cəfər bu sirri bilən müridlərdən biri idi, həm də İmamın əmrini pozaraq, almazdan-qızıldan götürüb onun üstündə təhlükəyə düşən yerliləri xilas etmişdi. Amma əməlinə görə vicdanı ona rahatlıq vermirdi. Buna görə də bu dərədə yurd salıb Allaha dua edir, xeyriyyə işləri görürdü.

4. Əlçatmaz xəzinə

İxtiyarında milyonlar olan, amma xeyriyyəçiliklə məşğul olan adam bizim günlərdə yalnız Dağıstanda olar. Qafqazlılar möhkəm inanır ki, burada almaz mədənləri var. Doğrudan da, burada bir neçə ailədə işlənməmiş almaz və qızıl külçələri vardı ki, bu da deyilənləri sübut edir. O vaxt dostlarımdan biri mənə bir daş bağışlamışdı, daşın qızılı layı vardı, amma bizdən heç kim bunu öyrənə bilməzdi. İz dağlarda itmişdi.

İndi Sovet hökuməti əldən-ayaqdan gedir ki, həmin xəzinəni tapsın. Bu axtarışlar, əlbəttə, ümidsiz deyil, çünki əcnəbilər Qafqazın hələ yarısından çoxunu öyrənə bilməyiblər. Onların geoloqlarını yerlilər maraqlandırmır, amma naməlum dağlara ekspedisiyalar avropalılar üçün böyük təhlükədir. Burası da var ki, xalqın çox ehtiyacı olanda kimsə birdən araya çıxıb, torba-torba qızıl və qiymətli daş-qaş gətirib xalqın imdadına çatması heç də az maraqlı məsələ deyil. Belə bir şey bir dəfə keçən əsrin ortalarında olmuşdu, o vaxt Türkiyəyə köçmək istəyən çərkəzlər yola çıxmağa pul tapmamışdılar... Bir dəfə də axırıncı inqilab zamanında, Qafqaz qan girdabına dönəndə belə olmuşdu.

Dağlarda heç kəs bu xəzinə haqqında danışmaq istəmir. Bu haqda soruşmaq hətta bir az nəzakətsizlik sayılır. Amma həm ruslardan, həm də yerlilər arasından ələləri var ki, qızıl xülyasındadır, almaz ovuna çıxıb, ömrü boyu bu xəzinəni tapmaq sevdası ilə dağları gəzir. Hərdən dağ-dərə dibində belələrinin cəsədi tapılır.

Bilmirəm, indi dağlarda bu sirri bilən bir adam yaşayırmı. Hər halda dağlılar bu barədə susur, heç kimə də etibar etmirlər. Onlar baş verənləri izləyir – mədənlər tapılsa, bundan xəbər tutarlar. Dağlar azadlığını çoxdan itirib, indi yerlilər üçün azadlıq daş-qaşdan qiymətlidir.

Qızıldan, daş-qaşdan və neftdən sonra bu dağların başqa sərvətləri sanki ikinci dərəcəli kimi görünür. Digər tərəfdən, onlardan istifadə etmək asandır, kimsə buna qadağa-filan qoymur, həm də onları emal etmək və daşımaq asandır. Təkcə onlarla Qafqazı dünyanın ən varlı ölkəsi etmək olardı. Terek çayı sahilindəki Daryalda – o yerdə ki, Çariça Tamara generallarının sayı qədər qəsr tikib – yerin təkində çoxlu gümüş var. Bu mədənlər qədim dövrlərdən işləyir, ehtiyatları tükənmir. Dağlarda kükürd və mis də çıxarılır. Dağlı tayfaları davaya gedəndə barıtlarını və mis silahlarını özləri istehsal edirlər. Bu yolla onlar dinsizlərdən heç bir kömək istəmirlər. Dağların qalın laylarında dəmir və kömürə, həmçinin sink və qiymətli müalicə duzlarına rast gəlinir. Dağların zirvələrində və qurumuş göllərin dibində yod çıxarılır. Burada dünyanın böyük ehtiyac hiss etdiyi xeyli yod ehtiyatı var. Beştau və Zxra Jaro dağlarının ətəklərində sağlamlıq üçün faydalı sular çıxır, onlarla hər cür xəstəliyi, hətta eşq həsrətini müalicə etmək olar.

Qafqazlı sərvət yığmır: qohum-əqrəbasının sayının çox olması onunçün daha vacibdir. Qan ədavətindən onu heç bir pul qoruya bilməz, heç o özü də qan qisasını ala bilməz. Qafqazlıya pul, yaxud daş-qaş lazım olanda dağlardan düzlərə enir, aran yerlərin qorxaq adamlarını soyur.

Qafqazda daha bir xəzinə basdırılıb – qədim sultanların xəzinəsi. Əfsanələrdə belə deyilir, ona görə

də mən bu barədə çox danışmıram. O mənada ki, əf-
sanələrə etibar etmək olmaz. Burada nağıllardan çox,
faktlar inandırıcıdır. Yalnız birini danışacağam, çünki
onun haqqında rəsmi məlumat var. Bu, Esan gölündə-
ki xəzinə haqqında olan əhvalatdır.

Digər dağlıq yerlərdən fərqli olaraq, Qafqazda göl
azdır. Buna görə də gölləri çox qiymətləndirirlər. Ən
müqəddəs göl Esan gölüdür – bir vaxtlar sahilində
qəbilə müdriklərinin toplandığı göl. Bir çox illər qa-
baq, Böyük Şamil ruslara qarşı vuruşarkən onun xə-
zinəsi Esan gölünün sahilində yerləşirmiş. Şamil otuz
il müharibə apardı, otuz il Qafqazın yeganə hökmdarı
oldu. Onun xəzinəsi çox zəngin idi, burada nə desən
vardı. Bir gün o hiss etdi ki, adamlar onun ətrafına
Allah xatirinə yox, pul xatirinə yığılır. Şamil hofmeys-
terlərini, qubernatorları və generalları, saray əhlini
gölün sahilinə yığıb onlara Allahdan, onun əbədi qa-
nunlarından danışır. Sözünü qurtarandan sonra rus
əsirlərinə xəzinəsindən sərvətlə dolu sandıqları gə-
tirməyi əmr edir. Sandıqlar bir-bir gölə atılır, yüzlərlə
qızıl və cəvahirat daşlar, üç yüz gümüş külçəsi suya
qərq olur. İmam və generalları kənarda durub baxır,
dua edir və bu sərvəti lənətləyirlər. Şamil tamam ka-
sıblaşır, amma indi inanır ki, ətrafı ona pul xatirinə
xidmət etməz. Sonralar ruslara məğlub olanda çar
ona pensiya kəsməli idi, yoxsa ac qalacaqdı. O Şamilə
– müqəddəs və varlı diktatora... Bu günə qədər onun
xəzinəsi gölün dibində yatır. Yerlilər onu axtarıb tapa
bilmir, əcnəbiləri də gölə yaxın buraxmırlar.

5.

TALANMIŞ ŞƏHƏR

Hər axşam günəş batandan və mal-qara aula dönəndən sonra mən məscidə gedirdim. Amma ora təkcə namaz qılmaq üçün getmirdim, baxmayaraq ki, namazımı heç vaxt buraxmırdım. Dağıstanda hər yerdə – kənddə, şəhərdə məscidin həyəti klubu əvəz edir, bura həyat və fikir mərkəzidir. Əgər sən bir kəndə gəlmisənsə və burada heç kimi tanımırsansa, sadəcə məscidin həyətinə gəlirsən və orada bir ağsaqqala müraciət edirsən. Dərhal adamlar ətrafına yığılır, qonaqpərvərliklə xidmətlərini təklif edirlər. Hər halda məscidin həyəti səni xeyirliyə qovuşdurur.

Abreklər növbəti uğurlu çapqından sonra bura qayıdır, igidliklərindən danışırlar. Burada ölkədə, şəhərlərdə, bütün Şərqdə baş verən son hadisələrdən xəbər tutmaq da olur. Amma ən maraqlısı məscidin həyəti boşalandan sonra olur. Adamların çoxu gedir, burada qalanlar bir-birinə daha da yaxınlaşır, həmdəm olur, problemlərini açıq müzakirə edirlər. O problemləri ki, şəhərdə hökumət bunun üstündə onları kötəkləyərdi. Bu sakit axşam saatlarında ən dəlisov macəralar, ən fəndgir hadisələr xatırlanır. Xatırlanır ki, cavanlar da bundan nəsə faydalı bir şey öyrənsinlər, qocalar isə təskinlik tapsınlar ki, indi rahat ölə bilərlər, onların ləyaqətli davamçıları var.

"Həmin günlərdə dağları dolaşan ən məşhur, həm də hamını heyrətə salan şayiə Kizlyara olacaq hücum-

la bağlı idi. Kizlyar çoxlu bank, poçt şöbələri, üçmərtə-
bəli evlər, zəngin müəssisələri olan bir şəhərdir, bura-
da polis və bir polk əsgəri olan daimi qarnizon vardı.
Dağıstanın mərkəzi olan Mahaçqalada hökumət bir
sirri aça bilmirdi. Satqınlığı ehtimal edirdilər, amma
bilmirdilər günahkarı harda axtarsınlar. Hətta dağlar-
da da kimsə dürüst heç nə bilmirdi, adamlar yalnız
qarşıdakı "hadisədən" sevincək olmuşdu. Macəra-
çılar dağlarda görünəndən təxminən bir həftə sonra
məscidin həyətində işin gedişi haqqında artıq mə-
lumat vardı, üstəlik, hamıya deyirdilər ki, sirri gizli
saxlayın. Bizimsə lap bəxtimiz gətirmişdi – bandanın
başçısı bizim kənddən idi, həm də İsgəndər Xanın
yaxın dostu idi. O, basqın haqqında bizə ətraflı danış-
dı, həm də həmişəkindən fərqli olaraq, heç lovğalan-
madı da (doğrusu, belə işlər üçün bu, görünməmiş bir
şey idi). Nə isə, qoy əhvalatı eşitdiyim kimi danışım.

Bir gün Kizlyara xəbər çatdı ki, Rusiyadan Dağıs-
tan üçün ayrılmış illik büdcə güclü konvoyun müşa-
yiəti ilə gətirilir. Pul bir neçə gün Kizlyarda saxlana-
caq, sonra həmin konvoyla Mahaçqalaya çatdırılacaq-
dı. Pulun mühafizə edilməsi – bu, Dağıstanda heç də
asan məsələ deyil – yerli hökmdara və Kizlyardakı
hökumət qarnizonuna tapşırılmışdı. Pulun aparılma-
sı etibarlı təşkil olunmuşdu, dağlıların gözlənilməz
hücumu belə hökumət qüvvələrini çətin ki, qorxudar-
dı. Pul Kizlyara vaxtında gəldi və hərbi hakimiyyətə
təhvil verildi, sonra da dərhal Mahaçqalaya yola sa-
lınmağa hazırlandı.

Qafqazda pulun bu cür daşınması qeyri-adi bir şey
deyil. Şəhərlər arasında dəmir yolu əlaqəsi olmayan-

da nəqliyyat əlaqələrini hərbi kontingent nəzarətə götürür. Adətən kiçik bir patrul qrupu bütün yolboyu təhlükəsizliyi tam təmin edir. Bir də ki, belə bir şey çox sakit, əmin-amanlıq illərində baş verirdi və bir çox illər ərzində pulu mühafizə etmək üçün konvoy məsələsi formal bir şey idi. Ona görə də narahatlıq üçün heç bir əsas yox idi. Pul daşınmaları çoxdan xüsusi mühafizə ilə həyata keçirilir, amma onlar heç vaxt basqına məruz qalmayıb. Mahaçqala da, Kizlyar da çoxdan Avropa şəhərləri olub və avropalı qonaqlar soyğunçu bandalar haqda soruşanda yerlilər gülümsünürlər. Hər ay keçirilən hərbi ballarda atılan güllələrdən başqa, yüz illər boyu Kizlyarda bircə güllə səsi də eşidilməyib. Belə ziddiyyətlər yalnız Şərqdə olar – sakit və müasir bir Avropa şəhəri və cəmi altı saat məsafədə orta əsrlər zülməti, ayaq dəyməmiş və görünür, hamı tərəfindən unudulmuş Şərq. Bax dağların bir addımlığında yerləşən Kizlyar, doğrudan da, belə bir şəhər idi – zəngin bir şəhər, burada yaşayan avropalıların fəxr etdiyi bir şəhər...

Pul gəlməzdən bir az əvvəl polkovnik poçtla anonim bir məktub aldı. Məktubda deyilirdi ki, xeyli adamdan ibarət təzə bir banda yaradılıb, nəqliyyata basqın edəcək. Basqının bütün təfsilatı dəqiqəbə-dəqiqə məktubda yazılmışdı, ona görə də bu boyda zarafat ola bilməzdi. Məktub gələndən iki gün sonra tanınmış, yerli bir knyaz polkovnikin yanına gəlib həyəcanla xəbər verdi ki, onun dağlardakı dostları da deyilən basqın barədə eşidiblər, həm də deyilənə görə, basqınçılar yaxşı hazırlaşıblar.

Polkovniki fikir götürdü. Amma ertəsi gün daha bir anonim məktub gələndə o, Mahaçqalaya teleqram göndərib göstəriş istədi. Göstəriş dərhal gəldi. Məlum oldu ki, oxşar şayiələr orada da yayılıb, hökumət pulun təhlükəsizliyi üçün ciddi tədbirlər görməyi əmr edib. Hər iki saatdan bir dağlardan gələn xəbər sakitliyi pozurdu. Lap tezliklə şübhəli süvarilərin yolu müşahidə etdiyini gördülər, sonra da xəbər yayıldı ki, quldur dəstəsi toplarla, pulemyotlarla silahlanıb. Həyəcan get-gedə artırdı. Şəhərdə hamını düşündürən bu idi ki, görəsən, pulu apara biləcəklər, ya yox. Polkovnikin təşvişi artırdı. Nəhayət, yolun daha təhlükəsiz olması üçün o, Mahaçqalaya getməyi qərara aldı. Təkcə gücləndirilmiş eskortla yox, sərəncamında olan bütün əsgərlərlə – ruslar, milislər, könüllü süvarilərlə. Yerlilərin işgüzar bir dəstəsi də onlara qoşuldu. Beləliklə, sakitcə gətirilən pul böyük bir hərbi ekspedisiyanı cəlb etmişdi.

Yola düşməzdən qabaq polkovnik təmtəraqlı bir nitq söylədi:

– Biz banditlərə göstərəcəyik ki, – o əsib-coşdu, – hər cür təhlükəyə hazırıq! Hər cür qarət və soyğunçuluq indi dəlilikdir. Bunu başa düşməyənin vay halına!

Ekspedisiya tərpənəndə ətrafdakılar "Ura!" deyə qışqırdılar, şampan şərabı içdilər. Adətən iyirmi dörd saat çəkən səfər bu dəfə dörd gün çəkdi. Yaxşı təchiz olunmuş bir neçə yüz əsgər dinc, mülki adamların gözləri qarşısında qeyri-adi hərbi gücünü nümayiş etdirmək üçün hər şəhərdə dayanırdı ki, xəbər dağlara da çatsın, quldurlar qorxub fikrindən daşınsınlar. Elə

oldu ki, qorxuya düşən banditlər heç gözə görünmə-
dilər, ekspedisiya sakit və insidentsiz başa çatdı.

"Qorxdular. Əclaflar!" – Polkovnik dodağının altın-
da deyinirdi, çünki ürəyində ümid edirdi ki, dağlar-
dan qalib kimi keçəcək, sonra da Mahaçqalada kiçik bir
atışma ilə ekspedisiyanı başa vuracaq. Amma təəssüf
ki, belə bir şey baş vermədi. Qoşun dörd gündən sonra
Mahaçqalaya qayıtdı, onu rəsmi qaydada qarşıladılar.
Polkovnik tam ciddi şəkildə qalib kimi onun şərəfinə
bayram etməyə icazə verdi. O, qayıdışı haqda Kizlyara
teleqram vurdu, əvəzində təbrik teleqramı aldı. Polko-
vnik doğum günü keçirən uşaq kimi sevinc içində idi.
Təhlükəli ekspedisiya beləcə uğurla başa çatdı, qoşun
Mahaçqalada daha bir neçə gün qaldı ki, əsgərlər yor-
ğunluğunu alsın, sonra komandir qoşuna baxış keçirdi
və bir neçə vaxt dağlar tamam yaddan çıxdı.

Elə bu arada belə bir şey baş verdi: qoşun pulu da
götürüb Kizlyarı tərk edəndən sonra camaat işinə-gü-
cünə qayıtdı, gündəlik işi ilə məşğul oldu, eyni za-
manda gərginlik içində müharibə xəbərlərini göz-
ləməyə başladı. Çox gözləmək lazım gəlmədi. Həmin
gün axşamüstü üfüqdə seyrək buludlar göründü.
Onlar tezliklə şişib böyüdülər. Şəhər kənarında yaşa-
yanlar yolda asta-asta yaxınlaşan, öküzlərə qoşulmuş
onlarla araba gördülər. Arabalarda üzgün və heydən
düşmüş, uzaqdan bazar adamlarına, ya da dağlı kən-
dçilərə oxşayan adamlar oturmuşdu. Arabalar ya-
vaş-yavaş gəlib geniş şəhər meydanına çatıb dayandı-
lar. Gələnlər heç kimə cavab vermirdilər, arabalardan
enib meydandakı iri dükanlardan malları arabalara

yığmağa başladılar. Adamlar təəccüb içində baxır, burada nəsə bir anlaşılmazlıq olduğunu güman edir, həmin adamları saxlamağa çalışsalar da, bunun xeyri olmurdu. Axırda bu işdən əl çəkdilər. Dəstənin başçısı bir arabanın üstünə çıxaraq qısa və aydın şəkildə izah etdi:

– Şəhər bizə məxsusdur! Nə istəsək aparacağıq!

Bax belə! Şəhərdə saxlanmış on polisin silahını ildırım sürətilə əllərindən aldılar, poçt şöbəsini tutdular, sonra da yenidən və səliqə-sahmanla işlərinə davam etdilər. Şəhərin təzə ağaları tələsmədən bir-bir evlərə, sonra banka soxuldular, pul kassalarını boşaltdılar. Şəhər sakinlərini yaxalayır, evinə gətirir, pul və digər qiymətli nə varsa, onlara verməsini tələb edirdilər. Sonra onları soyundurur, dörd divar arasında çılpaq buraxırdılar ki, bayıra çıxıb onların işinə mane olmasınlar. Bütün paltarları alıb aparırdılar. Beləliklə, gələnlər qansız-qadasız qələbə çaldılar. Dörd gün ərzində şəhərdə aparılmalı nə vardısa, apardılar. Arabaları doldurub yola salır, sonra yenə qarşılayır, yenə yükləyirdilər. Sakinlər öldürülməkdən qorxur, heç bir müqavimət göstərmir, çılpaq olmaqlarına baxmayaraq, heç qaçıb aradan çıxmağa da səy göstərmirdilər ki, gedib kömək gətirsinlər. Bu dağ adamlarının adətlərini onlar yaxşı bilirdilər. Dişinə kimi silahlanmış bu adamların adi görkəmi belə sübut edirdi ki, bunlar abreklərdir, sakinlər də şükür etsinlər ki, heç olmasa, sağ qalıblar. Həm də bu qarətçilər nəsə özlərini bir az ədəbli aparırdılar – heç bir qadına qarşı kobudluq etmədilər, heç kimi qaçırmadılar, heç bir rusu güllələmədilər. Zorlanmaya gəldikdə isə, bu haqda sonralar çox mübahisələr olacaqdı. Onlara toxunmadıqlarını, zorlamadıqlarını desələr də, heç kim qadınlara inanmırdı, onlarınsa paltarları əyinlərindən çıxarılmışdı, üstəlik qarətçilər bununla bağlı şəhər divarlarına yapışdırdıqları bildirişdə də bu məsələyə toxunurdular. Nəhayət, dördüncü gün polkovnik Mahaçqaladan gələcəyi haqda teleqram göndərəndə qarətçilər sakinlərin adından ona incə yumor və kinayə ilə teleqram vurub, "dərin minnətdarlıqla" gəlişini təbrik etdilər. Bununla da onlar qənimətlərini yığıb, gəldikləri kimi tələsmədən, asta-asta çəkilib getdilər. Talanmış, lüt-üryan şəhər azad nəfəs aldı. Polkovnik qoşunu ilə şəhərə girəndə gördü ki, şəhərin başbilənləri heç özlərinə oxşamırlar, ot-küləş içində itib-batmış poçt şöbəsində oturub teleqraf aparatının oğurlanmış hansısa hissəsini dəyişmək istəyirlər.

Bu əhvalatın səbəb olduğu qalmaqal çox dəhşətli idi. Polkovniki, silahları alınmış polisləri dərhal işdən azad etdilər. Hökumət qəzəblənmişdi, qəzetlərə bu haqda yazmaq qadağan olundu, dağlara müxtəlif cəza ekspedisiyaları göndərildi, amma axtarışlar nəticə vermədi. Oğurlanmış, qarət edilmiş əmlakdan, puldan heç bir soraq yox idi. Bu dəfə dağlardan gələnlərin, yəqin ki, təcrübəli məsləhətçiləri vardı, çünki heç bir dəlil-sübut tapmaq olmurdu. Şəhərdə bu məsləhətçilər kim idi, bilinmirdi. Dağlarda da heç kim dürüst bir şey bilmirdi. Əsl həqiqəti, yəqin ki, banda başçısından başqa kimsə bilmirdi ki, o adam da indi məscidin həyətində bizə bu əhvalatı danışdı. Bunu isə o, illər sonra açıqlayırdı.

"Bu hadisədən bir neçə ay sonra Rusiyada sanki bomba partladı. Yüzlərlə gizli vərəqədə fəhlələrə müraciət çap edilmişdi, çar polisinin işi başından aşırdı. "Cinayətkar elementlər"in bu əməlinin səbəbi heç kimə aydın deyildi. Kizlyarda divarlara yapışdırılmış bildirişin altındakı möhür çox az adama tanış idi. Möhürü vuran heç onun nə olduğunu bilmirdi. O heç oxuya da bilmirdi".

Məscidin həyətində, ayın solğun işığında o, kiçik, dəyirmi bir şeyi mənə verdi. Əyilib baxdım və bu sözləri oxudum: "Qafqaz Kommunist Aktivist-Terrorist Qrupu. Dağlılar Vilayəti".

Dağlıların başçısı danışırdı: "O şeyi mənə verən adama qənimətin yarısı çatdı – ideya və bir çox başqa şeylər də onunku idi. O, böyük adamdır. O vaxt mən bilmirdim "böyük adam" nə deməkdir, "aktivist-terrorist" nədir. Möhürü həmin adama qaytardım, sonra onun ürəkdən oxumağa başladığı quldur mahnısına qulaq asdım. Mahnı onun özününkü idi, ruslara qarşı vuruşmaq üçün möhürü tilsim kimi ona verən "böyük adam"a həsr olunmuşdu. O adamın kim olduğunu mən indi bilirəm, elə çoxları da bilir. Onun adı Kamo idi. Tiflisdən olan erməni idi. Qapalı, barbar xarakteri vardı, güclə oxuya bilirdi, hər kəsə və hər şeyə nifrət edirdi, ömrünün çoxunu qazamatda keçirmişdi. Kamo yalnız bir nəfəri dost hesab edirdi. Onun dost hesab etdiyi bu adam tez-tez yaşayış yerini dəyişir, hətta həbsxanada olanda da məxfi işlər görürdü. Kamo öz həyatını bu gürcüyə həsr etmişdi, o da öz həyatını başqa birisinə, dünyanın o başında, lap elə dağlarda – Sürixdə yaşayan başqa böyük bir adama

həsr etmişdi. Bu sonuncunun səsi az-az gəlirdi, sadə-
cə hərdən quruca "Tövsiyələr" göndərirdi.

Bir müddət bu gürcü çox həyəcanlı, narahat idi –
Sürixdəki böyük adam pulsuz-parasız qalmışdı, onun
böyük işi ləngiyirdi. Kamo dostunun əziyyət çəkmə-
sinə razı ola bilməzdi. "Kamo kömək edəcək", – o
dedi, sonra da dağlara getdi. Gürcü də əllərini qoy-
nuna qoyub oturmamışdı, Sürixdəki böyük adamın
qəbul etməli olduğu plan onunla bağlı idi. Yalnız
bu planın rəhbərləri Kamonun qayğısına qalırdı. Bu
rəhbərlər olduqca təmiz, vicdanlı adamlar idi. Onlar
qəniməti qardaş kimi bölmüşdülər. Ona görə də Gür-
cüstandakı və Sürixdəki kişilər bir müddət rahat nəfəs
aldılar. Gizli vərəqələr yenidən çap olunacaqdı, sər-
hədləri keçərək yenə də piroksilin (*partlayıcı maddə –
tərc.*) gətirmək mümkün olacaqdı – Böyük Gün üçün.
Erməni Kamo indi yoxdur, o ölüb, özü də mənasız bir
şəkildə – onu Tiflisdə tramvay vurub, tələsirmiş ki,
dostu, başçı təyin edilmiş böyük gürcünü təbrik etsin.
Sürixdəki o böyük adam da indi yoxdur, vəfat edib.
Yalnız gürcü sağ-salamatdır və indi dünyanın altıda
birini idarə edir. Həmin gürcünün adı Stalin idi, o pla-
nı hazırlamış Sürixdəki kişinin adı isə Lenin idi".

Bu, sadəcə aylı gecələrdə məscidin həyətində hər
kəsin eşidə biləcəyi əhvalatlardan biridir – cavanları
gələcəyə aparan bir nümunə kimi. Dağlarda camaat
o iki böyük adam haqqında o vaxt heç nə bilmirdi,
elə indi də çox az bilirlər. Öz işlərini davam etdirmək
üçün o iki nəfərə kömək etməklə onlar qarşıdan gələn
o böyük inqilabda necə mühüm rol oynadıqlarından

belə az xəbərdar idilər. Dağlılar sadə, amma saf və döyüşkən adamlardır.

Dağlarda qızlar belə bir mahnı oxuyur: "Qorxub geri qayıtsan yürüşdən, üzünə baxmaram mən". Analar belə oxuyur: "İgid kimi həlak olsan, şad olaram ürəkdən". İgidlər özləri belə deyirlər: "Sevdiklərimiz üzümüzə baxmasa, nə şərəfimiz var, nə həyatımız". Dağlarda beləcə oxuyub abrek, quldur – Qafqazın ən şərəfli adamı olurlar.

Dağlarda belə bir deyim var: "Abrek vəhşi heyvan kimi yaşayır, mələk kimi uca tutulur". Ailədə abrek yoxdursa, buna əskiklik kimi baxırlar. Mən belə abrekləri çox görmüşəm. Bunların arasında Qafqazın hər yerindən olan knyazlar və kəndlilər də var. Onlar hamısı xoşagəlimli, yaman da lovğadırlar. Öz işləri ilə qürrələnir, hakimiyyətə nifrət edirlər. Onlar cəngavərdir, əsl cəngavər. Hətta yolkəsən, soyğunçu olsalar belə, cəngavərdirlər, bəlkə də dünyada sonuncu cəngavərlər. Elə ona görə də şuxluqdan qalmır, döyüş-vuruş, ölüm-itim arasında gülür, zarafatlaşırlar. Elə bil təhlükə, qan-qada axtarırlar, kimisə soyub, oğurlayıb arvadlarına bəxşiş verirlər. Öz işləri ilə fəxr edirlər, heç kimi onlarla müqayisə etmək olmaz – ola bilsin, təkcə keşişdən başqa. Çünki onun şəxsində Tanrı yada düşür. Abrek çətinə düşəndə heç vaxt özünü itirmir, hər şəraitdə özünü necə aparmağı bilir, heç vaxt ümidini itirmir, itirməyəcək də.

Tanıdığım ən böyük abrekin adı Sami ağa idi. O, pəhləvan cüssəli, qara saqqallı bir kişi idi, pianoçuların həsəd apara biləcəyi əlləri vardı.

6.
QAFQAZ QILINCI

Bu yerdə böyük savaşçı, daha çox böyük soyğunçu və quldur, cəngavər Sami ağanın əhvalatını danışmaq yerinə düşər. Sami ağa bu dağlar ölkəsi üçün xarakterik şəxsiyyətdir, yox olmaqda olan "cigit" nəslinin gözəl nümunəsidir, təbiətən bir macəraçı və feodaldır. Onu ilk dəfə görəndə qalanın qapısı ağzında qarnı üstə uzanıb tuluqdan qırmızı gürcü şərabı içirdi. O, beləcə saatlarla şərab içə bilərdi, sərxoş da olmazdı. İçkini şüşədən içməyi məsləhət görən adəti heç sevmirdi. Çöldə, bayırda iri buynuzdan şərab içməyi də özünə əskiklik bilirdi.

İçki içmədiyi, ya da rəqs etmədiyi vaxtlarda, deməli, yenə nəsə bir soyğuna, çapqına hazırlaşır, dəstəbaşı kimi plan cızırdı. Ya da ola bilsin, öz əlahəzrət şəninə layiq bildiyi qızıl işləməli adyutant mundirinin həsrətini çəkirdi, amma ona elə gəlirdi ki, əgər bunu alsa, karyerasının da sonu gələcək. Yalnız qışı, yayın da bir hissəsini qonşu Kazbek dağlarındakı orta əsrlər qalasında keçirirdi. Qalan vaxtını "işinə" həsr edirdi. İşi də ki, Rusiyadan Gürcüstana gələn poçt göndərişlərini qarət etmək, dağlardan gəlib-keçən tacirlərdən, karvanlardan xərac almaq idi.

O, əvvəldən mənə iltifat göstərirdi, çünki mən ona xüsusi hörmətlə yanaşırdım, o da bunu təbii hesab edir və bunu gözləyirdi. Tez-tez mənə o biri igidlərin hünər və şücaətindən danışır, amma öz igidliklərindən soruşanda susurdu. Onun şöhrəti və haqqında deyilənlər ona bəs edirdi. Amma üç il sonra inqilab şəfəqləri dağlara çatanda onun şücaət və qələbələri bir az kölgədə qaldı. Onun bir kommunist komissarını, ya da başqa birisini öldürmək cəhdi baş tutmamışdı, buna görə də bolşeviklər ona qarşı xüsusi bir kampaniyaya başlamışdılar. Sami ağaya "Dağıstan birjasının dələduzu" deyirdilər. Bəli, həqiqətən, Dağıstan birjasının. Belə bir şey əslində yox idi, amma ittihamda məhz belə yazılmışdı və bu çox gözəl səslənirdi. Aranı sakitləşdirmək üçün, həm də siyasi tarazlıq xatirinə Sami sonra da "ağlar"ın bir generalını öldürdü və buna görə "ağlar" da onu "Dağıstanın qırmızı cəlladı" adlandırıb cəza ekspedisiyasına layiq gördülər.

Tamam etibardan düşmüş Sami ağa indi çalışırdı ki, dağlarda bir azadlıq hərəkatı təşkil etsin, respublika yaratsın, amma bütün tayfalar ya "qırmızılar"dan, ya da "ağlar"dan olmalı idi, Peyğəmbərin yaşıl bayrağına isə bunun xeyri az idi. Odur ki, Sami ağa onsuz da daha təhlükəsiz olmayan qalasını tərk etmək məcburiyyətində qaldı, Konstantinopola mühacirət etdi, burada öz "istedadı" üçün əlverişli mühit tapdı. Təəssüf ki, buraya da o, bir az gec gəlmişdi, çünki bu xəlifə şəhərinə gələndə ingilislərin işğalı artıq başlanmışdı, xəlifəyə sədaqət göstərənlərin hamısı göz altına alınırdı, xüsusən – mühacir qəzetlərin yazdığı kimi – əgər bu sədaqət "qırmızı cəllad" və bədnam kommunist agenti ilə bağlı olacaqdısa...

Sami ağanı Konstantinopolun Qalata Körpüsündə gördüm, dəbdəbəli çərkəzi geyimdə, qızıl qınlı, göz

oxşayan yatağan adlı əyri qılıncı böyründə, qəzetsa-
tan oğlanlar kimi şövqlə alıcı səsləyirdi. Mühacir qə-
zeti satırdı – həm də onu şərləyən, ləkələyən qəzeti.
Bir qəzet aldım. Məni dərhal tanıdı.

– Niyə də qılıncınızı satmayasınız? – dedim. – Qı-
lınc gəzdirib ac qalmaqdansa, yaxşı olar ki, mədəniz
dolu olsun, qılıncınız olmasa da olar.

Sami gülümsədi. Yox, o, qılıncı satmaq istəmirdi.
Pul xərclənib qurtaracaq, o yenə də əlləri qoynunda
qalacaqdı. Sami Şərqdən çıxıb getmək istəyirdi, bura-
da onu qiymətləndirə bilmədilər, çıxıb Cənubi Ame-
rikaya getməyi qərara almışdı. Ona görə də qılınc ona
lazım olacaqdı.

– Cənubi Amerikada neyləyəcəksiniz? – təəccüblə
soruşdum.

– Qılıncımı orada satacağam, bir az torpaq alıb bar-
barlara cəngavərliyin prinsiplərini öyrədəcəyəm.

Belə də etdi. Gecələrin birində kimsəsiz sahil küçə-
sində Sami mühacir qəzetin redaktorunu qarət etdi,
ertəsi gün o, artıq nəhəng okean laynerində üzürdü.
Dənizin gözdən itən üfüqləri onu uddu.

Bir neçə il onun haqqında heç nə eşitmədim. Hət-
ta həmvətənləri də – İstanbul küçələrində qılınc və
xəncərlə ac-yalavac dolaşan, qorxub çəkinən sakinlər
arasında əski şöhrətin xatirələrini və qaçaqlı-quldur-
lu, mavi Qafqaz dağlarının xəyallarını yaşatmağa ça-
lışanlar da onun haqqında heç nə bilmirdilər.

On il sonra mən ona yenə rast gəldim. Bu dəfə Ber-
linin Potstam meydanında, bir kafedə. Deyim ki, o
daha çərkəzi geyimdə deyildi, yatağan qılıncı da yox

idi, əynində qəşəng, enli kostyum vardı, saçını riyazi dəqiqliklə düz ortadan ayırmışdı, dörd nəfərlik "Mercedes" avtomobilində idi. Onun sürücüsü köhnə Rusiyanın ən şöhrətli bir ismini gəzdirirdi. Sarımtıl əlcəkli əlini sevinclə yelləyib məni bərkdən qucaqladı, bir az fikrə gedib indiki karyerasının fantastik tarixçəsini, ya da özünün dediyi kimi, "barbarın Qərbdə necə tanınmasını" danışmağa başladı. Dediyinə görə, barbar bir qafqazlının eyni ilə barbar olan cənubi amerikalılar arasında tanınması belə olmuşdu:

Getdiyi Cənubi Amerika Respublikasının gömrükxanasında Samini tuturlar. Onun əyri qılıncı sensasiya yaratmışdı. Əvvələn, ona görə ki, ölkəyə silah gətirmək olmazdı. İkincisi, qızıl əşyaları keçirmək üçün yüksək gömrük haqqı verilməli idi. Sami qılıncı bir tərəfə qoydu, gömrük rəsmisinin kürsüsündə oturub cənubi amerikalılarla beynəlxalq gömrük qanunları haqda mübahisəyə başladı. Yarım saatdan sonra isə gördü ki, başı mübahisəyə qarışıb, qılıncı yox olub. Onunla birlikdə, əlbəttə, gələcək malikanə də, Cənubi Amerikanın siyasi həyatında oynayacağı rol da. Dağıstan cəsurları belə hallarda çox qızğın olur, özlərindən çıxırlar. Sami qəzəb içində ayağa durdu, yumruğunu stola çırpıb qafqazlı nərəsi ilə qışqırdı:

– Siz, əclaflar! Mən Samiyəm, Dağıstan qəhrəmanı! Mənim xalqım bu qılıncı vermişdi ki, sizin möhtərəm prezidentinizə verim. Onun göstərdiyi igidliklərin mükafatı kimi! Mənim ölkəmdə qəhrəmanlara ehtiram göstərirlər, amma burada onun şərəfinə göndərilən qılınc oğurlanır. Əgər bu saat o qılıncı qaytarmasanız, mən baş nazirinizə xəbər verəcəyəm, onda vay halınıza!

Bu sözlər öz təsirini göstərdi. Qılınc tapıldı. Bir saatdan sonra Sami Pulman ekspress vaqonunda Cənubi Amerika qəhrəmanının rezidensiyasına gedirdi. İndi onun beynində sevimli və misilsiz qılıncını prezidentə (o, bu şərəfdən çox mütəəssir olmuşdu) təqdim etməkdən, sonra da çoxdan arzusunda olduğu fazenda üçün pul toplamaqdan başqa bir fikir yox idi.

Prezident bilirdi ki, Qafqaz bu cəngavər emissarına borcludur. İki ay ərzində Sami Prezident Sarayında qonaq kimi qaldı, onun şərəfinə düzənlənən ballarda özünü ləyaqətlə apardı, Dağıstanda onların Prezidentinə necə ehtiram göstərdiklərindən danışdı (öz ölkəsində isə ona nifrət edirdilər). İki aydan sonra gözlənilmədən və prezidentin düşmənlərinin fikrinə baxmayaraq, Sami Milli Qvardiyanın generalı təyin olundu, bir az sonra isə prezidentin şəxsi mühafizəsi ona tapşırıldı. Bu gün Sami ağa Baş Qərargahın rəisidir, prezidentin sağ əlidir.

O, Prussiya polisinin son nailiyyətlərini öyrənmək, sonra da faydalı olanları öz ölkəsində tətbiq etmək üçün Almaniyaya gəlmişdi. Qafqaz cəngavəri yenidən həyatda öz yerini tapmışdı. Bu əhvalatın ən maraqlı cəhəti odur ki, Saminin özünə elə gəlirdi, onun bu karyerası dünyada ən təbii bir şeydir. Bu Dağıstan savaşçısı Qafqazın dəbdəbəli qalasında qorunmaqla Konstantinopolda qəzet satmaq, ya da Cənubi Amerika prezidentinin sarayında yaşamaq arasında bir fərq görmürdü. Nə olsun ki? Dağlılar bundan da möhtəşəm işlər görüblər.

– O qılınc kimdənsə əmanət, yadigar idi? – Sami başına gələnləri danışıb qurtarandan sonra soruşdum.

– Əmanət? – o, heyrətlə dedi. – Yox, mən onu bir evdə tapmışdım.

– O nə ev idi elə?

– Bir kəndə çapqına getmişdik. Bir evə girdik, gördük bir neçə nəfər oturub, mən onları öldürdüm, bu qılıncı da oradan götürdüm. Qılınc indi muzeydədir, – deyib Sami irişdi və qızıl qutudan mənə də siqaret təklif etdi.

Şanlı qəhrəman Sami ağanın hekayəti budur. Həm də bu təkcə Saminin başına gəlməyib. Müharibədən sonra dünya çox dəyişdi, minlərlə savaşçı, hərbçi Qafqazdan fərar etdi. Amma onlar rus həmkarları kimi nə xörəkpaylayan, nə də rəqqas oldular. Saraylar və hərbi qərargahlar onları yaman çəkir – bu onların qanındadır. Avropada, Asiyada, Afrikada – harada ki, saraylar, əsgərlər var, hələ də döyüşlər gedir, orada qaraşın qafqazlılara rast gəlmək olar – uca boyları, qaynar gözləri, aristokrat yeriş-duruşları, qıvraq-sərrast davranışları ilə seçilirlər. Onlar hakimiyyətdə olanlara yaltaqlanır, onların qızlarına eşq elan edir, səhrada, dağlarda və ya istehkamlarda – harada ki, cəsur savaşçıya ehtiyac var – bir an da tərəddüd etmədən qanlarını axıdırlar.

Onlar niyə belə edirlər? "Savaşçı üçün yataqda ölmək ayıbdır" – dağlarda belə deyirlər. "Qan tökmək sevincdir" – belə də deyirlər dağlarda. Bu sözləri hələ də deyə bilənlər, deyəsən, "qadağan" sözünü eşitməyiblər.

7.
ƏTİR USTASI

Dağıstanda hamı quldur, soyğunçu, ya da savaş-
çı deyil. Əlçatmaz dağların zirvələrində, aullarda və
hələ də cəngavərlərin istehkamı olan qalalarda ka-
hinlər, xəttatlar, cindar-cadugərlər, hətta sənətkarlar
da yaşayır, həm də onlar Allahın sevimliləri, seçil-
mişləri məqamındadır. Dağlarda sənətkar təkcə şairə,
rəssama, yaxud da xanəndəyə demirlər. Unudulmuş,
ucqar yerlərdə, çirkli, palçıqlı qazmalarda xüsusi ba-
carığa malik bir çox başqa sənətkarlar da yaşayır. Belə
sənətkarlar bəlkə heç Avropada yoxdur, onlar haqqın-
da heç Avropada bilmirlər də, halbuki onlar bir çox
qədim sənətləri yaşadan sonuncu insanlardır.

İtməkdə, yox olmaqda olan bu sənət sahibləri nə
kitab yazır, nə musiqi bəstələyir, nə də tənqiddən
qorxurlar. Onlar Dağıstanda, Konstantinopolda, İran-
da gözdən uzaq hücrələrinə çəkilib öz işlərini görürlər.
Onların nəcib işi insanlar üçün möhtəşəm qoxulu ətir-
lər yaratmaqdır. Bu, elə də asan iş deyil, hər halda Da-
ğıstanda mahir ətir ustalarından biri məni buna inan-
dırdı, sonra da keçmiş vaxtların xiffətini çəkib dedi ki,
əvvəllər onun sənətini başa düşənlər vardı. İndi işsiz
olan bu adam orada ləzgi mesenatlarının qonağı idi,
sənətinin bütün sirlərini, incəliklərini mənə danışdı
(çünki mən təvazökar, ədəbli, nəzakətli davranırdım
və hər şeyi bilmək istəyirdim). Dedi ki, onun sənəti

indi yalnız müstəbid Əbdülhəmidin Bosforu üzərində, İstanbuldakı İldiş Köşkü sarayında yaşayır.

Ətir ustasının işi hər kəsin, hər şeydən də əvvəl, hər bir qadının öz ətrini tapıb düzəltməkdir. Avropada bu işlə bərbər, ya da Parisdə "M. Coty" şirkəti məşğul olur. Buna baxmayaraq, bu adamlar sadəcə pinəçi və ya fabrikdə istehsal olunmuş ətirlərin satıcılarıdır, amma minlərlə qadın yalan-doğru bu ətirlər üçün ağlını itirir, hamı onları vurur. Ətir ustası deyirdi ki, bu, böyük barbarizmin bir parçasıdır. Heç bir qadın o biri qadına bənzəmir, ona görə də hər bir qadının ətri ayrıca, yalnız özünə xas olmalıdır.

Əbdülhəmidin hərəmxanasına, Şahın "Gül Sarayı"na və ya Dağıstan şamxalının (*"şamxal" hökmdar tituludur – tərc.)* qalasına təzə qız gətiriləndə onlardan da qabaq qızı ətir ustasının yanına gətirirdilər. Bu kişi yeganə adam idi ki, ona qızla təkbətək qalmağa izin verirdilər. Ətir ustası qızın əslini-nəcabətini soruşur, adətlərini, tərbiyəsini öyrənir, rəqs etdirir, yeməyinə, mahnı oxumağına diqqət edirdi, hər tərəfini gözdən keçirir, daha neçə-neçə sual verirdi. Sonra qaşlarını bərk-bərk çatıb qayğılı halda uzaqlaşır, öz hücrəsinə çəkilirdi.

Usta beləcə oturub işləyir, bəzən də bir neçə damcı xoş qoxulu ətir düzəltmək üçün həftələrlə çalışırdı. Gərək bu ətir o qızı bundan sonra hamıdan, bütün qadınlardan fərqləndirəydi. Ətir ustasının fikrincə, ya da ətriyyat qaydalarına əsasən, həmin ətir o qadının gizli xüsusiyyətlərini üzə çıxarmalı, fiziki məziyyətlərini tamamlamalı, nöqsanını gizlətməli idi. Məsələn,

barbar ləzgi qızına kobud və kəskin qoxulu ətir, mə-
dəni, əsil-nəcabətli şahzadə qıza yumşaq, xoş qoxulu
ətir, ya da incəliyinə, zərifliyinə görə güclü ətir vurul-
malı idi.

Ətrin keyfiyyətini qızın aldığı ümumi təəssürat,
onun boy-buxunu, yeriş-duruşu, hərəkətləri, Usta-
nın yaradıcı ruhunu ilhama gətirən hər şey müəyyən
edirdi. Tez-tez, əgər qadının hansısa məxsusi cəhətlə-
ri vardısa, xüsusən çətin hallarda, məsələn, avropalı
qadınlar gətiriləndə hökmdar hövsələdən çıxa bilərdi.
Qız hər şeydən əvvəl vurduğu ətirdən bilinirdi, sonra
onu saç ustasına və məşşatəyə *(bəzəkçiyə – tərc.)* gön-
dərirdilər, axırda isə zinət və geyim üçün cavabdeh
olan xədim öz işlərini görürdü. Ətir ustasına görə,
gözəl qız hərəm xanımı olmaq üçün təbiətin bəxş
etdiyi xammaldır, çox qiymətli materialdır, o isə bu
xammalın işlənib cilalanmasında həlledici rol oyna-
yır. Geyim, daş-qaş, hətta ənlik-kirşan onun düşüncə
tərzi üçün xırda şeylərdir. Usta xüsusən qadının geyi-
minə üstündə işləyəcəyi həmin xammalın müvəqqəti
büküldüyü kağız kimi baxır. Onun üçün əhəmiyyəti
olan bir şey varsa, o da hökmdarın həzz saatlarında
duyacağı (onun seçdiyi) ətir qoxusudur. Əgər işini
yaxşı yerinə yetiribsə, səhər hökmdar bunun müqabi-
lində onun ciblərini qızılla dolduracaq.

Ətirdən istifadə Şərqdən gəlib və bu gün mədəni
bəşəriyyətin adətinə çevrilib. Heç yerdə buna qədim
ustaların laboratoriyalarında olduğu kimi fikir ver-
mirlər.

Həmin incəsənətin başqa bir sahəsi kişi ətriyyatı-
dır. Burada başqa qaydalar var. Savaşçı elə ətir vur-

malıdır ki, onu cəsarətə gətirsin, düşməni çaşdırsın. Buna görə də ətriyyatı sarımsaqdan və digər kəskin qoxulu şeylərdən düzəldir, hər bir savaşçıya fərdi olaraq verirdilər. Onlar döyüşdən qabaq belə ətri bədənlərinə, üzlərinə sürtürdü. Ustanın dediyinə görə, bu, narkotik kimi təsir edirdi. Düşmən bu qoxunu hiss edən kimi qorxur və çaşbaş qalırdı. Buna baxmayaraq, döyüş-vuruş ətriyyatı icad etmək elə də hörmətli bir iş deyildi. Usta üçün qadınlar daha əhəmiyyətli idi. Onun həqiqi yaradıcı dühası məhz qadınlar üçün daha böyük önəm daşıyırdı.

Qadınlar da, savaşçılar da keçəridir. Onlar çox tez unudulurlar. Onlardan sonra Ustanın yüksək məharətini xatırladacaq bir şey qalmır. Amma əsl dahi əbədiyyət üçün yaradır, məhz bu səbəbdən Usta ən ilhamlı saatlarını kitablara həsr edir, buna görə də kitablara da qadın kimi yanaşmaq gərəkdir. Kitabların da ətri, qoxusu olmalıdır, onların məzmunu özlüyündə oxucunu tutmaq, cəlb etmək üçün bəzən kifayət etmir. Müəllif, rəssam, kalliqraf, bir də ətir ustası kitabın hazırlanmasında bərabər iştirak edirlər. Amma hər kitaba düzgün qoxu vermək heç də asan iş deyil. Usta təzə kitabı səylə nəzərdən keçirir, "içinə girir", qədim ustaların işlərinə baxır, müəlliflə, rəssamla məsləhətləşir, lazım gələndə tələb edir ki, düzəliş etsinlər.

Kitab qadından çox əhəmiyyətlidir. O, müəllifin və ətriyyatçının sənətini əbədiyyətə aparır. Onun qoxusu özünəməxsus, məzmunu, cildi və kalliqrafiyası ilə harmoniyada olmalıdır. O, fikri yayındırmamalı, özünəməxsus şəkildə məzmunu çatdırmalı, nağıl etməlidir.

– Kitabın qoxusu olmalıdır, – ətir ustası bir dəfə mənə dedi. – Qədim, incə kalliqrafiya ilə yazılmış fikirlər canlanma, oyanma qoxusu yaymalıdır ki, yorulmuş oxucu işdə yatmasın, onu düzəldən Ustanın xatirəsinə təşəkkür etsin.

Bu gün bu sənət yox olub gedib, qadınlar və kitablar daha öz daxili mahiyyətinin ətrini saçmır, bəlirləmir. Onların mühafizəkar sahibləri ağıllı xəttatların, xədimlərin və ətir ustalarının şöhrətli vaxtlarını yalnız hərdən yada salır.

Bəs o ustalar indi haradadır? Onların sonuncuları Türkiyəyə, İrana çıxıb gedib, ya da əlçatmaz Dağıstan dağlarında son günlərini yaşayırlar. Onlar indi heç kimin inanmadığı nağıllar danışır, ilahi bir sənəti məhv etdiyinə görə "M. Coty" şirkətinə lənət yağdırırlar.

8.
SEVGİ

Şərq kişisinin sevgisi açıq-saçıq deyil, o, örtülü, hə-yalıdır. Avropalı onun haqqında deyir: "O bilmir sev-gi nədir. O, arvadını pulla ala bilər. Qadın onun üçün yük heyvanından başqa bir şey deyil, elə bir heyvan ki, evlənənə qədər onu heç görmür də. O, arvadını necə sevə bilər? Şərqdə sevgi yoxdur".

Avropalıya haqq qazandırmaq olar. O, Şərqdə müşəmbəli, dəbdəbəli istirahət yerlərinə gəlir, görür ki, qadınlar boyunlarında qiymət yarlığı gəzdirir. O, kişilərin qumarda udub-uduzduğu çadralı, bürün-cəkli arvadları görür. Burada heç vaxt sevgi sözləri eşitmir, sevgi həsrətini görmür, burada heç bir kişi boylanıb öz arvadına tərəf baxmır, arvadlar heç vaxt ərlərini məftun etməyə, tamahlandırmağa çalışmır. Avropalı burada heç vaxt sevgi səhnəsi görə bilməz, incə nəvaziş, lütf, naz-qəmzə, göz yaşları və öpüşmə görə bilməz. Qadınlar hamısı çadralı, örtülüdür, əgər bir kişidən onun arvadının səhhəti haqqında soruş-san, qısaca deyər: "Nə deyim? Canı bərkdir, dözüm-lüdür". Ona görə də qərbli elə düşünür ki, şərqliyə sevgi hissi tanış deyil, ya da guya ən yaxşı halda dü-şük bir hissiyyatı ola bilər şərqli kişinin.

O qərbli çox yanılır. Sevgi dediyin Şərqdə də var. Amma onun təzahür formaları çoxqatlıdır, avropalı-nın sevgisindən incədir və Kəbə Məkkədə necə gizli-

dirsə, o da qərblidən o cür gizlədilir. Avropalı bunun-
la qarşılaşmır, ona görə də inanmır. Ya da ola bilsin,
buna inanmaq istəmir. Çox güman ki, belədir. Çünki
o özü də xəbərsizdir ki, bir şərqli ekspress qatarının
dəbdəbəsi ilə Qərb ölkələrinə varanda eyni qənaətə
gəlir: "Qərbdə sevgi yoxdur, yalnız hissiyyata oxşar
bir şey var". Şərq sevgisini Qərb sevgisindən ayıran
uçurum çox dərindir, ürəklər çox fərqli atəşlə yanır.

Şərqdə əlamətlərini hər kəsin başa düşdüyü univer-
sal sevgi qaydası vardır. Mərakeşdən Çin qapılarına
qədər insanlar eyni cür sevirlər, vəfa və sədaqətlərini
eyni cür izhar edirlər. Hər yanda belə edirlər – küçə-
də, yolda, səfərdə, bağda, ya da bayramda. Hər kəs
sevginin işarətlərini görür və başa düşür. Bu yalnız
bir gəlməyə, qərib adama anlaşılmaz ola bilər.

Əslində işlərin bu cür, köhnə qaydası yavaş-ya-
vaş aradan çıxır. Qərb yaşayış tərzi üstünlük qazanır.
Köhnə adətlər, əski sevgi-evlilik səhnələri bizim gün-
lərdə çox az yerlərdə və qismən qorunur. Amma bu
qaydalar Şimali Afrikada, Türküstanda, İranın bəzi
yerlərində, daha çox Qafqaz dağlarında hələ də yaşa-
yır. Qafqazdasa hər şey qorunur, Qərbdən heç bir şey
götürülmür.

Şərq sevgiləri su quyusundan, kiçik bir kənddəki
su quyusunun başından, ya da şəhər fəvvarəsinin ya-
nından başlayır. Heç romantika-zad da olmur. Qızlar
hər axşam çiyinlərində səhəng quyudan su gətirməyə
gedirlər – ya tək, ya da xədimin və ya qoca bir qarının
müşayiəti ilə. Böyüklər bilirlər ki, sevgi, tanışlıq quyu
başından başlanır. Quyudan bir az uzaqda oğlanlar
dövrə vurub oturur, yanlarından keçən qızlara guya

heç fikir vermirlər. Onlar davadan, asıb-kəsməkdən, qarətdən söz açır, zarafatlaşır, lətifələr söyləyir, ya da şayiələrdən danışırlar. Qızlar tələsmədən səhənglərini doldurur, qəsdən ləngiyir, asta-asta gəlib keçirlər, çünki tələsməmək üçün səbəb var – səhəng ağırdır, ağzına qədər doludur. Büdrəməmək üçün onlar başındakı örpəyi geri atır, utancaq baxışlarını yerə dikirlər. Hər axşam belə olur, hər axşam cavan oğlanlar meydanın bir kənarında oturub müharibədən, sülhdən danışırlar. Şübhəsiz, təsadüfən, tamam təsadüfən qızlardan biri başını qaldırıb oğlanlar tərəfə boylana bilər. Oğlanlar heç baxmaz da. Amma qızlar bir də gələndə oğlanlardan biri çevrilib göyə baxar. Və onun baxışları qızın baxışları ilə qarşılaşar, bəzən də heç qarşılaşmaz. Ertəsi gün, başqa bir vaxtda o oğlanın yerini başqası tuta bilər, o da öz bəxtini sınayar. İki nəfərin baxışları bir neçə dəfə görüşəndə hami bilir ki, iş nə yerdədir, nə baş verir.

İndi oğlanın qarşısında üç yol var. Ya qızın atasının yanına hörmətli adamlardan göndərir ki, qızın qiymətini öyrənsin, ya da çoxlu pul əldə etmək üçün oğurluğa, soyğunçuluğa getməlidir. Əgər bunlardan heç birini etmək istəmirsə və ürəyi ilə də bacarmırsa, onda qızı qaçırır, çox uzaqlara aparır ki, qızın atası onları tapmasın, sonra da kəndin ağası olan knyazın himayəsinə sığınır. Bu himayə razılığı knyaza şərəf gətirir, çünki onun qaçqınları himayə etmək öhdəliyi var – onları yerləşdirməli, qızın valideynlərinin hirsi soyuyandan sonra onların evinə getməli, qız qaçıran oğlan üçün öz övladı kimi xahiş-minnət etməlidir.

Əgər qız gözlərini oğlanın baxışlarından yayındırırsa, dördüncü yol da var. Amma bu barədə sonra...

Oğlan öz qərarını dərhal sınaqdan çıxarmır. Sevənlər arasında hətta aylarla çəkə bilən bu baxışma-anlaşma hələ açıq danışmaq üçün bəs etməz. Bu sadəcə incə bir teldir – lal baxışların razılığını ehtiyatla inkişaf etdirmək lazımdır.

Qonaq gedəndə, bayramlarda və toylarda kəndin cavanları (kişilər və örpəksiz qızlar) evin müxtəlif tərəflərində ayrı-ayrılıqda otururlar. Hətta burada da onlar danışa bilməzlər, yalnız baxışlar danışar. Və birdən rəqs başlanar. Əvvəlcə oğlanlar döyüş rəqsinə durarlar, bir az sonra qızlar öz məharət və cazibəsini nümayiş etdirərlər.

Sonra birdən bir cavan ayağa qalxıb dağlı rəqsinə başlayar. O, rəqs eləyə-eləyə qızların səfinə yaxınlaşar, bir az süzüb o başa gedər, qəfildən sevib-seçdiyi, aylarla dinməz baxışlarla danışdığı qızın qabağında ayaq saxlayıb baş endirər. Bax onda Qafqazın məşhur sevgi rəqsi başlayar. Hissiyyatlı, atəşli, incə və döyüşkən, təsvirə gəlməz dərəcədə qızğın və ekspressiv... Hər dəfə yalnız bir qızla bir oğlan rəqs edə bilər, qalanları öz növbəsini gözləməlidir.

Rəqsdə, qonaq gedəndə, quyu başında, ya da çox vaxt bayram günlərində sevənlər bir-biri ilə heç danışmaya da bilərlər. Heç buna ehtiyac da yoxdur. Yüzlərlə qulaq eşidəcəksə, sevdiyinə nə deyə bilərsən? Yaxşısı budur, sakit qalasan. Razılığını bildirmək üçün susmağın neçə-neçə yolu var, neçə cür susmaq var.

8. Sevgi

İsti günlərdə kənd səssizliyə dalanda sevənlər küçədə, gecə hamı yatandan sonra isə bağda görüşürlər. Həftələrlə gecənin eyni vaxtında aşiq sakit və tənha bir yer axtarıb saatlarla oturur, məşuqunu gözləyir. Bəzən qız oğlanın harada gözlədiyini başa düşür və oğurlanıb onun yanına qaçır. Gələndə də oğlanın yanında bir az aralı oturur, söhbət edirlər. Bu, bir az da obrazlı olmalıdır – oğlan bir əfsanə, ya da bir əhvalat danışmalı, eyhamla öz istəyini bildirməlidir. Amma sözünü elə deməlidir ki, işdir, birdən eşidən olsa, sonra onların adı bədxahların dilinə tuş gəlməsin, nahaq şayiələr yayılmasın.

Bu danışıq onların istəkləri üçün axırıncı mərhələdir. Bundan sonra evlilik təklifi gəlir, sonra da Şərq toylarının mürəkkəb, uzun-uzadı mərasimləri.

Qafqazda toy belə olur. Əvvəlcə "kalım", ya da toy pulu məsələsi həll olunmalıdır, yəni evlənən oğlan nişanlısının ata-anasına "başlıq" (pul) verməlidir. Avropalılar buna görə deyirlər ki, burada qadın ev heyvanı kimi auksiona çıxarılır, amma Avropada kişinin reklam edilməsi ilə müqayisə etsək, çəkinmədən bu adətə haqq qazandırmaq olar. Şərqdə də toy cehizi praktikasını bu yolla reklam etmək olar.

Şərq düşüncəsinə görə, uşaq atanın əmlakıdır, ona görə də o, əmlakını verəndə əvəzində müvafiq bəxşiş, mükafat almalıdır. Qiymətlər çox dəyişkəndir və oğlanın var-dövlətinə, qızın gözəlliyinə uyğun olmalıdır. Dağıstan Respublikası hökuməti yalnız bu yaxınlarda bunun üçün standart məbləğ müəyyən etmişdir. Bununla bağlı qəbul olunmuş qanun çox uzundur, bir

çox xırda məsələləri də nəzərdə tutur. Uzun axtarış-
lardan sonra ekspertlərdən və ruhanilərdən ibarət xü-
susi komissiya, nəhayət, onu tamamlamışdır. Həmin
qanuna görə, qızlar bir neçə qrupa bölünür: çirkin,
orta, gözəl, çox gözəl və olduqca gözəl qızlar. Bir də
ki bakirə, yarım bakirə və bakirə olmayan qızlar. Qı-
zın təsnifatını ekspert komitəsi müəyyən edir, sonra
hakimiyyət orqanı təsdiq edir. Qiymət bakirə qızlar
üçün 125–500 dollar arasında dəyişir, bakirə olmayan
qızlar üçün də simvolik olaraq bir neçə sent müəyyən
olunur. Bakirə qız üçün ən aşağı qiymət 125 dollardır.
Mütəxəssislərin fikrincə, bu məbləğ onunçün lazım-
dır ki, qız ərə gedənə qədər təhsil alsın, özünə baxsın.
Bu məbləğdən artıq nə verilirsə, gözəlliyə görə verilir.
Demokratik hökumət əvvəllər yaxşı ailədən olan qıza
verilən bonusu ləğv edib. Həmin məbləği hissə-hissə
ödəməyə də icazə verilir. Qiymət danışıqlarını oğla-
nın nümayəndələri aparır, rəsmi evlilik təklifini rədd
etmək eşidilməmiş təhqir hesab edilir, amma qızın
atası istəsə elə yüksək məbləğdə "başlıq" tələb edər
ki, ciddi sosial qınağa səbəb olmadan təklifdən imtina
edə bilər.

"Kalım" müəyyənləşəndən sonra toy hazırlığı baş-
lanır və bütün kənd bunda iştirak edir. Bu hazırlıq bir
neçə həftə çəkir və burada nə oğlan, nə də qız iştirak
etmir. Toydan bir az qabaq oğlan hansısa dostunun
evinə çəkilir, orada tək yaşayır, heç kimi qəbul etmir,
öz sevgi xəyallarına dalır. Gecə çöldə-bayırda kimsə
olmayanda (hamı bunu bilsə də), adaxlı qız oğlanın
yanına gedir, bir neçə saat onun yanında olur. Buna

da ona görə icazə verirlər ki, onlar evlənməzdən qabaq bir-biri ilə yola gedə biləcəklərinə, səhv etmədiklərinə inansınlar. Bu görüşlərdə həmişə üçüncü bir adam qonşu otaqda olur, onları müşahidə edir ki, lazım olanda hər an içəri girə bilsin, görüşə mane olsun. Bərabərhüquqlu nikah dağlarda məlum deyil.

Toydan bir neçə gün qabaq bu görüşlər kəsilir. Qızın işi çoxdur, cehiz hazırlanmalıdır, toy günü oğlanın qohumlarına hədiyyə verəcəyi qızıl, paltar, daş-qaş... Hər bir qohum xələt alır, əvəzində də xələt verir. Oğlanın qohumlarının verdiyi hədiyyələr qıza çatır, ən bahalı hədiyyəni ona oğlan verməlidir. Onun qiyməti əvvəlcədən müəyyən edilir və toydan sonra da, həm də hissə-hissə verilə bilər. Qız toydan bir neçə gün sonra və toy iştirakçılarının şahidliyi ilə verilən hədiyyədən imtina edə bilər. Bu, onun ərə getdiyi oğlana məhəbbətinin nişanəsi kimi qəbul edilir, çünki həmin hədiyyənin qızın ilk günlərdə çəkdiyi ağrıların əvəzinə verildiyi güman edilir. Dul qadınlara və bakirə olmayan qadınlara belə hədiyyə verilmir.

Toydan, yəni zifaf gecəsindən bir gün qabaq oğlanla qız bir-birini görə bilməzlər. Şərqlilər deyirlər ki, toy günü evlənəcəyi qızı görmək oğlana ziyandır. Deyirlər ki, onun cinsi yetkinliyi həlledici anda onu tərk edə bilər. Möhkəm bürünmüş, başı örtüklü gəlini bəyin dostları toy otağına gətirirlər. Burada bəylə gəlini tavandan asılmış tül pərdə ayırır, molla onları sual-cavaba tutanda onların barmaqları nazik pərdədə bir-birinə toxunur. Mollanın axırıncı sualı bu olur: "Bu qadının əri ola bilərsənmi?"

"Bəli" cavabından sonra adətən qoca arvadlardan biri şər ruhları qovmaq üçün dodağının altında bir ovsun oxuyur, oğlanın düşmənlərinə tərəf üfürür. Çünki belə bir inanc var ki, oğlan "bəli" deyən anda kimsə xəncərini yarısınacan qınından çəkib "Yalandır, o bacarmaz" deyə pıçıldasa, onda evlənən oğlan ilboyu impotent olacaq. Kişiliyə zədə vurmaq dağlarda çox yayılmış qisas növüdür. Bir çox gizli ovsun və cadular var ki, onlar bunu edə bilirlər, adamlar da var ki, bu cadu-pitiləri düzəldir və satırlar. Ona görə də bəyin dostlarının təşvişini başa düşmək olar. İzdivacdan dərhal sonra evlənənlər ayrılır, qız öz rəfiqələrinin yanına, oğlan da öz dostlarının yanına gedir, hər biri ayrılıqda bunu qeyd edir. Sonra qız oğlanın otağına qonşu olan otağa qayıdıb ərini gözləyir.

Zifaf gecəsi oğlan üçün qızın otağına getmək asan deyil. Hər qapıda başı bürüncəkli birisi onun yolunu kəsir. Yoluna davam etmək üçün bəy hər birinin ovcuna bir qızıl basmalıdır. Hətta yataqda da onu cürbəcür sürprizlər gözləyir. Bir də görürsən ki, oğlanın qoca nənəsi divanda uzanıb otaqdan çıxmır – payını verməsən getmir. Ya da ola bilər ki, oğlanın dostları onun yatağına onlarla pişik, cücə və ya nəsə başqa bir şey qoyublar. Bütün bu maneələr tapılıb "ləğv olunandan" sonra bəy toy otağına girir və toyun ən uzun hissəsi – gəlinin soyundurulması başlanır.

Bu adəti bir az aydınlaşdırmaq gərək. Qədim zamanlardan qafqazlının sabit və dəyişməz gözəllik idealı olub. Bu ideal (avropalılar bunu yalnız son illər qəbul edib) incəlik, zəriflikdir. Avropalı qadının incəliyini qoruyub saxlamaq üçün istifadə etdiyi hər şeyi Qafqazda lap başdan-binadan istifadə ediblər. Qafqazlı qız incəliyini saxlamaq üçün bədən tərbiyəsi ilə məşğul olur, həftələrlə su içmir, şirniyyat yemir. Daha çox fiziki çəkisinə görə qiymətləndirilən digər şərqli qadınlardan fərqli olaraq, Qafqazda qadınları nazik belinə görə qiymətləndirirlər – bu qadının döşləri ovucun içinə sığmalıdır, çiyinləri ombalarının eni qədər olmalıdır.

Qafqazda qızın bədəni uşaq vaxtından boynundan dizinə qədər nazik Mərakeş dərisindən olan qaytanla bağlanır, bu korseti o yalnız hamamda çiməndən-çimənə, bir də toy gecəsi açır. Çin qadınları bu Mərakeş dərisindən olan qaytanla ayaqlarını bağlayır ki, ayaqları, qaməti düz olsun. Qafqazlı qız incəbel, qədd-qamətli və mütənasib bədənli böyüyür. Əsrlərin o üzündən bizə gəlib çatmış bu deyim onun üçün ən yaxşı tərifdir: "Sən sərv ağacına bənzərsən". Müdrik yəhudi Ben Akivanın dediyi də bunu sübut edir: "Hətta incə qamət də Günəş altında yeni bir şey deyil".

Həmin dəri korset qaytanlarla bağlanır və sinədə düymələnir. Bu düymələr bir-birinə elə kiplənir ki, açanda da çətin açılır. Bunu ən çox qadınlar özləri açır, amma zifaf gecəsi onları oğlan açmalıdır. Qadın oğlana kömək edə bilməz, qadağandır. Oğlan bunları bıçaqla da kəsə bilməz, çünki bu işin öhdəsindən gələ bilmədiyi üçün ayıb olar. Dostları sabah gəlib soruşacaqlar: "De görək, bu düymələri necə açmısan...".

Gəlinin soyundurulması heç də toyun son mərasimi deyil. Bayırda, toy otağının ətrafında oğlanın dostları elə bil fəxri qarovul çəkirlər. Əgər evlənənlər çox gəncdirsə, oğlanın dostları dama-divara dırmaşır, bacadan içəri pişik, it, pul, yemək atırlar. Onda oğlan pəncərəni açıb həmin şeyləri bayıra atır, dostları ilə bir az deyib-gülür. Axır ki, xahiş edib onları birtəhər getməyə razı salır.

Bu vaxt toyun ən mühüm hissəsi baş verir. Oğlan qızın bakirə olmasını biləndən sonra revolverini götürüb pəncərədən havaya atəş açır, onun "fəxri qarovulu" da bayırda havaya atəş açır, sonra da qonaqlar, qonşular, bu vədə yaxında olanlar da hamısı havaya atəş açırlar. Bu, sübhədək davam edir. Ertəsi gün də şənliklər davam edir, bəylə gəlin dostlardan birinin evinə gedir, orada bal ayını qeyd edirlər. Burada onları heç kim narahat edə bilməz, amma buradan özləri çıxa bilməzlər, ta fəxri qarovul onlara icazə verməsə.

Bir sıra yerlərdə qızlar ərə gedəndən sonra ata evinə yalnız iki ildən sonra gedə bilər, əri də hərdən onun yanına gələr. Oğlanın öz evi olandan sonra əsl evlilik həyatı başlayar. Bu evlilik həyatı Avropadakından tamam fərqlənir, nadir hallarda uğursuz olur, çünki bu ailə ənənə üzərində qurulur və şərqşünas mütəxəssislərin fikrincə, bu ənənədə insan təcrübəsində rast gəlinən və nikahı dağıda biləcək hər şey nəzərə alınır. Beləliklə, bu nikahlar dünyada ən xoşbəxt nikahlardandır. Üstəlik şərqlilər anadan ailəcanlı doğulurlar.

Dağlarda evlilik həyatının birinci prinsipi odur ki, burada qaynana problemi yoxdur. Bir çox yerlərdə hələ də yaşayan qədim ənənəyə görə, oğlan evləndiyi qadının anasını ilk iyirmi ildə görməyə bilər. Qaynana kürəkəninin evinə ayaq basa bilməz, onu harda görsə, rast gəlsə, dərhal qaçıb uzaqlaşmalıdır. Hətta bu anaya qızı ilə də görüşmək çətinliklə müyəssər olur. Yalnız

qadın tərəfin kişi qohumları təzə evlənənlərə baş çəkə
bilər və məhz onlar qadının öz ərinə sədaqəti üçün ca-
vabdehdirlər. Əgər qadın ərinə sədaqətli deyilsə, bu,
onun ərinə o qədər təsir etmir, nəinki qadının öz ata-
sına, qardaşına. Çünki belə izah olunur ki, bu onların
günahıdır – qızlarını layiqli tərbiyə etməyiblər, ona
görə də onlar qan qisasçıları olmağa məcburdurlar.

Hər halda zina, eləcə də dava-şava, küsüşmə, nara-
zılıq nadir hallarda baş verir. Amma bu da düzdür ki,
nəsə ər arvadından, yaxud arvad ərindən həmişə şi-
kayətçi olur – bəlkə də şər ruhların həsədini yatırmaq
üçün. Şərqli bir cavan evlənəndən sonra da bir vaxt-
lar quyu başında olduğu kimi, ilk dəfə qızın baxışları
ilə rastlaşdığı vaxtlarda olduğu kimi qalır, dəyişmir.
Onun sevgisi incədir, utancaqdır, amma hərarətlidir.
O, arvadına qarşı lütfkar, xoşrəftardır, bütün qəlbi ilə
xoşbəxtdir, dünya ilə işi yoxdur. Belə ki, o heç vaxt ar-
vadı ilə lovğalanmır, onun haqqında danışmır. Kimsə
arvadının halını, əhvalını soruşursa, hesab edir ki, bu,
soruşanın qəbahətidir. Belə hallarda etinasız cavab
verir ki, bir də soruşmasınlar. Yalnız arvadı ilə hərəm-
də tək olanda – buraya ondan başqa heç kimə gir-
məyə icazə verilmir – öz qəlbini açır. Arvadının ayaq-
ları yanında oturub, onun əllərini sığallayır, vurğun
baxışlarla üzünə baxır, onun mahnılarına qulaq asır,
özü də ona olandan-keçəndən danışır. Onu öpməyə,
ya da qucaqlamağa cürət etmir, onsuz da arvadı bi-
lir ki, bu dəmdə əri onu istəyir. Məhz qadın əvvəlcə
ərinə sarı əyilməlidir. Gecə əri haçan istədi, arvadının
yanına gedə bilməz. Gərək o, arvadının qapısı, ya da
pəncərəsi önündə gəlib dursun, mahnı oxusun, pıçıltı

ilə əhdindən, vəfasından danışsın, qadın da yumşaq bir səslə fit çalıb razılığını bildirsin ki, ərinin istəyini yerinə yetirməyə hazırdır. Kişi heç vaxt öz "hüququ" üçün təkid etməz, buna cürət etməz, beləcə bəzən aylar keçir, ər arvadının fit səsini eşitmir. Amma o, arvadının fit səsinə həmişə hazırdır.

Kişi bilir ki, arvadı hər zaman, bütün günü orada, onun evində, yanındadır. Mahnı oxuya-oxuya, əlləri tumarlana-tumarlana, ərinə təbəssüm bəxş edərək o, daha böyük borcunu yerinə yetirir, həm də təkcə gecələr yox. Amma o qadın dünyaya oğul gətirsə, ərinin gözündə daha qiymətli və şərafətli olur. Bu dövrdə ona uşaqların tərbiyəsində iştirak etməyə icazə verilmir, amma arvadının bütün istəklərini yerinə yetirməli və gözləməlidir ki, uşaqlar böyüyüb onun əmlakı olsun.

Şərqli arvadına və uşaqlarına olan sevgisini başqalarına göstərməyi sevmir, bunu səfehlik, ondan da artıq kişi üçün nalayiq hərəkət hesab edir. Onun fikrincə, sevgi nümayiş üçün deyil. O, yad adamın yanında hətta onlara qarşı soyuqluq göstərir, təkəbbürdən yox, həya və utanmaq səbəbindən. Bir az da yüngül görünməkdən qorxur – birdən bu yad adam onun hisslərinə gülə bilər. Əgər siz qəfildən onlara gəlib onu uşaqları ilə oynayan, ya da arvadına bir işdə kömək edən görsəniz, özünüzü elə aparmalısınız ki, guya heç nə görməmisiniz, əks halda o çox utanır, sıxılır, sanki onu küçədə çılpaq görüblər. Yad bir adamın onun ən gizli, mübhəm hisslərini gördüyünü, duyduğunu bilsə, ən barbar savaşçı da qəzəblə pörtür, qızarır. Bu ona pis təsir edir, bilmir ki, nə etsin, özünə yer tapmır, gözlərini yerə dikib qalır, sanki kiçik bir uşağı qadağan olunmuş bir iş üstündə tutublar.

Eynilə beləcə, qərblinin də sevgisi şərqli üçün anlaşılmazdır. Şərqli heç vaxt başa düşə bilmir ki, kişi arvadı ilə bir yerdə camaat içində necə görünə bilər. Hətta evinə gələn qonağı da arvadı ilə qarşılamaq ona mümkünsüz görünür. Şərqdə evə gələn qonaq ya kişinin yanına, ya da arvadın yanına gəlir, ikisinin də yox. Ər-arvad heç vaxt bayıra bir yerdə çıxmır. Heç bir şəraitdə onlar bir yerdə görünməyi xoşlamırlar. Şərqli kişi üçün sevgi, məhəbbət olduqca özəl və incə məsələdir, başqa kişilər bunu görməməli, görməzliyə vurmalıdırlar.

Amma sevgi heç də sakitcə gəlmir, hətta Şərqdə də sevənin rəqibi olur. Sevgi heç də hər zaman rahatlıq vəd etmir, nikaha maneələr olur. Sevənlər nifrət də görür, aldanış da. Hələ lap quyu başından əgər qız oğlanın vurğun baxışlarına təkidlə cavab vermirsə, aşiq oğlan ilk qəm-qüssəyə batır. Bu halda əgər oğlan əsl kişidirsə, onun üçün bir yol qalır: qızı zorla qaçırmalıdır (qızın öz razılığı ilə qaçırılmasından yuxarıda danışmışdıq), onu bir qonşu kəndə aparmalıdır və ... Sonra dağların qanununa görə onlar evlənməlidir. Qızın zorla qaçırılması dağlarda çox romantik şeylərdən biridir. Bu, qanunlara və adət-ənənələrə uyğun olmalı, müəyyən olunmuş bir qayda ilə baş verməlidir. Bütün elat bunu həyəcanla izləyir.

Oğlan qızı axşam quyu başından qaçırır. O, dostları ilə hücum edib qızın başına torba atır, sonra qaldırıb qucağında yəhərə sıxır. Bir-iki dəfə havaya atəş açır – bu adətdir, lap heç kim mane olmasa da. Sonra çaparaq at ayaqlarının səsi uzaqlaşır. Bəzən qızın qəfil və ani çığırtısı eşidilir.

Qaçırılmış qızın qohumları oğlanı axtarır, təqib edirlər. Tutsalar, onu da, yoldaşlarını da öldürə bilərlər. Bunun üçün onlara heç bir cəza da düşmür. Amma adətən oğlan qızı dağlarda ucqar bir kəndə, əlçatmaz bir yerə aparır, orada yazıq "adaxlı" qızın yanına girib kişi kimi öz işini görənə qədər dostları evi mümkün hücumlardan müdafiə edirlər.

Amma qızın ailəsinin qeyz-qəzəbi tezliklə yatmır və yatmamalıdır. Qızın qohumları təzə qohumları ilə ən azı bir ildən sonra barışırlar. Yalnız bundan sonra oğlan gizləndiyi yerdən çıxıb arvadı ilə öz evinə gedə bilər. Qız oğlana təslim olandan sonra tərəflər nikaha girməlidir, yalnız bu halda qızın boşanması asanlaşır. Boşanma hər halda çətin deyil, amma az baş verir. Burada hər şey oğlanın boynuna düşür, hətta boşanma qızın tərəfindən olsa da, oğlan qaçırdığı və arvad etdiyi qadınla iltifatla və nəcib davranmalıdır.

Zina (xəyanət) boşanma üçün əsas vermir, amma qan qisası üçün çox güclü arqumentdir. Əvvəlcə aşiq (qadını yoldan çıxaran) öldürülür. Bu, kişi kimi ərin namus borcudur. Sonra ər qadını onun adamlarının yanına qaytarır, adamları isə onun köksünə xəncər saplayır. Yox, əgər qadın zinada təqsirkar deyilsə, ya da zorlanıbsa, onda cəzadan azad edilir. Sonuncu halda cinayətkarı (zorlayanı) qolu bağlı halda qadının qabağına gətirirlər və o, ərinin hüzurunda onun sinəsinə xəncər saplamalıdır.

Amma aşiqin öldürülməsi onun yapdığı naqis əməl üçün ən pis qisas deyil. Belə bir metod (bu metod başqa situasiyalarda da işlədilir) daha təsirli və dəhşətlidir: namusu təhqir olunmuş adam gecə düşməninə hücum etməli, qollarını bağlamalı və onun şalvarını çəkib çıxarmalıdır. Sonra o, şalvarı evinin qapısı ağzında asmalıdır ki, hamı görsün. Bu, adamın başına gətirilə bilən ən dəhşətli rüsvayçılıqdır. Bunu heç nə ilə, hətta qanla da təmizləmək olmur. Şalvarı oğurlanan kişi ya özünü öldürməli, ya da kəndi tərk etməli və buraya heç vaxt üz tutmamalıdır. Hətta xaricdə də başqa bir adla yaşamalı, həmvətənləri ilə qarşılaşmaqdan qaçmalıdır. Adətən o, mühacirətə getməkdənsə özünə qəsd etməyi üstün tutur.

Sevənlər üçün ən böyük maneə onların arasındakı yaxın qohumluqdur. Qafqazlı cavanın orta hesabla beş yüz qan qohumu olur, hamısı da eyni kənddə, hətta yaxın qonşuluqda yaşayırlar. Cavan oğlanın ətrafında gördüyü qızlar bu və ya digər dərəcədə ona qohum çıxırlar. Amma Qafqaz qanununa görə, hətta ən uzaq qohumlar belə evlənə bilməz. Belə olan halda qohum cavanlar evlənəndə gərək baş götürüb o yerdən getsinlər, başqa yerdə yaşasınlar, heç kim də onların qohumluğundan xəbər tutmasın. Belə hallar az-az olur, amma baş verəndə sarsıdıcı və dəhşətli nəticələr doğurur.

Kasıblıq evlənməyə maneə deyil. Heç kim qadına pula görə evlənmir, qadın da ər evinə cehiz gətirmir, ər isə arvadın şəxsi əmlakına dəyə bilməz. Şəxsi əmlakını ərinə bağışlayan qadın gülüş, məsxərə obyekti olur. Əgər adaxlı oğlan kasıbdırsa və başlıq verə bilmirsə, həm də hansı səbəbdənsə gedib adam soymur, qarət etmirsə, onda onun qohumları yığışıb lazım olan məbləği düzəldirlər. Əgər bu da alınmasa, adaxlı oğlan knyazın yanına gedir, knyaz ona lazımi məbləği verməlidir. Amma qohumlar da, knyaz da kalımı (başlıq) o halda verirlər ki, məbləğ müvafiq həddi keçməsin. Əgər bu həddi keçərsə, yuxarıda dediyimiz kimi, belə hesab edilir ki, qızın atası oğlan tərəfin təklifini bu yolla rədd edir.

Nəhayət, oxucu üçün məyusluq doğuracaq kiçik bir qeyd: Qafqazda hərəm yoxdur. Düzdür, çoxarvadlılığa qanunla icazə verilir, amma praktikada bu az baş verir. Hətta kişinin bir neçə qanuni arvadı varsa, onlar adətən ayrı-ayrı evlərdə, həm də ayrı-ayrı kəndlərdə yaşayırlar. Bir çox hallarda nikah müqaviləsində kişini yalnız bir arvad almağa borclu edən maddə olur. Yalnız çox varlı, ya da yaşlı adamlar bir arvaddan çox arvad ala bilər, o da birinci arvadın yazılı razılığı və ya birbaşa xahişindən sonra.

Odur ki Qafqaz qadınını istismara məruz qalan, hərəmə bağlı qul kimi çətin təsəvvür etmək olar. O azaddır, öz qərarlarında müstəqildir, əri və uşaqları üçün xanımdır, bəlkə də dünyada ən xoşbəxt qadındır. Amma qeyd etmək lazımdır ki, gözəllik və sevgi özü ilə birgə bir sıra nöqsanlar da doğurur. Amma bu haqda başqa yerdə danışacağam.

9.
QUL TİCARƏTİ

Qafqaz bir çox səbəblərdən ta qədimdən qul alverinin mərkəzi olub. Dağları qul bazarları (bu bazarlar Şərqdəki qul bazarlarından deyil) ilə birləşdirən tellər saysız-hesabsızdır. Qul alveri min ildir ki, gedir, ənənəyə söykənir, saysız-hesabsız libaslarda gizlənə, Avropanın ən təcrübəli polislərindən çox asanlıqla yayına bilər. İndi qullar əldən-ələ gizlicə verilir və bu haqda təkcə avropalı səyyahlar yox, heç Şərqdə də bir şey bilmirlər. Zahirən bu sadəcə yoxdur. Amma indi həmişəkindən də artıq çiçəklənməkdədir, qabağını almaq istəsən, adama rişxənd edirlər. Geniş yayılmış təşkilatları və əlaqələri var, gizli cəmiyyətlərə gedib çıxır, hətta ictimai rəyə o qədər təsir edə bilib ki, bu gün "qul qaçaqçılığı" deyəndə sadəcə gülür və deyirlər ki, belə şey yoxdur. Qoy bu "mövcud olmayan" qaçaqçılıqdan bəzi şeylər deyim.

Qafqazlılar yaraşıqlı olurlar – yaraşıqlı və həmişə kasıb. Bu onların bədbəxtliyidir. Şərqdən və qərbdən iki güclü hökmdarın – Sultanın və Şahın orduları onları həmişə sıxışdırıb, sonralar bu ordular şimalda ruslarla, cənubda Azərbaycan orduları ilə müttəfiq olub. Onlar bütün Qafqazda dərələrə, vadilərə dolub, aullara hücum çəkib, şəhərləri viran qoyublar. Bu Şərq-Qərb orduları haradan keçibsə, oranı xarabazara döndərib, düşmən heç nəyə rəhm etməyib, vurub, dağıdıb, keçib – burada qalmaq, yaşamaq niyyəti olmayıb. Burada yurd salıb, müəyyən bir vaxt ərzində valilik yaratmaq üçün dağlar çox kasıb idi...

Bu yerlərdə knyazlar, çarlar öz başının hayına qalıb, yalnız öz torpağını qoruyub, Şahı və Sultanı biri digərinin üstünə yönəldib, amma sonda məcbur olub bunlardan birinin ağalığını qəbul edib, onun vassalı olub.

Dağlarda xərac üçün nə verə bilərdilər? Onların bir çoxu, demək olar ki, pul nə olduğunu bilmirdi, öz aralarında dəyiş-düyüş üçün istifadə etdikləri mal-qara isə həşəmətli hökmdarlara yaramırdı. Dağlarda yalnız bir qiymətli var-dövlət vardı, o da gözəl, yaraşıqlı uşaqlar. Elə xərac kimi də onları aparırdılar.

Hər il Türkiyənin vassalı olan ölkələrə İstanbuldan carçı gəlir, özü ilə müfəssəl tələblərin uzun siyahısını gətirirdi. Siyahını hansısa bir hərdəmxəyal saray əyanı hazırlayırdı, məsələn, deyilirdi ki, həmin il Bosfor sarayına bu nişanda, bu görkəmdə, bu yaraşıqda bir qız lazımdır. Qızın bədəninin bütün yerləri təsvir olunurdu. Buna görə də Qafqaz knyazları öz tabeliyində olan subyektlərə və qonşularına qarşı reydlər təşkil edir, Türkiyə hərəmlərinə göndərilmək üçün yüzlərlə qız yığırdılar. Eynilə beləcə, onlar yüzlərlə gözəl, yaraşıqlı oğlan uşaqlarını yığıb könüllü olaraq digər bir hökmdara – İran şahına göndərməli idilər.

Şah qızları xoşlamırdı, oğlan uşaqlarını, yaxud o vaxt deyildiyi kimi, "tuksusi" istəyirdi. Onlar xərac kimi yox, Şahın şərəfinə könüllü olaraq, bəxşiş kimi göndərilirdi. Göndərilməsə, Şah o torpağa hücum edir, bəxşişini zorla alırdı. Qafqazda Şahın vassalı olan digər ölkələrdə də eyni şey baş verirdi. Hər il Tehrandan buralara carçı gəlir, Sultan üçün olduğu kimi, Şah üçün də oğlanların təsviri olan fərman gətirirdi. Knyazlar fərmanı alır, öpür, Şahın istəyini yerinə yetirib qızları Bosfor sahillərinə göndərdikləri kimi, oğlanları da Tehrana yola salırdılar. Hər il eyni şey... Ona görə də Şərqdə damarlarında qafqazlı qanı axmayan nəcib və alicənab bir ailə çətin ki, tapılar.

Bunlar qaranlıq keçmişin qorxulu nağılları deyil. Bir vaxt Avropanın sinəsində dəmir yolları çəkiləndə, paroxodlar dənizləri yara-yara qitələri birləşdirəndə buraya hələ də İstanbuldan və Tehrandan carçılar gəlir, gözəl qızları, kiçik oğlanları xərac adıyla yığıb aparırdılar. Bu canlı əmtəələrin alınıb aparılmasına dair sonuncu müqavilə yalnız səksən il bundan əvvəl ləğv olunub. O vaxta qədər bu əski adət öz qaydası ilə davam edirdi. Məhz bundan sonra əsl qul ticarəti başlandı. Rusiyanın hökmranlığı altında insan xəracı dayandı, amma Şərq hərəmlərində Qafqazdan olan qızlara və oğlanlara tələbat qalmaqda idi. Bu tələbat ödənməli idi. Şərqdən və Qərbdən, Türkiyədən və İrandan Qafqaz knyazlarının saraylarına hiyləgər xədimlər gəlirdi. Knyazlara müşavir təyin olunmuş rus generalı üzünü çevirən kimi gələn emissarlar pul kisələrini açır, tamahkar knyazların gözləri qamaşırdı. Sonra da knyazın süvariləri olan bu nukrilər (*gürcü kişi adıdır – tərc.*) kəndbəkənd gəzir, elatı axtarır, geri dönəndə "alver malı" gətirir, dost kimi Sultana və Şaha satırdı. İnsan ixracı çiçəklənir, knyazların var-dövləti günbəgün artırdı. Minqreliyanın sonuncu knyazı Türkiyəyə bir milyon funt qiymətində canlı əmtəə satmışdı – bu, o vaxtlar üçün fantastik məbləğ idi. Amma bu da knyazı təmin etmirdi. O, xüsusi bir tövlə tikdirmişdi, orada cavan qızlar bəsləyib yetişdirirdi – lap Avropada cins atları yetişdirdikləri kimi.

Boy-buxunlu, yaraşıqlı kişilər gözəl qadınlarla cütləşdirilir, onların bu "birgə" işindən knyaza faiz gəlirdi. Sərhəd mahallarının knyazları da bundan nümunə götürür, bu "fabriklər"də adi kişilər kimi xidmət göstərməkdən heç də utanmırdılar. Yeni, gizli qul qaçaqçılığında knyazlar əvvəllər olduğundan daha çox canfəşanlıq edirdilər, çünki əvvəllər məcburən tapıb gətirməli olduqları "mal"ı indi pula satırdılar. Əlbəttə, knyazların bu "uğurlu" ticarəti uzun müddət davam edə bilməzdi, tezliklə rus generalları başa düşdülər ki, onların himayə etdikləri bu adamların var-dövləti haradandır. Amma çara xəbər verməyə qorxdular, çünki çar knyazların çoxunun dostu idi, onlar da çar kimi hökmdar idi və deməli, çarın əmisi oğlanları idi (bu haqda Rusiyanın Minqreliyadakı müşavirinin memuarları var).

Amma bunu çarsız da həll etmək olardı. Bu arada qəfildən knyazların rütbə və səlahiyyətlərini ləğv etdilər, onlara yaxşı təltiflər verib, yaraşıqlı mundir geyindirdilər, yüksək pensiya kəsib həmişəlik çarın sarayına göndərdilər. Heç bir hay-küy, narazılıq salmaq olmazdı, Avropada heç kim bilə bilməzdi ki, Rusiyanın himayəsi altında olan bu adamlar – onların çoxu xristian idi – öz rəiyyəti ilə qul kimi davranır, qul ticarəti ilə məşğul olurlar.

Əlbəttə, bu yalnız knyazların günahı deyildi. Onlar neyləyə bilərdilər ki, onların təbəələrinin qızları dünyada ən gözəl qızlar idi və alış-veriş etməyə, satmağa bundan başqa "malları" yox idi. Həm də heç başa düşmürdülər ki, niyə bu qul qaçaqçılığının qabağını almaq istəyirlər. Əksinə, sadəlövhcəsinə təəccüblənirdilər ki, bu yıpranmış, əldən düşmüş, qoca rus generalları niyə təşviş içində vaysınır, bu adi və təbii işə belə hiddətlənirlər.

İnqilabdan *(Rusiyadakı Oktyabr inqilabı – tərc.)* qırx il əvvəl sonuncu Qafqaz knyazı öz taxt-tac hüququndan əl çəkdi. Amma bununla qul qaçaqçılığına son qoyulacağını düşünənlər çox məyus oldular. İndi bu "ticarət" daha geniş intişar tapdı. Sultanın, Şahın, knyazların uğursuzluğa düçar olduğu yerdə fərdi kapital təşəbbüsü ələ aldı. Qul ticarəti yaradıldı, ciddi şəkildə təşkil olundu və vicdanla "qayğısını çəkməyə" başladılar. Nəticədə kapitalistlər nəinki qızıl yumurta qoyan qazı sadəcə öldürdülər, həm də bu sahəyə sərmayə qoyub, bazarın əməlli-başlı istismar olunmasına nəzarət etdilər.

Təzəcə fəth edilmiş Qafqazda rus müstəmləkə hökuməti yalnız şəhərlərə nəzarət edirdi. Kəndlərdə nə baş verdiyinin kimsəyə dəxli yox idi. Məlum vaxtlarda rus emissarları ölkə içinə yalnız vergi yığmağa çıxır, sonra da şəhərlərə dönürdülər. Əgər hər hansı yaşayış məntəqəsindən vergi gəlmirdisə, oraya cəza ekspedisiyası göndərilirdi. Ona görə də vergi yığanlardan əvvəl qul alverçiləri reydə çıxır, gözəl, yaraşıqlı uşaqları axtarır, xeyli pul verib (bu pul adətən vergi

məbləğində olurdu) qızları alır, öz alıcıları üçün bəs-
ləyirdilər. Hər kəndə bir neçə ildə bir dəfə gəlirdilər
ki, gələn dəfə gələndə təzə nəsil tədricən gəlib yetiş-
sin. Tacirlər ildə bir dəfə qız uşaqlarını Qara dəniz sa-
hillərinə yığır, o biri tacirlər isə oğlan uşaqlarını Xəzər
dənizi sahillərinə aparırdı.

Gəmilər çox məxfi şəkildə yüklənir və yaxşıca ha-
zırlanmış qaçaqçılıq səfəri başlayırdı. Qul alverçilə-
rinin cəzası Sibirə sürgün idi, ona görə də tacirlər
çox ayıq-sayıq idilər. Buna baxmayaraq, bu iş elə də
təhlükəli deyildi, çünki qullar yaxşı bilirdi ki, doğ-
ma kəndlərindənsə, bəlkə uzaq ölkələrdə onları daha
yaxşı tale gözləyir. Tacirlər ehtiyat edib etiraz edən
bir-iki qıza (onların çoxu lap cavan idi, heç etiraz edə
də bilmirdi) azadlıq verirdi, əvəzində o birilərin qiy-
məti qalxırdı.

Türkiyə hərəmlərində Qafqaz qızlarına münasi-
bət həmişə yaxşı idi, narazılıq, dalaşma az-az olurdu.
Amma burada cəza çox şiddətli olurdu, çünki Rusiya
müstəmləkə hökuməti qul ticarətinə qarşı amansız
idi, bu yerdə rüşvət də öz qüvvəsini itirmişdi. Qul al-
verçisi möhkəm döyülür və ömürlük dustaq edilirdi
(bununla əlaqədar Əlahəzrət İmperatorun Qafqaz ca-
nişini dəftərxanasının cinayət hesabatları, həmçinin
Türkiyə mənbələri var).

Bu nəzarətdən ən çox ziyan çəkən alıcılar idi –
"mal"ın qiyməti qalxır, onlar daha çox ödəməli olur-
dular. Əslində ticarət heç bir ziyan çəkmirdi, əhali də
eləcə. Çünki əvvəllər o şeyi ki, knyazlar və sultanlar
mənimsəyib pulsuz aparırdı, indi onun həqiqi sahi-

binə pul verib alırdılar. Bir də ki, bu ticarətə Qafqazın bütün xalqları eyni dərəcədə cəlb olunmamışdı. Burada müəyyənedici amil qızların gözəlliyi və sakinlərin xarakteri idi. Bəzi tayfalar uşaqlarını heç vaxt satmırdı. Qul tacirləri heç onlara yaxınlaşmağa da cürət etmirdi.

Qara dəniz sahillərindəki sakit ölkələrdə – Minqreliyada, Abxaziyada, Acarıstanda bazarın vəziyyəti çox yaxşı idi. Qafqazda ən gözəl qızlar oralarda olur. Əvvəlcə knyazlar, sonra da qul tacirləri buranın əksəriyyəti xristian olan əhalisini buna o qədər öyrəşdiriblər ki, onlar müəyyən ehtiyac və təhlükələrdən qorunmaq üçün qızlarına etibarlı vasitə kimi baxırlar.

Deyilənə görə – bu, həqiqətə çox bənzəyir – 1918-ci ildə alman qoşunları bu yerlərə yaxınlaşanda sərhəddə olan kəndlər ən gözəl qadınlarını kənd ağsaqqallarının müşayiəti ilə almanların yanına göndərirlər. Ağsaqqallar niyyətlərini ərz edib almanları inandırırlar ki, onlar fatehlərin nə istədiklərini yaxşı bilirlər, sonra da gözüyaşlı yalvarıb-yaxarırlar ki, almanlar onların adətini qəbul etsinlər, qədimdən bəri adət etdikləri qadın vergisindən başqa onlara heç bir vergi vurmasınlar. Almanlar məəttəl qalmışdılar, nə desinlər, yəqin ki, onların müstəmləkəçilik tarixində əvvəllər belə şey olmamışdı. Yerlilərin adətinə hörmət etsinlərmi? Onlar buna razılaşmayıb qızları, qadınları geri qaytardılar. Hər halda Qafqazda belə danışırlar.

Sonralar Qafqaz kommunistlərin əlinə keçəndə yerli əhali qızları yeni hakimiyyətin məmurlarına da təklif etməkdən çəkinmədi və istəkləri baş tutdu, amma həmin qızlar Üçüncü İnternasionalın təbliğat məktəblərinə götürüldü. İndi qul qaçaqçılığı, demək olar ki, aradan qaldırılıb. Hərəmlər ləğv olunandan sonra vəziyyət kökündən dəyişdi. Dağlarda, heç əski vaxtlarda da qızların satılmadığı bəzi yerlərdə onlar sadəcə ya yoldan çıxarılır, ya da qaçırılır, amma belə bir qaçaqmalçılıq praktikada indi yoxdur.

Başqa ölkələrə qul ixracı ilə yanaşı, Qafqazda evlərdə də qul, nökər-naib saxlayırlar və onlar bazarın ən yaxşılarıdır. Bununla belə, Qafqazın Rusiya tərəfindən müstəmləkə edilmə tarixinin ən komik səhifələrindən biri məhz onlarla bağlıdır.

Bir neçə on il əvvəl Qafqazın istilasını tamam başa çatdırandan sonra ruslar elan etdilər ki, quldarlıq, köləlik onların mədəni missiyasına ziddir. Amma evlərində xidmət etmək üçün nökər-naib saxlayan və onların sahibi olan Qafqaz knyazlarının hüquqlarına ziyan vurmamaq üçün Rusiyanın Qafqaz canişini öz sarayında onlarla görüş təşkil etdi. Bildirdi ki, çar şəxsən xahiş edib ki, quldarlığa, köləliyə son qoysunlar, nökərlərini buraxsınlar. Görüşdə hamı buna razılıq verdi, amma xahiş etdilər ki, çarın şəxsi xahişi rəsmən təsdiq olunmalı, onlar qanuni olaraq ev nökərlərini azad etməyə məcbur olmalıdırlar. Canişin bir az təəccüblənsə də razılaşdı və bir aydan sonra emansipasiya *(lat. emancipatio – asılılıqdan azad olunma – tərc.)* haqqında qanun hazır oldu.

Qanunun elan olunması ərəfəsində bir dəstə kölə-nökər canişinin sarayına gəlib xahiş etdi ki, onların bir əsr yaşı olan hüquqlarına toxunmasınlar, imtiyazlarını ləğv etməsinlər. Quldarlığı, köləliyi tamam ayrı cür təsəvvür edən canişin təəccüblə soruşdu:

– Bu gözlənilməz xahişin səbəbi nədir.

– Köləlik bizim müqəddəs hüququmuzdur, – azad edilmiş adamlar bir ağızdan etirazlarını bildirdilər.

– Nə mənada? – canişin bir də soruşdu.

– Bir çoxumuzun əsil-nəcabəti, – kölə dəstəsi dedi, – zadəgandır, aramızda bəziləri də ruhanidir. Çar öz zadəganlarının hüquqlarına hörmət etməlidir.

Canişin əvvəlcə bunu pis bir zarafat kimi qəbul etdi, odur ki sahiblərini yanına çağırtdırdı, onlar da utana-utana təsdiq etdilər ki, bu doğrudan da belədir, nökərlərin çoxu əsilzadədir, keçmiş aristokratların nəslindəndir, bəziləri də ruhanidir. Zadəgan qullar? Canişin bunu heç cür başa düşə bilmirdi. İndi o daha qəti fikrə gəlmişdi ki, bu zadəganları və ruhaniləri nalayiq asılılıqdan qurtarmaq, azad etmək lazımdır.

Dəbdəbəli mundirlərdə dəstə ilə yığılıb gəlmiş bu qullar qəti etiraz etdilər. Amma onların ağaları diz üstə əyilib canişinə təzim etdilər, dedilər ki, onlar çarın qanununa tabedirlər və bu gündən qullarını azad hesab edirlər. Bunu eşidən qullar təlaş içində vəlvələyə düşdülər. Canişin fikirləşdi ki, hələlik qanunu saxlasın. O, işə bir az dərindən baxmaq üçün komissiya yaratdı.

Komissiyanın topladığı materiallar heyrətamiz faktları üzə çıxardı. Evlərdə işləyən nökərlər həqiqətən keçmiş kübar nəsildən idilər. Bir çox illər qabaq kübar ailənin müflisləşən bir üzvü öz azadlığını bu və ya digər knyaza satır, bu zaman yeni nökərin hüquq və vəzifələri qeyd olunurdu. Həmin nökər yalnız özündən əvvəlki nökərin işlərini görməli idi. Buna görə də ağaları bütün həyatları boyu onları müdafiə edirdi, müəyyən şəraitdə isə onlara hədiyyələr də verilirdi.

Vaxt keçdikcə qulların sayını dəhşətli şəkildə artıran elə həmin müflisləşən knyazlar və kübar nökərlər imiş. Belə çıxırdı ki, nökər saxlayan bir çox ağalar bütün gəlirini öz nökərinin törəmələrini də saxlamağa, müdafiə etməyə sərf etməli idi. Əgər onların ulu babası aşpaz, yaxud mehtər olmuşdusa, onun bütün törəmələri də vaxt keçdikcə yalnız aşpaz və mehtər ola bilərdi. Bir nökəri, üç atı olan ağa otuz mehtəri saxlamalı idi, çünki onlar onun evində yaşayır və ağadan hədiyyə gözləyirdilər. Başqa birisi – özü ehtiyac içində olan nökər sahibi iyirmi aşpaz saxlayırdı, heç birinin də əlindən başqa bir iş gəlmirdi, yalnız mətbəxdə dolaşırdılar. Bütün nökərlərin qurşağında gəzdirdiyi qanuni sənədi vardı, bu sənəd onun hüququnu qoruyurdu. Odur ki indi onlar azad olunmalarını ədalətsiz hesab edir, bunu onların əski imtiyazlarına qəsd kimi qiymətləndirirdilər. Halbuki bu ağaların çoxu üçün nökərlərinin başdan edilməsi böyük sevinc olardı.

Mübahisə edən tərəflər yalnız zadəgan deyildilər, onlar həm də xristian idi və müstəmləkə hökuməti tolerant olmalı, hər iki tərəfə ədalətlə yanaşmalı idi. Nökərlər azad olundu, amma hökumətdən bir illik təzminat aldılar ki, yeni ailələrinə və yaşayış şəraitinə öyrəşənə qədər dolana bilsinlər.

İndi canişin çara məlumat verə bilərdi: "Yerli zadəganların iltifatı sayəsində Ələhəzrətin torpağının bu hissəsində də köləlik ləğv olundu". Bundan sonra çar Qafqazın bütün xristian kübarlarına hərarətli təşəkkürlərini izhar etdi. Amma bu təşəkkür əslində kimə – kübar nökərlərə, yoxsa kübar nökərlərin sahibi olan ağalara aid idi, bu heç vaxt bilinmədi.

Bu əhvalat Qafqazın təkcə xristian qisminə və kübarlarına aiddir. Dağlarda təhkimçi kəndlilərin azad edilməsindən bir ayrı fəsildə danışacağam.

Xristian praktikasından fərqli olaraq, ev nökərçiliyi müsəlmanlara tanış deyildi. Onlar da qul ixracının günahsız qurbanları idi. Odur ki, son məlumatlara görə, Dağıstanda otuz dörd qul qalmışdı, onlar da hay-küysüz azad olundu.

10.
OĞRU NECƏ KNYAZ OLDU?

Allahın xoşbəxt yaratdığı həmin Minqreliyada – o yerdə ki, keşişlər və zadəganlar qul, nökər ola bilirlər, o yerdə ki, bir vaxt gözəl qızlar "yetişdirirdilər" və iki yüz min əhalinin min beş yüzü irsən yüksək əsilzadə – şahzadə, ya da knyaz idi, bax o yerdə təxminən iyirmi il qabaq qəribə bir əhvalat baş verdi.

Bu, sonuncu Minqreliya çariçası Dedopalinin *("Dedopali" millət anası deməkdir – tərc.)* vaxtında olub. Çariça Dedopali bütün həyatı boyu qonşu Abxaziyanın sonuncu hökmdarına nifrət edirdi. Bu düşmənçilik belə başlamışdı. Abxaziya çarı hələ subay ikən Minqreliya çarının sarayına gəlib çariçanın gözəl əmisi qızı, şahzadə Menikaya evlənmək istədiyini deyir. Hər iki çar qonşu, həm də xristian, üstəlik eyni silkdən olduqlarına görə bu evliliyə mane olan bir şey yox idi. Saray əyanları Abxaziya çarının ödəyəcəyi başlıq barədə danışıb razılığa gəldilər, pulun veriləcəyi günü müəyyən etdilər, sonra hökmdarlar nikah müqaviləsi imzaladı. Təmtəraqlı toy oldu, gözəl və yaraşıqlı cütlüyə baş keşiş xeyir-dua verməli idi. Ertəsi gün Abxaziya çarı saray əyanlarının və diplomatik elçilərin hüzurunda çariçanın başına tac qoydu. Təzəcə evlənmiş Abxaziya çarı bir neçə həftə də Minqreliya çarının sarayında qaldı, sonra ölkəsinə qayıtdı ki, gənc çariçanı qarşılamaq üçün münasib qəsr hazırlasın. Pulun bir hissəsi

bir-iki həftəyə gəlməli, bir-iki ay sonra da çariça Abxa-
ziyaya yola salınmalı idi.

Başlıq pulunun bir hissəsi gəldi, çar pulları diqqət-
lə yoxladı, ovqatı təlx oldu. Atlar yabıya oxşayır-
dı, qızıl pullar aşağı əyarlı idi, daş-qaş da kobud və
kələ-kötür idi. Əlahəzrət çar pərt olmuşdu, bu onun
şərəfinə toxundu. "Bu, hökmdara layiq başlıq deyil.
Nikah müqaviləsində başqa cür yazılıb", – çar dedi
və Minqreliya çarına qəzəbli bir məktub yazıb pulun
qalan hissəsini də tələb etdi. Minqreliya çarı da bun-
dan qeyzləndi. "Demək, bizim pulumuz ona layiq
deyil? Onun iddialarını rədd edin!" – deyə o, xarici
işlər nazirinə əmr verdi. Beləcə, diplomatik münaqişə
başlandı.

Rus müşavirinin mübahisə edən iki hökmdarı ba-
rışdırmaq cəhdi əbəs idi. Abxaziya çarı bildirdi ki,
Minqreliya hökmdarı şahzadə arvadını yalnız o za-
man alacaq ki, başlıq pulunu onun istəyincə ödəsin.
Hökmdarlar iki il ərzində bir-birinə notalar göndər-
dilər, həm də getdikcə daha sərt tonda. Çariça Meni-
ka isə bu müddət ərzində tək-tənha gözləyə-gözləyə
mübahisənin bitməsini gözləyirdi. Amma mübahisə
həll olunana oxşamırdı. Bir gün Minqreliya çarı təx-
minən bu məzmunda bir məktub aldı: "Allahın mər-
həməti ilə biz – Abxaziya çarı I Mixail, Samurzakan və
Sebelda hökmdarı və s. və s. Sizin başlıq pulunuz bizə
heç lazım da deyil, bundan sonra sizinlə yazışmağa
da ehtiyac görmürük. Dünən keşiş Svanetia taxt-tacı-
nın vəliəhdi ilə (Menikanın) nikahını kəsib, onun çar
atası sizin kimi simic deyil. Başlığın ödənilmiş birinci

hissəsini isə bizi bu qədər gözlətdiyiniz üçün kompensasiya kimi saxlayırıq. İmza: Mixail Reks" *("Rex" latıncadır, qədim Romada çarın bir adı da Rex idi – tərc.).*

Birinci arvadının boşanması barədə heç bircə söz də! Təhqir olunmuş çarın ilk fikri bu oldu ki, Abxaziyaya müharibə elan etsin. Amma ikisindən də artıq səlahiyyətləri olan Rusiyanın müşaviri bunu qadağan etdi. Minqreliya çarı qəzəbindən ölürdü və doğrudan da öldü. Məktubu alandan bir həftə sonra... Bunun ardınca onun arvadı Dedopali taxta çıxdı, Abxaziya çarının acığına iki ölkə arasındakı sərhəd ərazisini çariça Menikanın tabeliyinə verdi. Gözəl Menika Abxaziya çariçası titulunu saxladı və başına qoyulmuş tacın verdiyi bütün hüquqlarla ömrünün axırına qədər həmin sərhəd ərazisinin hökmdarı oldu. Hərdən ərinin torpağına həmlələr edir, öz torpağına ayaq basan adamlarını edam etdirirdi. Sonra da ona "Ülyahəzrət" demək üçün ürəyi gedən knyaz və dvoryanları ətrafına yığmağa başladı. İndi sizə danışacağım kələk və fırıldağın bir qismi də məhz onun torpağında baş verib.

Bir gün çariça Menika sarayında oturub çay içirdi. Üçüncü fincanını təzəcə içib qurtarmışdı ki, bu zaman polisin uzun müddət axtardığı Temurkva *(ənənəvi abxaz adı – tərc.)* adlı cib oğrusu saraya girdi. O, sağ əlində tutduğu kəndirlə bir inək gətirirdi. Əyanlar hücum etdilər ki, bu əclafı tutsunlar, döysünlər, sonra da dustaq etsinlər, amma oğru ayaqlarına düşüb yalvardı ki, çariçaya bir-iki sözüm var, qoy əvvəlcə onu deyim. Əyanlar razılıq verdikdən sonra Temurkva tövbəsini əsaslandırmağa başladı. Dedi ki, bu günə kimi o, adi oğru idi, bütün ləyaqətli adamlar da ondan qaçırdılar. O, köhnə-külə geyirdi, işləri yaxşı getmirdi. İndi isə düzəlmək, böyük, həşəmətli və məşhuri-aləm çariça Menikanın mərhəmətinə sığınmaq istəyir. Tövbə və peşmançılıq əlaməti olaraq çariçaya kiçik bir bəxşiş gətirib, dünyada olan-qalan bircə inəyi var, onu da çariçaya bəxşiş verir. Rica edir ki, ona da hər hansı bir iş versin. Çariça xeyli mütəəssir oldu. Fikirləşdi ki, bu adama kömək etmək lazımdır, sonra naziri çağırdı. Yarım saat ərzində ona kömək etdilər. Çariça bəxşiş inəyi qəbul etdi, əvəzində sarayının yanında ona kiçik bir torpaq sahəsi bağışladı ki, oğru ləyaqətlə ömür sürsün. Temurkva orta təbəqədən olan hörmətli bir ailədən idi və malikanəsini idarə etməyə qabiliyyəti çatırdı. Təzə mülkədar minnətdarlıq edə-edə oradan uzaqlaşdı. İnəyi də dərhal kəsdilər, çariça və saray əhli yeyib kef elədi.

Amma bu hələ hamısı deyilmiş. Temurkva mülkünə ayaq basanda gördü ki, ona verilmiş torpaq bir akr güclə olar. Məsələnin qaranlıq tərəfi də bu idi. O biri tərəfdən də saray adamlarından öyrəndi ki, bu bir akr torpağın sahibliyi tarixən irsi olaraq knyaz titulu daşıyır. Nə çariça, nə onun nazirləri, nə də təzə mülkədar heç vaxt belə bir şey istəməzdilər. Amma madam ki, indi mülk qanuni olaraq Temurkvaya verilmişdi, o elə həmin gün də titulunu əyanlara təsdiq etdirdi və knyaz kimi təsərrüfatını idarə etməyə başladı.

Bu minvalla üç gün keçdi. Bir gün gözlənilmədən Minqreliyadan çariçanın yanına bir rus keşişi gəldi. Keşiş ədalət tələb edirdi. Temurkva bir həftə qabaq

onun inəyini oğurlayıbmış. Keşiş eşidib ki, inəyi çari-
çaya verilib və onlar da kəsib yeyiblər. Keşiş hədələ-
yib deyirdi ki, əgər çariça kompensasiya verməsə, o,
rus müşavirinin yanına şikayətə gedəcək, müşavir də
çariçanı günahkar hesab edəcək, çünki inəyi sarayda
kəsilib, yeyilib. Çariça Menikanın diplomatik müba-
hisələrdə bir az kədərli təcrübəsi vardı, ona görə də
işi çox uzatmadı, keşişə dəymiş ziyanı ödədi və oğru
Temurkvanı tutmağı əmr etdi. Amma o heç yanda yox
idi və artıq Rusiya sərhədini keçib getmişdi. Çariça
yalnız mülkü müsadirə edə bildi.

Bu, Temurkvaya yaraşan əməl idi. Tezliklə o, Tif-
lisə canişinin yanına getdi, özünü knyaz kimi təqdim
edib kağız-kuğuzunu göstərdi. Dedi ki, çariça Meni-
ka Rusiya meyilliliyinə görə onu təqib edir və ölkə-
dən də çıxarıb. Bu dəfə canişinin qəlbi riqqətə gəldi,
Rusiyanın həqiqi dostu olan bu adama rus knyazının
pasportunu verdi. Həm də bu saat Minqreliya ilə mü-
bahisə etmək məsləhət deyildi, ona görə də əmr verdi
ki, böyük ziyan çəkdiyi üçün rus xəzinədarı Temurk-
vaya təzminat versin. Temurkva razı idi. Bir az sonra o
hətta Minqreliyaya qayıtdı, çariça onu cəzalandırmaq
istədi. O isə çariçaya xatırlatdı ki, çariça özü sadəcə
bir Menikadır, yalnız bir minqrel-abxaz şahzadəsidir,
amma o, irsi olaraq Rusiya knyazıdır və belə boş bir
məsələyə heç etina etmir.

Temurkva ömrünü sənaye maqnatı kimi başa vur-
du, onun oğlu isə bolşeviklər əlindən qaçıb ölkədən
getdi. Amma işi yaxşı gətirir, çünki "knyaz" titulu
xaricdə də imdadına yetir. O, varlı bir amerikan qızı-

na evlənib. Mən onun bir qəzetə verdiyi müsahibəni özüm oxumuşam. "Bəli, – o, müxbirə deyib, – nəslimiz səkkizinci əsrə gedib çıxır, atam Minqreliya çariçasının sarayında yüksək əyanlardan olub. Amma indi bizim əmlakımız bolşeviklərə məxsusdur". Müxbir yazırdı ki, atasının ad-sanından, siyasi nüfuzundan danışdıqca Əlahəzrətin gözləri yaşla dolurdu.

Bu da fırıldaqçı Temurkvanın hekayəti. Həm də o bu cür əhvalatların ən qəribəsi deyil. Qafqaz özündən deyən igidlərin təkrarsız macəraları ilə qaynaşır. Bəzisi zərərsiz-xətərsiz, bəzisi az xətərli. Bu əhvalat, dediyim kimi, təxminən iyirmi il qabaq baş verib, o vaxt ki, çar və feodallar hələ vardı. Bu gün zaman dəyişib, insanlar yox. Hətta indi də Qafqazda o cür fırıldaq və faciəvi toqquşmalar baş verir, bəzən də bunlar Abxaziya taxt-tacı üstə baş vermiş münaqişədən heç də sakit qurtarmır. Bizim günlərdə rus müşaviri iğtişaşları heç də həmişə yatırmır. Heç indi qorxudulmuş, ölkəsinin adətlərini unutmuş çar da yoxdur ki, bu işlərə bir əncam çəksin. Xristian torpaqları ilə həmsərhəd olan bu dağlarda qədim adətlər öz əvvəlki gücünü, qüvvəsini hələ də saxlayır. Odur ki indi sizə danışdığım əhvalat heç də bir qəzet müsahibəsi ilə bitmir, bir qan ədavəti ilə bitir.

11.
QAN ƏDAVƏTİ

Bu dağları fəth edib burada hökmranlıq edənlərin sayı çoxdur, saysız-hesabsız allahlarının istək və qanunlarını bu dağ xalqlarına gətirən hökmdar və keşişlərin də sayı çoxdur.

Yunanlar və romalılar, ərəblər və farslar, türklər və ruslar, nəhayət, sonda bolşeviklər Qafqazı fəth edib, burada öz qanunlarını tətbiq edib. Adamlar hər şeyə tabe olub, bütün qanunlara baş əyib, bütün vergiləri verib. Buranın insanları yalnız bir şeydə təkid edib – onların adətlərinə dəyməsinlər. Hər bir fateh və ya hökmdar bu xahişi eşitməli idi, yoxsa xalq ayağa qalxar, dağlarda qan su yerinə axar, ixtilaf əsrlərlə uzana bilərdi. Sonda fateh həmişə onlara deyərdi: "Birlikdə necə istəyirsiniz, elə də yaşayın".

Beləliklə, ataların adət və qanunları dəyişməz qalırdı. Onların arasında qan ədavəti də vardı, qan qisasını almağın müqəddəs borcu da. Bütün fatehlər bu qan düşmənçiliyini aradan götürmək istəyir, amma müvəffəq olmurdu. Qafqazlı hər şeyi tərgidə bilər, amma qisas almağı yox, hətta bu yolda başından keçsə də. Çar ömürlük Sibirə sürgün edilmiş hər bir qan qisasçısına baş çəkir, əhalinin sayının azalmasının qarşısını almaq üçün sonda bu praktikaya dözməyə özünü məcbur edirdi. Bu müddət ərzində iki milyon adam dağları tərk edib və xaricdə, xüsusən Suriyada məskunlaşıb – o yerdə ki, türklər qan qisasına icazə veriblər. Bolşeviklər də bununla barışmalı olub. Çünki bu, Marksın nəzəriyyəsini xalqa qəbul etdirməyin yeganə yolu idi.

Çarın, sultanın, şahın qanunlarından, hətta Qurandan üstün olan bu qan ədavəti nədir axı? Qafqazlı olmayanlar elə düşünürlər ki, onlar qan düşmənçiliyinin nə olduğunu bilirlər. Onlara görə bu, amansız qisasın heyvani qanunudur, primitiv ədalətdir, qan hərisliyi və vəhşi instinktdir. Ola bilsin bu, başqa irqlərdən, məsələn, Afrika zəncilərindən, ya da Cənub dənizi adalarından gəlib. Amma Qafqazda qan düşmənçiliyi mürəkkəb bir elmdir, tələbkar intizamdır, primitiv qisasdan çox uzaqdır.

"Qanlı" qanunu, qisas alanın qanunu, şübhəsiz, bir çox Avropa qanunlarından daha mürəkkəbdir, hüquq elminin hər hansı maddəsini başa düşməkdən daha çətindir. Qan intiqamı qəfil həyəcan içində yerinə yetirilmir, o hər bir qafqazlının mədəni irsini təşkil edən bir çox qaydaların, saysız qadağa və adətlərin subyektidir, xüsusilə mürəkkəb hallarda, necə olsa da, ağıllı insanların qərarına tabe olan ümumi bilgidir. Hər bir qan qohumu bu qaydaları təcrübə edə bilməz. Heç bir qan qohumu da bunlardan azad edilmir. İnsanı qan ədavətinə yalnız adam öldürmək təhrik etmir, hər bir ölüm də qisas tələb etmir. Qafqazlı olmayanın gözündə zərərsiz görünən hərəkətlər tez-tez düşmənçiliyə səbəb olur, gerçək cinayətlər isə qan ədavəti qanununa görə nadir hallarda cəzalandırılır.

Qafqazlı qan düşmənçiliyinin ləğv edilməsinə qarşı çıxır, çünki bilir ki, bir qayda olaraq məhz bu, universal anarxiyanın qabağını alır. Başları üstündə qan ədavəti kimi bir təhlükəni daim hiss etdiklərindəndir ki, yüz yerə parçalanmış bu tayfa-qəbilələrin yaşadığı dağlarda adətən sülh hökm sürür. Əks halda hamı əlinə tüfəng götürüb səngər qazardı, qan düşmənçiliyinin dəmir qanununa görə mümkün olan bu sülh və barışıq heç vaxt mümkün olmazdı, çünki insanlığın bütün qanunları bu qanun yanında gücsüzdür.

Məsələn, indi hamı bilir ki, 1912-ci ildə çara qarşı o cür məharətlə hazırlanmış üsyan niyə müvəffəqiyyətsizliyə uğradı. Üsyanın rəhbəri əsgərlərinin çoxu Dağıstandan olan məşhur çeçen səhra komandiri idi. Üsyandan bir az əvvəl əsgərlər eşidirlər ki, onların rəhbəri gəncliyində oyun zamanı təsadüfən bir dağıstanlını öldürüb. Onlar dərhal başçılarını sorğu-suala tuturlar, o isə bunu inkar edə bilmir. "Onda, – əsgərlər deyir, – sən bizim qanlımızsan" və hamı ondan ayrılıb gedir, sonra da ona qarşı o vaxta qədər vuruşurlar ki, axırda o özü könüllü olaraq onların yanına gəlir və öldürülür. Nəticədə üsyan baş tutmur. Əgər o səhra komandirinin adam öldürməsi üsyandan bir gün sonra məlum olsaydı, hər şey yaxşı olardı, çünki döyüş-vuruş vaxtı "qanlı" olmur, olmamalıdır. Amma bu halda onun adam öldürməsi üsyandan əvvəl məlum olmuşdu, ona görə də Dağıstan əsgərlərinin başqa yolu yox idi, onlar lazım bildikləri kimi hərəkət etdilər.

Rusiyada vətəndaş müharibəsinin alovlanmasında da elə həmin adamlar həlledici rol oynadılar. General Kornilov Kerenski qrupunun üstünə gedəndə onun qoşununun çoxu Dağıstan əsgərlərindən ibarət idi. Ona görə də Kerenski Qafqazdan olan adlı-sanlı adamlardan ibarət nümayəndə heyətini qiyamçıların düşərgəsinə göndərdi ki, əmin-amanlığı bərpa etsinlər. Qafqazda ağıllı adamların sülh təklifləri heç vaxt rədd olunmayıb. Amma indiki halda əsgərlərin içində tam təsadüfən babası məşhur bir dağıstanlını qətlə yetirmiş, amma indiyə qədər salamat qalmış bir knyaz da olub. Deyilənə görə, dağıstanlı əsgərlər bunu eşidəndə nümayəndə heyətini buraxır, çünki bu heyətin bir üzvü onların "qanlı"sı idi. Sonra and içirlər ki, Kerenskini yıxacaqlar, çünki o, açıq-aşkar düşməni müdafiə edirdi. Və vətəndaş müharibəsi qızışdı.

Bunlar qan düşmənçiliyi barədə təsəvvür yaradan tək-tək misallardır. Dağların ən mühüm qanunu kimi onun kökləri və sonrakı inkişafı ayrıca izahat tələb edir.

Bütün dünyada insanlar millətlərə bölünür. Əcnəbilər Qafqazda da bu təsnifatı aparmaq istədilər, amma bacarmadılar. "Millət" sözü qafqazlıların çoxunun ağlına belə sığışmır, ən yaxşı halda mənasızdır. Ailələr və dost-tanışlar burada milləti əvəz edir və bunlar birlikdə "cəmiyyəti" təşkil edir. Burada, məsələn, demirlər ki, filankəs inquşdur, bu çox az şey ifadə edir. Deyirlər ki, o, Qalqaış, ya da Berkiniş icmasındandır. Vəssalam, bu artıq hər şey deməkdir, elə bil ki, o adamı neçə illərdir tanıyırsan. Cəmiyyətin, ya da ailənin üzvləri bir-biri üçün məsuliyyət daşıyır, hər işdə bir-birini müdafiə və bir-birinə kömək edirlər. Qohumluq dərəcəsi burada heç bir rol oynamır.

Ailə, yaxud cəmiyyət ümumi əsaslarla idarə olunur, ailə üzvlərinin sayı nə qədər çox olarsa, dağlarda bunun əhəmiyyəti o qədər böyükdür.

Bir ailə üzvünün, bir savaşçının itkisi ailəni, nəsli zəiflədir və iyerarxiya boşluğu yaradır. Bu, düşmən ailəni də gücləndirir, gərək bu ailə də mütləq bir üzvünü itirsin ki, balans bərpa olunsun. Düşmən ailə qəsdən ziyan vurmaq istəyib, ya yox, yoxsa bu, bədbəxt hadisə nəticəsində, təsadüfən olub – məsələyə, ümumiyyətlə, dəxli yoxdur. İtki var, əvəz çıxmalısan. Amma ailədə hər hansı qətl, hətta qardaşın, uşağın və ya atanın qətli məhkum oluna bilməz və bu tamamilə məntiqidir. Bu, qətl deyil, itkidir və cəzası yoxdur. Ailə daxilində biri digərini öldürəndə qatil elə özü itki sahibidir, bir doğması da azalır. Əgər onlar durub qatili cəzalandırsalar, demək, öz ailələrini zəiflədəcəklər. Doğmalar, qohumlar arasında qan düşmənçiliyi buna görə də mənasızdır. Kimsə atasını, qardaşını, yaxud oğlunu öldürübsə, onu yalnız ələ salıb güləcəklər. Bu halda "İt öz südünü yalayıb" deyir və yaddan çıxarırlar.

Qan qisası yalnız adam öldürməyə görə deyil, başqa itkilərə görə də ola bilər, məsələn, böyük bir oğurluq üstə, ya da sevdiyin qıza qarşı əxlaqi cəhətdən nalayiq hərəkət edib onu təhqir edəndə. Heyvanlarla cinsi əlaqə üstə də – dağlarda bu cinayət çox yayılıb – qan qisası alınır. Həmin heyvan murdarlanmış hesab edilir və müqəssir əgər qan intiqamı istəmirsə, heyvanın qiymətini tam ödəməlidir. Bu halda, məsələn, təcavüzə məruz qalmış, hələ doğmamış inəyin qiyməti doğar inəyin qiymətindən bahadır.

11. Qan ədavəti

Qan intiqamını doğuran səbəblər çoxdur, amma onlar həmişə eyni əsaslara söykənir, yəni maddi və mənəvi dəyərlərə qəsd etməyə görə. Birinci növbədə adam öldürmək üstündə, çünki yuxarıda dediyimiz kimi, ailə üzvü itkisi əvəzolunmazdır və bunun müqabilində digər ailənin də qanı tökülməlidir. Qisas bu cür alınır: cinayət baş verəndən dərhal sonra adamı öldürülən ailə silahlanır, düşmən ailənin evini mühasirəyə alır. Evdə heç kim tərpənə bilməz. Mühasirədəkilər özünü o vaxta qədər müdafiə edir ki, vasitəçilər araya girib barışıq yaratsınlar və ziyanı müəyyən qədər ödəsinlər, sonra həmin barışıq əsasında qatil ailənin üzvlərinə evdə gəzişməyə, həyətə düşməyə icazə verilir. Mühasirə edənlər geri çəkilir, bu arada yalnız qatilin ən yaxın adamları izlənilir. Qatil evi tərk edəndə onun təqibi başlanır. O heç yerdə nicat tapa bilməz. Düşmənin xəncəri və gülləsi onu hər yerdə – küçədə, namaz vaxtı, çöldə-bayırda axtarır. Onun həyatı ona yükdür, yalnız gecələr evdən bayıra çıxmağa cürət edə bilər. Hər ay qisasçı ailənin bir üzvü müəyyən bir məbləğ tələb edir – qatil nə qədər evdədir, ona dəyməyəcəklər. Qatilin ailəsi, beləcə, həmişəlik qan pulu ödəməli olur. Qisasçı da qurbanının hesabına uzun illər beləcə yaşayır, o vaxta qədər ki, qisasını alır. Yalnız bundan sonra mühasirədə yaşayan ailə rahat nəfəs ala bilər.

Düşmən ailənin hər il məcburən ödədiyi qan pulu hesabına neçə-neçə ailə beləcə varlanır. Amma ölümə görə qan qisasının son məqsədi qatilin, ya da onun bir qohumunun qanını tökməkdir. Elə ki qan əvəzinə qan töküldü, düşmənçilik bitir, balans bərpa olunur, bundan sonra təqib qadağandır. Qan düşmənindən qisas aldığı üçün qisasçını cəzalandırmırlar, çünki belə getsə, düşmənçilik qeyri-müəyyən vaxtadək davam edə bilər. Bu, yalnız o halda davam edə bilər ki, qisas alanlar düşmən tərəfdən bir neçə nəfər öldürsün, onda o biri ailə yenidən onları qanlı elan edir və hər şey yenidən başlanır.

Qafqazda, demək olar ki, hər on nəfərdən biri qan düşmənçiliyinə cəlb olunur. O ya düşmən tərəfin qanını tökməli, ya da düşməndən qaçmalıdır ki, onun öz qanını tökməsinlər. Kimsə aralarındakı ədavəti bilmədən iki qafqazlını tanış etməyə çalışmasın. Dağların ədaləti özünümüdafiə zamanı, qəsdən edilmədən (qərəzsiz) və təsadüfən adam öldürülməsini qəbul etmir. Məsələn, əgər oğru bir evə giribsə və yolunun üstündə olan xəndəyə düşüb boynunu sındırıbsa, onda ev sahibi onun ölümündə günahkardır, cani hesab edilir və oğrunun ailəsi onu qanlı tutub ondan qisas almalıdır. Hətta oğru oğurladığı atı çapıb aradan çıxmaq istərkən yıxılıb ölürsə, zərərdidə at sahibi günahkardır. Eynilə beləcə kimsə kimsə silahını Qafqazda birisinə icarəyə verirsə, ehtiyatlı olmalıdır. Çünki yalnız qatil deyil, silahın sahibi də – hətta o silah oğurluq olsa da – "qanlı" elan olunur. Müxtəsər, qatil o kəsdir ki, bilə-bilə, ya da bilməyərəkdən şəxsən özü, ya da öz əmlakı vasitəsilə ölümə səbəb olur. Qafqazlılar ölüm cinayətinin bu cür tövsif olunması ilə fəxr edirlər. Deyirlər ki, dünyanın heç yerində insan həyatı qan ədavəti qanununun qüvvədə olduğu bu dağlardakı kimi yüksək qiymətləndirilmir.

11. Qan ədavəti

Çox az-az hallarda və yalnız o halda ki, "qatil"in cinayəti bilə-bilə törətmədiyi aydın və dürüst məlum olarsa, qisasçıları buna inandırıb sülh yaratmaq olar. Ümumiyyətlə, sülh danışıqları həmişə davam edir, danışıqlar barışıq və qanın dəyəri ilə bağlı olur. Tez-tez qisasçılar tələb edir ki, qatilin qulağı, ya da barmağı kəsilsin və qanı öldürülmüş adamın qəbrinə səpilsin. Ümumiyyətlə, qanın dəyəri böyük bir sərvətdir. Amma hətta bu məbləğ ödəniləndən sonra da qatilin ailəsi qisasçıların ailəsindən sanki asılı olur. Bir qayda olaraq, qatili bağışlamaq və barışıq bağlamaq ədalətli sayılmır.

Bəzən elə olub ki, kasıb bir ailə özlərindən bir nəfəri öldürüb, qətlə görə günahı varlı bir ailənin üstünə atıblar. Bu yolla qan pulunu alandan sonra ailə hörmət və ehtiram məqamına çatıb.

Düşmən ailənin bütün üzvləri qan düşməni hesab olunduqları üçün Qafqazın ucqar yerlərində tez-tez görürsən ki, bu günə qədər sakit və əmin-amanlıqda yaşayan qonşular arasında da amansız dava başladı – haradasa uzaq qohumlarının ölümü barədə eşidirlər, heç demə, öldürən bir qonşunun, ölən də o biri qonşunun qohumu imiş. Bəzən heç qohum olmayanı da qan düşmənçiliyinə qoşulmağa vadar edirlər. Məsələn, ola bilər, öldürülən şəxs bu adamın qonağı, yaxud da yol yoldaşı olub. Onda qisas şərəfi onunla qan qohumları arasında bölünür.

Cəriməsi ödənilə bilən qətl cinayətindən başqa, hər bir qan intiqamının səbəbi haqqında uzun-uzadı götür-qoy edirlər. Nə qədər gülməli olsa da, bir də gö-

rürsən ki, dünyagörmüş adamlar yığılıb müəyyən et-
məyə çalışırlar ki, məsələn, görəsən, təcavüz edilmiş
inək nə qədər murdarlanıb, yaxud köhnə bir ayaqqabı
oğurluğunu necə qiymətləndirsinlər. Bir dəfə öz göz-
lərimlə gördüm ki, bir paslı mıxın oğurlanması üstün-
də yeddi inək və iyirmi qoyunu necə aldılar. Əslində
mıx bacada imiş, bacadan oğurluq etmək isə xüsusilə
təhqiramiz hesab olunur və cəzalandırılmalı idi.

Qan qisası qanunu dağlarda hökumət idarəetmə-
sini çox vaxt mümkünsüz edir. Nə polis birini həbs
etməyə cürət edir, nə də hakim birini cəzalandırmağa.
Çünki o saat cəzalandırdıqları ailə onları qan düşmə-
ni elan edəcək.

Yalnız ümumi təhlükə olanda, məsələn, əgər ölkəni
ümumi düşməndən müdafiə etmək lazımdırsa, müd-
riklər yığılıb elan edirlər: "Müharibə qurtarana qədər
heç bir qan düşmənçiliyi olmamalıdır!" Onda dağlılar
bir yerə cəm olur – düşmən də, qisasçı da çiyin-çiyinə
ümumi düşmənə qarşı, dağların azadlığı uğrunda vu-
ruşurlar. Müharibə qurtaran kimi, düşməni ölkədən
qovduqdan sonra qisasçı bu ana qədər yağı gülləsinə
qarşı yanaşı dayandığı həmin qan düşmənindən qi-
sasını almağa çalışır. Sülh elan olunduqdan sonra
qafqazlıların ordusu dağılır. Zabitlər əsgərlərini bu-
raxıb gedir, əsgərlər zabitlərdən gizlənir, generallar
da hərəsi bir tərəfə – yaxın qohum-qardaşlarının ya-
nında olmağa tələsirlər. Həmin gündən dağların əbə-
di qanunu olan qan ədavəti yenidən qüvvəyə minir.

Özü də bu heç azalmaq da bilmir, əksinə ildən-ilə
qafqazlının düşüncəsində daha da möhkəmlənir. Nə

veto, nə də heç bir cəza bunun qabağını ala bilmir. Hətta qan düşməni ədalət məhkəməsi tərəfindən elan edilsə də bu, qisasçıları təmin etmir. Nə səbəbə təmin etsin ki? Onlar bunda maraqlıdır ki, qan düşmənini özləri tutsun, bütün ailəsinə qarşı qan düşmənçiliyi başlasınlar.

Qan ədavətinin ləğvi ilə bağlı yalnız son illərdə Qafqazın kiçik bir ölkəsi olan İnquşetiya Respublikasında təşəbbüs göstərilib. Təşəbbüsü İnquşetiyanın sovet hökuməti irəli sürdü. Ölkə sovet ölkəsi olsa da öz qanunlarını, öz adətlərini qoruyub saxlayır. Kommunizm burada nominal hakimiyyətdir, inquşların çoxu yalnız onun adını bilir. Daha çox öz qan düşmənlərindən qorxan İnquşetiya prezidenti bir gün "Qan ədavətini ləğv etmək üçün komissiya" yaratdı. Komissiyanın tərkibində bir nəfər də kommunist yox idi. İnquşetiya sovet hökuməti öz vətəndaşlarını yaxşı tanıyır. Hörmətli ailələrdən olan knyazlar, ruhanilər, dərvişlər və ixtiyar yaşlılar komissiyanın üzvü oldular. Komissiya üzvləri ölkəni gəzir, kəndlərə, şəhər və qəsəbələrə baş çəkirdilər. Onlar bütün evlərə, daxmalara girir, qan düşməni, qisasçı hesab olunan ailələrə gedir, "Burada "qanlı" kimdir?" deyə sorğu-sual edirdilər. Fərqi yoxdur, çoban olsun, ya adi nökər, onlar bu adamları axtarıb tapır, qabağında diz çökür, ayağını öpüb yalvarırdılar: "Yalvarırıq, düşməninizi bağışlayın".

Knyazların məsələsi bir az çətin idi. Qanlarına işləmiş bu adəti tərk etmək istəmirdilər. Amma komissiya üzvləri diz üstə çöküb təkidlə yalvarır, nökərlərin əl-ayağını öpür, o qədər təsirli danışırdılar ki, qisasçı axırda dik ayağa qalxıb ağlayır, sonra yerə çöküb deyirdi ki, düşmənini bağışlayır.

Əgər heç nə kömək etmirdisə, knyazlar deyirdilər: "Əgər bağışlamasanız, biz özümüzü sizin qapınızda asacağıq, günah sizin boynunuza töküləcək". Bu dəhşətli hədə olduqca vacib idi, çünki yaşlılara hörmət böyükdür və onların öz xahişləri ilə qisasçıya göstərdiyi şərəf tamamilə qeyri-adi bir şey idi. Hər kəs çalışırdı ki, barışmasın, amma sonda özləri ilə bacarmırdılar. Kəndin, icmanın ən yaxşısı sənin qabağında diz çöküb yalvarırsa, demək, ataların adətindən əl çəkmək lazımdır. Hər kənddə barışıq bayram edilirdi, knyazlar dinclik bilmirdi, ta ki, düşmənlər bir yerdə bir stəkan süd içir, gümüş bir sikkəni mişarla ikiyə bölür, hərəsi bir yarısını boynundan asır və qardaş olurdular. Bir neçə kənddə belə bir şey baş vermişdi: düşmənini bağışlamaq istəməyənlər komissiya üzvlərinin kəndə yaxınlaşdığını eşidib evlərini tərk edir, tələsik dağlara çəkilirdilər. Amma ağsaqqallar inadkar idi, arxalarınca ən uca, qarlı zirvələrə gedir, onları tapır, xahişlərinə qulaq asmağa məcbur edirdilər. Heç bir qan düşmənini yaddan çıxarmır, istədiklərini edirdilər. O şeyi edirdilər ki, nə çar onu ölüm cəzası ilə qadağan edə bilmişdi, nə də cəhənnəm alovu ilə qorxudan Quran. Bu, torpağın duzu ilə, itaətlə, xahiş və iltifatla, diz çöküb yalvarmaqla mümkün oldu. Amma bilmirəm onların yaratdığı sülh nə qədər davam edə bilər?

İsgəndər Xanın aulundan qəfildən getdiyim üçün mən gərək qan ədavəti qanununa minnətdar olum.

Onun da qan düşmənləri vardı, onlar İsgəndər Xanı mümkün qədər tez öldürmək, yurdunu-tifaqını dağıtmaq arzusunda idilər. Bu düşmənçiliyin uzun tarixi vardı. Bir çox illər qabaq İsgəndər Xanın bir qohumu kasıb bir ailədən olan bir kişini öldürmüşdü. O vaxt İsgəndər Xanın vəziyyəti bütün qonşularla sülh yaratmağı tələb edirdi. Ona görə də o, qan pulunu ödədi, qatil isə qonşu ailədə öldürülmüş kişinin yerini tutdu – itkinin əvəzi kimi. Bu adətə bir çox Qafqaz xalqlarında rast gəlinir. Bu dəfə İsgəndər Xanın qohumu bir oğurluqda öldürüldü, qonşu ailə İsgəndərdən ikinci dəfə əvəz istədi. Bu, İsgəndərə şantaj təsiri bağışladı, demək, ondan hədə ilə pul qoparmaq istəyirdilər. Ona görə də bildirdi ki, əgər qonşu əvəz istəyirsə, gəlib onu aparsın. Bu xəbər bir anda yanımdakı xədimi və şəhər ətrafında məni müşayiət edən üç atlını dərindən məyus etdi.

– İndi qan töküləcək, – xədim dedi. – Yaxşı olar ki, biz tərpənək.

Yanımdakı atlılar da eyni fikirdə idi. Amma eləbelə çıxıb getmək asan idimi? Biz kənddə qonaq idik, əxlaq qaydalarına görə, özümüzü təhlükədə, ya da hədələnmiş hesab etməyə haqqımız yox idi. İsgəndərin öz qonaqlarını müdafiə edə bilmədiyini güman etmək də onu təhqir etmək olardı, bu isə heç yaxşı olmazdı. Xədim kifayət qədər ağıllı bir adam idi, belə bir şeydən nəyin bahasına olur-olsun yayınmağın yolunu tapacaqdı. Amma buradan çıxıb getmək üçün əsaslı bir səbəb tapılmalı idi.

Xeyli tərəddüddən sonra İsgəndərə xəbər verdik ki, mən tamam sağalmışam, yaxşı olardı ki, dostlarından birinin yanına getmək üçün bizə zəmanət versin, qayıtmağımı səbirsizliklə gözləyən atamın yanına qayıtmazdan əvvəl bəlkə bu dağlar ölkəsini bir az da gəzim, tanıyım. İsgəndər getmək istəməyimizin səbəbini dərhal başa düşdü, amma ona ehtiram göstərdiyimizə görə, həm də bizim təşvişimizi özü də başa düşdüyü üçün razılaşdı və elə həmin gün yola düşmək hazırlığına başladıq. Hazırlıq bir həftə çəkdi. Nəhayət, yola düşdüyümüz gün gəldi və kəndin lap qurtaracağında bizə başqa bir təntənə düzəltdilər. Burada xədim dedi ki, biz dağlarda, dərələrdə yaşamağa öyrəşməmişik, ona görə də tamam yorulmuşuq. Bu qədər qoyun yağına, çaxıra və buzaya yalnız dağ adamları dözə bilər. Beləliklə, biz dağlarla üzü aşağı endik, nəhayət, gəlib yenidən Dağıstan dəmiryoluna çatdıq. Amma dağlarda bir az da qalmaq istədiyim üçün dəmir yolundan yenə uzaqlaşdıq, gəlib Gürcüstan qapılarına və məşhur Gürcüstan hərbi yoluna çıxdıq.

Osetinlərin, inquşların, çeçenlərin, xevsurların və onlarla digər tayfaların məskunlaşdığı dəmir yolunun ətrafı elə Dağıstan kimi inkişaf etməmiş bir yerdir, amma nədənsə bir az sivil hesab edilir. Bir neçə teleqramdan sonra atam razılaşdı ki, yayın qızmar vaxtı olduğu üçün – havanın temperaturu vadilərdə farenqeytlə 122 dərəcə idi (*farenqeytlə 122 dərəcə 50 dərəcə selsiyə bərabərdir – tərc.*) – mən bir az da səyahət edib onun öz dostlarının, ya da İsgəndər Xanın dostlarının yanına gedə bilərəm. Başqa sözlə, dağları daha yaxşı tanımaq imkanı vardı.

11. Qan ədavəti

Bir çox adamlar uşaqlarını bir neçə il ərzində dağlara göndərirlər, belə ki, buradakı təkmilləşmə Şərqdə ən yaxşı sosial tərbiyə hesab olunur. "O özünü elə aparır ki, elə bil dağda böyüyüb" sözləri şərqlinin eşidə biləcəyi ən yüksək qiymətdir. Dağlarda cəngavərlər yaşayır və cəngavərlik Şərqdə əvvəlki kimi yenə də şərəfli bir məqamdır. Eynilə orta əsrlərdə cavanları saraylara göndərdikləri kimi, gürcü və ya azərbaycanlı ata oğlunu əvvəlcə dağlara, yalnız bundan sonra Avropa şəhərlərinə göndərir. Şərqdə deyirlər ki, "qəlbin, ürəyin yaxşı keyfiyyətləri dağlarda, ağıl isə Qərbdə formalaşır". Bu deyimdə həqiqət çoxdur.

Atam dağlarda "təkmilləşməyim" haqda düşünmürdü. O daha çox məni bunlardan uzaq saxlamaq istəyərdi. Amma mən artıq buralarda olduğum üçün bununla barışmağa, xeyir-dua verməyə məcbur idi və bunu mənim barbarlığa olan meylim, marağım adlandırırdı. Ona görə də asudəliklə və istədiyim qədər dağlarda gəzə bilərdim. Müalicədən sonrakı vaxtımı Beştauda, Qafqaz cəngavərlərinin əhatəsində keçirə, onların nəcib davranışlarından çox şey öyrənib, böyük fayda götürə bilərdim.

12.
ƏLAMUT – CƏNNƏT BAĞI

Biz yarğanlar, yamaclar boyunca keçib gedirdik, yolumuza tez-tez gur sulu, qıjıltılı dağ çayları çıxırdı. Burada çaylar üzərində körpü yoxdur. İki-üç ağac gövdəsini kəndirlə bir-birinə bağlayıb uçurumun üstünə atıblar. Gözlərini yum, atlar bu ağacların üstünə çıxıb səni sağ-salamat o taya keçirəcəklər, onlar ürküb eləmir. Sarp qayalar üzərində çayın dik uçurumu başlanır, bir az o yanda hansısa knyazın keçmiş malikanəsinin uçuq-sökük xarabalıqları görünür.

Bu xarabalıqlar bir vaxt qala olub. Zaman keçdikcə dağılsa da, bu gün də müəyyən mənada qaladır. Biri uçulanda sakinləri başqa bir sıldırımın üstündə təzəsini ucaldır, onunla bağlı keçmiş hünərləri tez də unudurlar. Adamlar unutqan olur, xüsusən dağlarda, halbuki buralarda neçə-neçə igid at oynadıb. Qafqaz əfsanələrində xatırlanmaq üçün, yəqin ki, böyük cahangir olmaq lazımdır. Mən hər xarabalığın yanında ayaq saxlayır, uçulub-ovulan divarlara heyrətlə baxıb soruşurdum: "Əlamut budur?" (*İranın Qəzvin ostanında 2163 metr hündürlükdə yerləşən qədim qala. Hazırda yalnız dağıntıları qalıb – tərc.*) Amma yox, bu, Əlamut deyildi. Heç sonrakı da deyilmiş. Lap sonra gördüyüm də. Əlamut xarabalıqlarını görmək elə də asan deyil, onlar, demək olar ki, unudulub, onlardan qaçırlar, çünki bu qalanın olduğu yeri allahlar lənətləyib. İnsanlar belə bir yeri niyə xatırlasın ki? "Əlamut" sözü də qadağandır. Heç bir qafqazlı bu xarabalıqlara yaxın düşmür.

Yüz illər boyu Şərq bu qaladan idarə olunub. Onun adını eşidəndə Mərakeşdən Çinə qədər hamı zağ-zağ əsirdi. Xəlifələr, sultanlar, səlib yürüşü cəngavərləri, bədəvi qəbilə başçıları, xristianlar və müsəlmanlar bu dağlardan gələn əmrləri sözsüz yerinə yetirirdilər. Müharibə və sülhün, ehtiyac və firavanlığın səbəbi Əlamut idi. Şərq imperatoru öz taxt-tacı üçün bu qalanın sahibinə minnətdar idi, Yerusəlim kralı Bolduin tacını əldən verib ayağına ömürlük kündə bağladı, çünki bu qalanın əmrinə qarşı çıxmağa cürət etmişdi. Xeyir də, Şər də Əlamutdan – Qafqazın ürəyi olan, indisə zülmətə qərq olmuş, hamının uzaq qaçdığı bu xaraba qaladan gəlirdi.

Əlamutun sahibi imperator deyildi, sultan deyildi, onu müdafiə edəcək ordusu yox, xərac verənləri yox. O, sadəcə Həsən ibn Sabbah idi – Əlamutun Ağası, "Dağların abid qocası", dünyanın birinci terrorçusu. O, fars idi, cavanlığında Ömər Xəyyamın, riyaziyyatçı Nizamülmülkün dostu olmuşdu. Sonuncunu sonralar özü öldürtdürəcəkdi. Dərvişlər və şairlər arasında, məscidlərdə və saraylarda yaşamışdı, sonra ona vəhy gəlmişdi, şairləri, dərvişləri tərk edib İslamın ən mistik təriqəti olan İsmaililər təriqətini (Əlinin tərəfdarları) yaratmışdı. Həsən ibn Sabbah özü Əlinin təcəssümü idi. Onun fikrincə, adamlar buna görə ona beyət etməli idi. O, Qafqaz dağlarında özünə qala ucaltmış, müstəbid hökmlərini buradan verirdi. Onun əlindəki vasitələr terror və həşiş idi; düşmənləri üçün – terror, terroru həyata keçirən dostları üçün – həşiş.

Qalanın divarları üstə asma bağ salınmışdı, dünyanın ən gözəl bağı. Həsən ibn Sabbah beyinləri bir cam həşişlə əvvəlcədən dumanlandırılmış tərəfdarlarını buraya yollayırdı. Sonra özü də buraya gəlir, xəncərlə onların əlinə iz qoyub deyirdi: "Get öldür və öl!" Xəncərin üstündə qurbanın adı yazılırdı. Tərəfdarlara buraya salamat qayıtmağa icazə verilmirdi, hətta tapşırığı yerinə yetirib təqibdən yayına bilsə də. Onlar ölməli idilər ki, həmişəlik Əlamut bağında qalsınlar, çünki Əlamut göylərin əbədiyyət bağı idi, onlar bu bağı həşiş xəyallarında görürdülər, buranın sahibi isə xilqətin ağası idi. Ona vəhy gələndən sonra Həsən ibn Sabbah ömrünü bu qala divarları arasında keçirdi. Üzü həmişə niqablı idi, tərəfdarlarından heç biri onun üzünü görə bilməzdi. Hərdən dünyanın böyük adamları ondan müxtəsər əmrlər alırdılar. Əgər onlar dərhal ona tabe olmasa və bu, bir də təkrar olunsa, üçüncü dəfə bu dikbaş adamın sinəsinə İsmaili xəncəri saplanacaqdı. Çünki dünyanı şahlar, sultanlar, xəlifələr yox, İsmaililərin Ağası idarə etməli idi. Bir çox cahangirlər qalanı dağıtmaq istəyib. Onlar nəhəng ordularla Əlamuta hücum etsələr də, İsmaililər qala civarında onların generallarının köksünə xəncər soxub, ordu isə vahimə içində pərən-pərən düşüb. Həsən ibn Sabbah və onun tərəfdarları əsrlər boyu dünya ağalığını davam etdirib, onların sözü bütün Şərqdə qanun idi. Onların hökmü sərhədsiz idi. Hətta səlibçilər onların adı gələndə tir-tir əsir, onların hər istəyini yerinə yetirirdilər.

Assassinlərin *(Qərb dillərindəki "assassin" sözündən-dir, "muzdlu qatil" deməkdir – tərc.)* Şərq təriqətini də Avropaya gətirən səlibçilər idi, gətirib tarixə saldılar. Həsənin xidmətçiləri Həşişilər adlanırdı və elə bu sözdən də fransız sözü "assassin" *(bu söz bütün Qərb dillərində belədir – tərc.)* yaranıb. Amma monqol fatehi Çingizxanın ulduzu parlayanda assassinlərin hökm-ranlığı sona yetdi. Çingizxan Əlamutdan qorxmurdu. Yalnız onun əsgərləri, həm də heç "assassin" olma-dan Əlamuta yaxınlaşa bilərdi. Onlar hamısı şamanist idilər, yalnız atın quyruğuna, Xanın qılıncına və göy tanrısı Teb-Tengriyə sitayiş edirdilər. Böyük Xanın qardaşı oğlu Hülaku xan güclü ordu ilə assassinlərin qalasını mühasirəyə aldı. Monqollar qalanı istila etdi, yandırdı və dağıtdı. Müqəddəs kitabları məhv edil-di, assasssinlər isə hamısı doğrandı. Onların qalıqları oda atıldı, çünki bu qatil təriqətə nifrət çox böyük idi. İsmaililərin sonuncusu səhraya qaçdı.

Hətta bu gün də Pamirdə, Hindistanın şimalında və Türküstanın cənubunda dinc həyat sürən bir neçə köçəri qəbilə var ki, hələ də qorxunc Həsən ibn Sabba-ha və onun nəslinə səcdə edirlər. Amma Qafqazdakı qala lənətlənmiş bir yerdir, bu gün heç bir qafqazlı bu adı heç əfsanələrdə də eşitmək istəmir.

13.
XRİSTİAN ADINI TANIMAYAN XRİSTİANLAR

İnqilaba (*Rusiyadakı Oktyabr inqilabına – tərc.*) qədər-ki dövrdə Gürcüstanın paytaxtı Tiflisdə Əlahəzrət Canişinin polisi bolşevik gizli firqəsini aşkar edəndə və ya onların gizli vərəqələri ələ keçəndə, yaxud bol-şeviklərin bir neçə uğurlu siyasi sui-qəsd əməliyya-tından sonra nazir bolşeviklərin tutulmasını tələb edəndə, bir qayda olaraq, qatilin şəkli və mükafatın məbləği olan vərəqələr şəhərin hər bir tərəfinə yayılır-dı. Minlərlə polis agenti şəhəri ələk-fələk edir, şübhə-li hesab etdikləri evləri yoxlayırdılar. Üç gün çəkən axtarışdan sonra şefə məlumat verirdilər ki, bundan sonrakı axtarış faydasızdır. Çünki bilirdilər ki, canilər Qafqazın İsveçrəsi olan Xevsuriyaya qaçıb. Oraya qa-çan salamat qalırdı.

Xevsuriya Tiflisə lap yaxındır. Bu torpaq azad və müstəqildir, heç bir polis qatili burada axtara bilməz. Xevsuriyanı dövrəyə alan nəhəng qaya divarları onu ətraf aləmdən ayırır. Bu "divarı" keçəndən sonra qar-şında bir uçurum açılır. Xeyli aşağıda – vadidə Xev-surun azad kəndləri görünür. Sıldırımdan qaya aşa-ğı uzun bir kəndir sallanır. Cəsarəti olan kəndirdən yapışıb xevsurların yanına düşə bilər. Polis heç vaxt buna getməz. Bir-iki polis azad Xevsur torpağında nə edə bilər ki? Vadinin camaatı qaççını qoruyur. İlin 11 ayını yalnız bu asma yolla xevsurlar ətraf dünya ilə əlaqə saxlaya bilirlər. Yalnız bir ay dağların bu təhlükəli keçidini keçmək olur. Ola bilsin, buraya ilk mühacirlər də həmin bu yolla gəlib. Yalnız qaçqın bu kəndirlə enməyə cürət edər – əlbəttə, əgər Xevsur cəmiyyətinə qaynayıb-qarışsa və onu qəbul etsələr, bu halda onu bütün təhlükələrdən qoruyarlar.

Xevsurlar bütün siyasi məsələlərdə neytrallığı saxlayırlar. Bolşeviklər, nəhayət, möhkəmlənib Tiflisdə evləri gəzərək düşmən ovuna çıxanda axtardıqları adam Xevsuriyaya qaçırdı. Hətta Gürcüstanın sonuncu ağqvardiyaçısı, knyaz Çelokaşvili və onun başının adamları da qırmızılarla döyüşdə hər şeyi itirəndən sonra həmin Xevsur kəndirindən istifadə ediblər.

Aşağılarda, Xevsur vadisində əbədi bir sakitlik hökm sürür, günlərlə buralarda gəzə bilərsən, qarşına bir ins-cins çıxmaz. Əslində əraziсə heç də ən kiçik dövlətlərdən biri olmayan bu torpağın hər yerində bir-birindən xeyli aralı tikilmiş qalalar var, hər qalanın da dövrəsində daşdan hörülmüş dördkünc qüllələr. Vəssalam. Burada başqa heç nə tikilməyib. Buradakı otuz qalada bu qəribə və naməlum dağ irqinə mənsub xevsurlar yaşayır. Bunlar kimdir, haradan gəliblər – kimsə bilmir. Onlar bir sirr pərdəsinə bürünüb, bu saat bunu açmaq da mümkün deyil. Həyat tərzi, adətləri və məişətləri ilə qonşularından tamamilə fərqlənən bu irq çox az öyrənilmişdir.

Əvvəlcə zahirdən başlayaq: xevsurlar yalnız hərdən, o da kəndlərinə qonaq-qara gələndə Qafqazda gündəlik geyim olan çərkəzi paltarlarını geyirlər. Adi günlərdə isə altda qısa, uzun kəsikləri olan köynək, üstündən də uzun, bədəni örtən üst paltarı geyirlər.

Üst paltarın sinə hissəsində, ortada sarı parçadan malta xaçı şəklində lentlər tikilir. Digər Şərq xalqlarından fərqli olaraq, xevsur kişi və qadınları ipək parçadan gen şalvar geymir, amma diz bükümlərinə çatan dar corab geyirlər. Başlarına isə dövrəsinə rəngli parça zolağı sarınmış dördkünc papaq qoyurlar. Başı və saqqalı tərtəmiz qırxır, amma bığ saxlayırlar. Malta xaçı şəklində sarı lentlər təkcə köynəyin üstünə yox, bir az kiçik ölçüdə, mümkün olan hər yerə tikilir.

Bu, xevsurların sülh dövrü üçün geyimləridir. Savaş vaxtı xevsur tamam başqa cür görünür. Onun nəsildən-nəslə gəlib çatmış əlbisəsi nə Avropanınkına, nə də Asiyanınkına oxşayır. Bu, orta əsrlər dövrünü xatırladır. Xevsur savaşçısı başına dəbilqə qoyur, çiynindən ətəyinə qədər örtən zirehli köynək geyir, biləklərinə və ayaqlarına tunc lövhəciklər bağlayırdı. Sol əlində tutduğu dəyirmi qalxan üzərində həmin Malta xaçı görünür, sağ əlində əvvəllər nizə, son illərdə isə tüfəng olurdu. Kəmərindən düz qılınc asılır. Bu əlbisədə o, daha çox səlib yürüşçüsünə oxşayır, nəinki barbar dağlılara. Onun qılınc-qalxanına yaxından baxanda bu qənaətin daha da möhkəmlənir – polad üzərində latınca yazılar, cəngavər, qartal və gerb təsvir olunur. Yazılarda deyilir: "Genua Vivat Stephan» (təxminən "Yaşasın Stefan!"), "Vivat Husar, Souvenir" ("Yaşasın Qusar! Hədiyyə"), hətta "Solingen" (*Zolingen – Almaniyada qədim şəhər, burada xəncər, ülgüc tiyələri, bıçaqlar düzəldilirdi – tərc.*). Qədim qalxan üzərində A.M.D. hərflərini belə açmaq olar: "Ave Mater Del" (*katoliklərin axşam duası belə başlanır, latınca "Sənə salam olsun, İsanın anası!" – tərc.*). Bu sözlər səlibçilərin devizi idi.

Beləcə, yaraq-əsləhəsini geyinən xevsur döyüşə, çox vaxt da duelə gedir. Duel belə baş verir: rəqiblər sağ dizləri üstə yerə əyilir, xəncəri qından çıxarır, özünümüdafiəyə hazırlaşır. Bir azdan ayağa sıçrayıb savaş mahnısı oxuya-oxuya bir-birinə qəzəblə hücum edirlər. Sonra yenə çömbəlmiş vəziyyətdə özlərini müdafiə edirlər. Aralarına kim girsə vururlar. Onları saxlamağın yalnız bir yolu var. Bir qadın, yaxşı olar ki, cavan qız olsun, yaylığını açıb vuruşanların arasına atır. Bu anda rəqiblərin ikisi də xəncərlərini qınına qoymalıdır, qızın qarşısında sağ dizini yerə qatlayıb döyüş meydanından şərəflə çəkilməlidir. Bəzən savaşçılar yaylığı ortadan iki yerə bölüb hərəsi bir parçasını götürür, qızın saxladığı döyüşdən nişanə kimi saxlayırlar.

Yazılar, duelin səbəbi və duelin forması qəribə ehtimallara haqq qazandırmaq üçün kifayət qədər əsas verir. Xevsurlar kim ola bilər – Malta xaçını fəxrlə daşıyan, başdan-başa polad zireh geymiş ədalı kavalerlər? Güman ki, Fələstindən qovulmuş və dağlara çəkilmiş, burada Qafqaz əfsanələrinin şəhadət verdiyi kimi, barbara çevrilmiş səlibçilər? Yoxsa bir vaxt Avropanın təsiri altına düşmüş, yüksək bir mədəniyyətin daşıyıcıları kimi təqib nəticəsində assimilyasiya olunmuş naməlum bir irqin nümayəndələri, ya da orta əsrlərin sürgün olunmuş cəngavərləri? Bu suallara cavab vermək, yuxarıda dediyim kimi, hələ ki, mümkün deyil. Tədqiqatçılar xevsurlar haqqında son sözlərini hələ deməyiblər. Bu torpaq az öyrənilib, buraya gediş-gəliş az olur. Yalnız bolşeviklər, mühacirlər və qaçqın düşmüş ağqvardiyaçılar (onlar aylarla xevsurların yanında olurdular) onlar haqqında nə isə mühüm bir şey deyə bilərdilər. Amma deməyiblər. Onlar da bütün siyasilər kimi sirr saxlayandır, bir də ki, səlibçilərin qalıqlarını tədqiq etməyə onların heç marağı da yoxdur.

Amma səlib günlərinin xatırlanması xevsurlar haqqında danışmaq üçün diqqət çəkən yeganə maraqlı cəhət deyil. Bu azad insanların, teoloqların bütün bildiklərini alt-üst etməyə hesablanmış dini inancı bundan heç də az qəribə və təəccüblü deyil. Bilmək istəsəniz, xevsurlar xristiandır. Onlar Xaça və Həzrət Məryəmə, hər şeydən əvvəl, Müqəddəs Georgiyə, apostol Pyotra və Pavelə səcdə edirlər. Sanki əmr edilibmiş kimi, onlar müəyyən vaxtda özlərini mömin kimi aparır, qoyun kəsiləndə barmaqlarını qana batırıb alınlarına xaç şəkli çəkirlər. Bu xaç işarəsindən başqa, onlar xristianlıq haqda heç nə bilmirlər. Onlar nə İsanı tanıyırlar, nə də xristianlıqla bağlı səciyyəvi əmr və buyruqları. Düzdür ki, onlar da Bazar gününü qeyd edirlər, amma təkcə Bazar günü yox, Cümə, Şənbə və Bazar ertəsi günləri də onlar üçün rəsmi bayramdır. Əgər səbəbini soruşsan, deyərlər ki, Bazar gününü ona görə bayram edirlər ki, bu, həm də onların qonşusu olan gürcülərin bayramıdır, onlar da xristiandır; Cümə gününü ona görə qeyd edirlər ki, dağlarda onların qonşuları olan müsəlmanlar üçün bu gün əziz gündür; Şənbə gününü Dağ Yəhudilərinə görə bayram edirlər, Bazar ertəsi gününü isə ona görə qeyd edirlər ki, hamıya göstərsinlər ki, xevsurlar azad insanlardır, nə xoşlarına gəlirsə, onu da edirlər. Bax buna görə də Bazar ertəsi gününü bayram edirlər ki, qoy onların dini bütün digər dinlərdən fərqlənsin. Bazar günü istirahət etmək onların mömin xristian olmasına sübut ola bilməz. Onlar da donuz əti yemir, poliqamistdirlər (*poliqamiya* – çoxarvadlılıq), onlarda da *levirat nikah*[1] yayılıb və sadəcə başqalarından fərqlənmək üçün gecəni heç vaxt arvadları ilə bir otaqda keçirmirlər. Hər halda onlar arvadlarının yanına az-az gəlir və əgər arvadları ilk üç ildə hamilə qalacaqsa, boşayırlar, çünki bu, ayıb sayılır. Xaç, Həzrəti Məryəm və Müqəddəs Georgidən başqa xevsurlar digər allahlara – kiçik və böyük Pirkuşi, Adgilis Deda (*xristiandan əvvəlki gürcü mifologiyasında allahlar – tərc.*), Şərq və Qərb allahlarına da sitayiş edirlər. Sonuncu ikisinə xüsusən çox inanırlar. Buna baxmayaraq, bütün bu allahlar əhalinin əsas həyat tərzində az rol oynayırlar.

Hansı allaha sitayiş etmək, deyək ki, hər kəsin öz işidir. Rəsmi dini həyat xevsurların baş allah hesab etdiyi Xatti məbədində davam edir. Bu məbədlər daş divarlarla dövrəyə alınmış, dördküncü tikilidir, dik damı var, ətrafına payalarla çəkilmiş çəpərdən kilsə ənənəsinə uyğun olaraq zınqırovlar asılır. Zınqırovlar nə qədər çox olsa, məbəd o qədər hörmətli sayılır. Məbədin lap yuxarı başına girməyə yalnız keşişlərə icazə verilir, onlar da yalnız dini bayramlarda oraya girə bilərlər. Bu məbədlər xevsurların dünyada bənzəri olmayan dini tərz-hərəkətlərini nümayiş etdirir.

---

[1] "Levirat" sözü latınca "levir" – qayın, yəni ərin qardaşı sözündəndir. Bu nikah adəti dul qadının ölmüş ərinin qardaşına məcburi və ya könüllü getməsidir. Levirat qrup nikahının qalıqları kimi qəbilə quruluşu dövründə bir çox xalqlarda yayılmış, son dövrlərə qədər Qafqaz və Orta Asiya xalqları, yəhudilər, o cümlədən Azərbaycanın bəzi rayonlarında qalmışdı – tərc.

Məbədlərdə iri çəlləklər və mis vedrələr olur. Bundan başqa burada heç nə görməzsən. O müqəddəs çəlləklərdə pivə saxlanır, müqəddəs vedrələrdə pivə hazırlanır. Pivə xevsurların baş allahıdır, pivə bişirənlər isə birinci dərəcəli keşişdir. Hər festivalda ibadət mərasimi düzənlənir. Keşiş gələn ilin hadisələrindən danışır, sonra kiçik pivə çəlləyini ortalığa çəkib stəkanı pivə ilə doldurur, ruhların sağlığına dörd bir tərəfə – göyə səpələyir. Özü də pivələnib xumarlanır, sonra növbə dindarlara çatır. Pivədən və Müqəddəs Georgidən başqa xevsurlar müxtəlif əşyalarda təcəssüm etdirilən allahlara da sitayiş edirlər – bu əşyalar, əlbəttə ki, narahat edilməməlidir. Onu da deyək ki, xevsurlara təkcə əşyalardan istifadə etməyi qadağan etməyiblər, onlara balıq və ov quşlarının ətini yeməyə də icazə verilmir, halbuki Xevsuriya çaylarında bol balıq, meşələrdə bol ov quşları var.

Xevsurların dəfn mərasimləri lap dəhşətlidir. Əvvəllər birisi evindən uzaqda ölürdüsə, onun cəsədi iki yerə ayrılır, duzla dolu iki kisəyə qoyulurdu, sonra at belində evinə gətirilirdi. Xevsurlar öləni basdırmırlar. Ölənin cəsədini xüsusi evlərdə qoyurlar. Bu evlərin qapıları əhənglə ağardılır, qapıda kiçik bir bayraq asırlar. Bütün icma sakinləri adətən növbə ilə bu evə gəlir və mərhumla söhbət edir, onu necə sevdiklərini bəyan edir, onun ölümünün onlara necə ağır itki olduğunu bildirirlər.

Heyvanların qurban kəsilməsi də burada çox yayılmışdır. Onlar hər zaman Allaha qurban deyilir. Uzun bir dua oxuyub, Həzrəti Məryəmdən lütf və mərhəmət istəyəndən sonra qurbanlıq heyvanın boğazı kəsilir. Qurban kəsiləndən sonra xüsusi seçilmiş kahin ekstaz vəziyyətində qurban kəsənin gələcəyi naminə haqq duaları pıçıldayır.

Əcnəbilərlə söhbətlərində xevsurlar ciddi şəkildə təsdiq edirlər ki, onlar xristiandır. Amma eyni zamanda xristianlıq, xristian əxlaqı və s. haqda hər hansı bir təlimi ciddi şəkildə rədd edirlər. Onlara göndərilmiş xristian keşişini ələ salıb geri qaytarıblar. "Bizə göstəriş-filan lazım deyil", – deyiblər. "Bizim pivəmiz var və bu bizə bəs edər. Onsuz da siz bizə təzə bir şey verə bilməzsiniz".

Xevsurda lovğalıq çoxdur. Əgər iltifat edib kimsə ilə söhbət etmək istəsə (bunu da həmişə etmir), o adama əvvəlcə öz qəbiləsinin adını, sonra da öz adını deyir. Sonra şəstlə susub dayanır, uzun, təkəbbürlü bir fasilə edir, deyəsən, lap səmimi bir şəkildə düşünür ki, gərək qarşısındakına fikirləşməyə vaxt versin, o, eşitdiyindən səndirləyib yıxılmasın, özünü ələ alsın – onun qarşısındakı xevsurdur, çox möhtərəm bir zatdır.

Hər bir Xevsur kəndinin kənarında uzunsov, alçaq, daha çox tövləyə oxşayan bir daxma olur. Bu tikili "Samrevlo" adlanır, yəni "at tövləsi". Bu, heyvanlar üçün deyil, qadınlar üçündür. Əgər qadın xəstədirsə, bu tövləyə getməli və xəstə olduğu vaxtda buradan heç yana çıxmamalıdır. Burada onun yanına heç kim gələ bilməz – nə kişi, nə qadın. Yalnız cinsi yetişkənliyə çatmamış balaca qızlar, ya da çoxdan qarımış, əprimiş qoca qarılar gələ bilər bura. Onun yanına doğmağa hazırlaşan bir qadın gəlməlidir. Həm də bu qadın özü doğmalıdır, köməksiz-zadsız. Əgər doğuş xüsusilə çətindirsə, haçansa adam öldürmüş bir nəfər tapıb gətirir, xahiş edirlər ki, tövləyə gedib orada havaya bir güllə atsın. Adətən bu kömək eləyir. İnsan qatilinin burada olması şər ruhları qovur, güllə səsi isə qadını qorxudur.

Xevsur qadını əl-ayağını hər gün inək sidiyi ilə yumalıdır, üz-gözünü, saçını isə ayda bir dəfə. Əgər yumursa, o, natəmiz sayılır. Hətta xevsur olmayıb, amma təsadüfən Xevsur kəndində qalmalı olan qadınlar da bu adətə əməl etməlidir, yoxsa onlar kənddən çıxarılır, onların qaldığı ev isə yandırılır. Xevsur qadını heç də qul, kölə deyil, əksinə onu kişidən yuxarı tutan xeyli imtiyazları var. Onun sözü təkcə kişilərin duelini kəsmir, o, istədiyi vaxt ərini atıb gedə də, boşana da bilər. Üstəlik o heç bir şəraitdə və öz razılığı olmadan, zorla ərə verilə bilməz, amma ərini ələ salıb başqalarının yanında gülüş hədəfi edə bilər və buna görə ona cəza da düşmür.

Nikah adətən ayrı-ayrı kəndlərin sakinləri arasında bağlanır. Bir kəndin sakinləri arasında evlilik namünasib hesab edilir. Arvad ərini onun adı ilə çağıra bilməz, ona bir heyvan adı verməlidir, məsələn, Donuz, Öküz, ya da İt. Ərinin yalan dediyini bilsə, ondan üç inək, yaxud doqquz qoyun tələb edə bilər – vurulmuş ziyanın əvəzinə. Xevsurlar pulla hesablaşa bilmirlər, onlar hesabını inək və qoyunla aparırlar.

Xevsurların hansı irqə mənsub olması məlum deyil. Onlar heç bir etnik tipə aid deyillər. Sarışın və tünd, ucaboy və bəstəboydurlar. Onların dili gürcü dilinə yaxındır, amma bu dildə xeyli başqa dillərin də linqvistik izlərini görmək olar. Ən düzgün fərziyyə o ola bilər ki, ola bilsin, bu adamlar müxtəlif xalqlardan olan qaçqınlardan ibarətdir, haçansa bu xevsur çölünə pənah gətirib, burada sığınacaq tapıb, əcdadlarının bəzi adətlərini də buraya gətirib törəmələrinə və bütün icmaya ötürüblər. Xristianlıq və bütpərəstliyin, orta əsr cəngavər mədəniyyəti və qatı barbarlığın qeyri-adi qatışığı bu fərziyyəni təsdiqləyir. Malta xaçı və inək sidiyi ilə yuyunmaq eyni adamların işi ola bilməzdi. Yaxud qalalar, pivəyə sitayiş və meyitlərin bölünməsi də eləcə. Əgər xevsur toplumu, doğrudan da, bir çox xalqların qaçqınlarından yaranıbsa, onda bu torpağın Qafqazda bu günə qədər oynadığı rol başa düşüləndir, çünki siyasi sığınacaq kimi onun funksiyasında əsrlik ənənənin müqəddəsliyi var.

Xevsurların sayının 15–20 min arasında olduğu deyilir. Artıq qeyd etdiyimiz kimi, adamlar xevsur ipindən istifadə etməyə nadir hallarda cəsarət edirlər. Kimsə buna cürət edirsə, demək, əhalinin siyahıyaalınmasından, yaxud bu torpağı cəngavərliklə müdafiə edən sakinlərinin qeyri-adi adətlərini öyrənməkdən daha əhəmiyyətli bir işi var. Ola bilsin, onlar bu dağlar arasında min illər ərzində yaşayıblar, ola da bilsin, həmin kəndirdən istifadə edən "qonaqlar" arasında bir neçə səlibçi və mömin savaşçı da olub. Onda bu dağlarda yoxa çıxan səlib yürüşçüləri haqqında qədim Qafqaz hekayəti bu azad Xevsur dərəsində öz izahını, təsdiqini tapmış olur. Amma xevsurların zirehi və xaçı, onların savaş tərzi və təmiz sayılmalı ikən özlərini, demək olar ki, murdarlamalı olan qadınlarına münasibətində olduqca qəribə bir cəhət var.

14.

DAĞLARDA ALMANLAR

Qafqazda – istər Reyn sahillərindəki qəsrlərə qə-
ribə tərzdə oxşayan qəsrlərin xarabalıqlarında olsun,
istərsə də xalqın tarixini övladlarına danışan müdrik-
lərin yanında, istər zadəgan saraylarında, istərsə də
qəzəbli allahların məbədlərində, əslində, demək olar
ki, hər yerdə camaat inandığı birisinə mütləq bu du-
manlı əfsanəni danışır:

"Bir çox illər qabaq, – həmin müdriklər deyir, – əc-
dadlarımız aypara şəkilli Suriya torpağından (*fərziy-
yəyə görə, ən qədim sivilizasiyaların məskunlaşdığı İraq,
Suriya, Livan, İordaniya, İsrail, Fələstin, Kipr və Misi-
rin yerləşdiyi, aypara şəkilli, məhsuldar ərazilər – tərc.)*
Qafqaza gəlib. Atalarımız igid savaşçı olublar, baş-
dan-başa zireh geyinib həmin aypara şəkilli torpaqda
düşmənə qarşı vuruşublar. Onlar xristian olub, sinələ-
rində xaç gəzdiriblər, sarışın və mavi gözlü olublar.
Onlar Suriyaya nə vaxt gəliblər, heç kim bilmir, amma
onları böyük Misirli Əyyub ibn Yusif (Saladdin)[1] ora-
dan çıxarıb. Dağlarda onlar vəhşi xasiyyətli insanla-
ra rast gəldilər, onları özlərinə tabe edib, burada da
ölkələrindəki kimi qalalar və kilsələr tikdilər. Tədri-
cən adət-ənənələrini unudub burada dağlı xalqların
qadınlarına evləndilər. Onların müharibə torpağın-
dakı (*Birinci Dünya müharibəsindən sonra Avropa üçün
işlənən metaforadır – tərc.)* başçıları bunu eşidib mömin

---

[1] Bu ad mənbələrdə çox vaxt "Sələhəddin Əyyubi" kimi xatırlanır.
Tam adı Əl-Nasir Sələhəddin Yusif ibn Əyyubdur – tərc.

keşişləri onların yanına göndərdi, öz dinlərinə dönməyi və torpaqlarına qayıtmağı hökm etdi. Amma bu "fatehlər" keşişləri oradan qovdular, öz qalalarına çəkilib kilsələrini də bağladılar və bir müddətdən sonra əslini-nəslini unudub haradan gəldiklərini belə yaddan çıxardılar".

Bu hekayəti danışanların hamısı sonda fəxrlə deyir: "Bax, mən o cəngavərlərin nəslindənəm". Sonra isə öz adını deyir.

Dediyim kimi, Qafqazda bir neçə xalqın qoruduğu bu ənənə xüsusən osetinlər arasında geniş yayıldı və onlar dağ silsiləsinin ən uca nöqtələrində, həmişə qarla örtülü olan zirvələrin ətəklərində kiçik qalalar tikdilər. Dünyada osetinlər kimi belə uca dağlarda yaşayan xalqlar çox azdır. Kəndlərin bir addımlığında qar heç vaxt ərimək bilmir. Onları belə soyuq yerlərdə məskən salmağa nə vadar edib, başa düşmək olmur. Buralarda insan yaşayışı üçün yeganə münasib yer elə osetinlərin məskunlaşdığı yerlərdir. Gün işığının heç vaxt düşmədiyi, yaxud sıldırım başında qayaların zorla dayandığı, üç tərəfdən həmişəlik qarla örtülü olan sərt yerlər niyə belə onları cəlb edib, aydın deyil.

Aşağılarda məhsuldar vadilər olsa da, onlar bu dərələri, uçurumları bir də heç vaxt tərk etməyiblər, halbuki onların qonşuları olan inquşlar Osetin Vadisi deyilən yerlərə köç ediblər, əsl osetinlər isə dağlarda qalıb. Orada onlar heyvan doydurmaz, seyrək otlu yerlərdə kiçik qoyunlarını otarıb, dəridən-qabıqdan çıxıb qayaların başındakı bir parça torpağı əzab-əziyyətlə becərib, həmişə yarıac-yarıtox yaşayıblar. Burada otlaq yerləri, ətraf sahələr məhsuldar deyildi. Osetinlər dəqiq bilirdilər ki, filan kəndə məxsus olan filan yer nə qədər adamın yaşamasına imkan verər. Ona görə də yerli əhalinin sayını artıq müəyyənləşmiş bir həddə saxlayırdılar ki, yalnız zəruri yeyib-içməkləri təmin olunsun.

Əhali problemini həll etmək üçün dəhşətli bir yol tapdılar. Müəyyən edilmiş normadan artıq olan bütün təzə doğulan körpələri rəhm etmədən boğurdular. Təzə doğulan körpələr eyni ildə ölənlərin sayından iki dəfədən artıq olmamalı idi, bu rəqəmdən artıq olanlar məhv edilirdi. Niyə "iki dəfə"? – Çünki təcrübədən bilirdilər ki, birinci il onsuz da uşaqların yarısı ölür. Buna baxmayaraq, osetinlər vadilərə düşmürdü. Onlar ucalarda yaşamağı üstün tutur, deyirdilər ki, atalarının tikdiyi qalalarda yaşamaq istəyirlər. Bu uçulub-dağılmaqda olan qalalarda onsuz da bütün osetinlərə yer çatmır, yalnız onların kübar qismi burada yaşayır, halbuki digər dağlı osetinlər də eyni şəraitdə yaşayır və onlara da kübarlar kimi ehtiram göstərilir. "İrun" adlanan kübar osetinlər zahiri nişanları ilə seçilir, amma bu nişanlar irsi hüquqlardan, gerbdən, tituldan, yəni onların zahiri görkəmindən az aldadıcıdır. Onlar digər osetinlərdən onunla fərqlənirlər ki, gözəl və yaraşıqlıdırlar, uzun, sarışın saçları, iri, mavi gözləri var. Dağlarda belələrinə heç vaxt rast gəlməzsən.

Əgər bu mavi gözlü osetinlərin birindən əsil-nəcabətini soruşsan – əgər o, dünyagörmüş biri olsa və bir şey söyləyə bilsə – əvvəlcə aypara şəkilli torpaqdan olan böyük zadəganlar haqda yuxarıda dediyimiz o lovğa hekayəti danışar, sonra da daha maraqlı bir şey deyər. Əcdadları olan zadəganlardan danışanda bəyan edər ki, "Onlara "Alleman" deyirdilər". Bunu deyib o, ailə və nəslinin adını çəkəndə hər bir qafqazlının etdiyi kimi, təşəxxüslü nəzərlərlə səni süzər.

– Alleman? – bu sözü eşidən heyrətlənməyə bilmir, çünki bu söz osetin sözü deyil. Bütün Şərq dillərində "alleman" "alman" deməkdir. Mötəbər, dağlı bir osetindən soruşdum:

– O zadəganlar aypara şəkilli "Alleman" torpağından idilər?

– Bəli, həm də adi almanlar yox, o xalqın knyazları və savaşçıları idi onlar. Adi almanlar öz yerlərində qaldılar.

– "Öz yerlərində", yəni harada?

Mən belə deyəndə osetin susdu. Dürüst bilmirdi. Bilmirdi ki, almanların "öz yerləri" haradadır. Duruxub, sadəcə bunları dedi:

– O yerlər aypara şəkilli torpaqdan çooox uzaqdır.

Əgər həmin anda birisi osetinə desə ki, Qafqazda digər xalqlar da var ki, özlərini həmin sarışın cəngavərlərin nəslindən hesab edirlər, o, sadəcə təkəbbürlə gülümsünüb deyər:

– Başqaları da bunu çox istəyərdi, amma onların nəslindən qalan bizik, çünki sübutlarımız var.

Şərqdə adamlar iddia etməyi çox sevirlər, amma bu iddialara sübut göstərməyi heç xoşlamırlar. Bu halda isə mənə sübut çox vacib idi, ona görə də yerli danışıq tərzində dedim:

– Hörmətli ağa, lütfən, nökərinizin biliyini artırmaq üçün mənə bir-iki sübut verin.

Qafqazda uğurun yolu nəzakət və ədəb-ərkandan keçir. Nəzakət qarşısında həddən artıq iddialı və təşəxxüslü osetin bildiyi sübutları dərhal söyləyəcək. Bu sübutlar onsuz da çox deyil: bir-iki xəncər və silah, həm də şübhəsiz ki, Nord (Şimal) mənşəli, bir də səlibçilərin, həmçinin Şərqdə knyazların gəzdirdiyi bir neçə emblem. Amma osetinlərin çox qədim sənədləri var və bu, ən mühüm cəhətdir. Onların sübut kimi əlüstü təqdim etdiyi perqament rulonu dürüst Suriya mənşəlidir və mürəkkəb Suriya əlifbası ilə yazılmışdır, üstündə səlibçilər dövrü knyazlarının adı var.

Bu sübutlar, əlbəttə, çox da inandırıcı deyil, ola bilsin, osetinlər onları hansı yollasa ələ keçiriblər. Hətta bu sarışın dağ xalqının öz əcdadlarının mənşəyi haqqındakı ənənəyə güclü inamı da özlüyündə elə möhkəm dəlil deyil. Amma bəs "Allemanlar" haqda məlumat bu osetin qalalarına haradan gəlib çıxıb? Bəlkə bunlar haçansa onların yanında gecələyib qalmış səyyahların söylədiyi qədim əfsanədir? Hər necə olsa da bu sarışın tip, bu qalalar, zireh və əfsanələr qədim dövrlərdə alman səlibçi dəstələrinin Osetiya dərələrini fəth etdiyini ehtimal etməyə əsas verir – burada yaşayan vəhşi xasiyyətli, dünyadan ayrı düşmüş xalq sonralar həmin fatehlərə təbəəlik etmiş, onlara qaynayıb qarışmışdı. Digər tərəfdən, son elmi axtarışlar göstərir ki, osetinlər "allemanlar"ın yox, "allani"lərin nəslindəndir. Amma bu qədim əfsanə hər halda çox qəribədir.

Dağlarda yaşayan başqa qəbilələr onsuz da alman knyazlarının nəsli hesab edilir. Qafqazlıların bir çox adət və vərdişləri eynilə qədim almanları xatırladır.

Ola bilsin, bu mülahizələr əsassızdır, ola bilsin, bunlar əfsanədən başqa bir şey deyil və elmi təhlil qabağında davam gətirə bilməz. Amma hər halda bəzi cəhətlər diqqət çəkir. Şərqin kifayət qədər cəngavər xalqları var, niyə məhz alman səlibçiləri ayrıca seçilməlidir və niyə Qafqazın ən məğrur xalqı onları özlərinin əcdadı hesab etməlidir? Bu dağlardakı qalalarla Reyn sahillərindəki qəsrləri, memarlıq dili ilə desək, birləşdirən sirli tellər hansılardır? Qafqazda aparılan dürüst axtarışlar bu məsələlərə tam və hərtərəfli aydınlıq gətirə bilər. Qafqazın başqa yerlərindəki dağ qəbilələri arasında, şübhəsiz ki, "allemanlar" var. Məsələn, Kabardiyanın bütün məhsuldar vadilərində və bol sulu çaylar boyunca tikilişi Qafqaz memarlıq üslubuna bənzəməyən evlər görmək olar. Bu evlər sıx-sıx payalara hörülmüş çəpərlər arxasında görünməz olub, kimsə içərini görə bilməz. Çəpərlərdə nagah toxunuşdan açıla bilən naqanlar və tələlər bərkidilib, həyəti qoruyur. Çağırılmamış qonaq (yad, yaxud bu həyətdə yaşamayan adam) mütləq bu tələlərin birinə düşür, sonra sakinlər onu xilas edir və döyüb uzaqlaşdırırlar. Bu adamlar Qafqazın əsl və yeganə "allemanları"dır, hətta səlib yürüşləri ilə çox az əlaqələri olsa da. Onlar Wurttemberg kəndliləridir *(XVI əsrdə Cənub-qərbi Almaniyada Vürtemberq hersoqluğunda feodal istismarı və vergi zülmünə qarşı üsyan etmiş kəndlilər – tərc.).* Bu kəndli təriqətçilər bir çox illər qabaq görücü bir qadının rəhbərliyi ilə pay-piyada Vürtemberqdən Yerusəlimə yürüş etdilər – orada qalıb yeni minilliyin gəlişini gözləyəcəklərmiş. Həmin almanların min beş yüz ailəsi Vürtemberqi tərk edib Şimali Qafqazın məhsuldar vadilərinə gəlib çatanda yalnız 368 ailə görücü Barbara Spenin rəhbərliyi ilə yürüşü davam etdirmək həvəsində idi. Qalanları Qafqazda qalıb, bir-birindən xeyli aralı daxmalar tikdilər – ona görə aralı ki, qonşusunun evindən çıxan tüstünü görməsinlər. Amma acgöz kabardinlər tez-tez onlara hücum edib qarət edirdilər. Sonralar bu almanlar həyətlərini çəpərlədilər, qayda-qanunu tənzimləyəcək yaraqlı dəstələr yaratmağa başladılar, ətrafda tələlər qurdular, yerli "vəhşi"lərlə döyüşməyə başları o qədər qarışdı ki, gələn minilliyin qorxunc xəbərdarlıqlarını tamam yaddan çıxardılar.

Beləliklə, dağ qəbilələrinin biri də artdı. Amma bu ən cavan Qafqaz xalqı qonşularından nəsə götürməyi qəbul etmir, mədəni təbliğata da ehtiyacı yoxdur. Bu kiçik qəbilə öz aqrar həyatını yaşayır, Vürtemberq dialektində danışır, yüz illər əvvəl Almaniyada əcdadlarının geyindiyi paltarları geyir, yerlilərdən bir nəfərin də onların qapısından içəri girməsinə icazə vermir. İnadla və heç vaxt!

İldə bir dəfə vergi məmurları bu kəndlilərin yanına gəlir, başqa heç kim onları narahat etmir. Özləri isə kənddən heç vaxt çıxmır, çünki kimsə çıxıb getsə, kəndin qarovulu zəifləyər və qonşular cürətə gəlib onlara hücum edərlər.

Bu yalnız Şimali Qafqazda, xüsusən Kabardiyada yaşayan almanlara aiddir. Cənubda, yəni Trans-Qafqazda yaşayanlara başqa cəhətlər xasdır. Kabardiya almanları yerlilərlə, demək olar ki, heç bir əlaqəyə girmir, ona görə də onlara Qafqaz təsirindən danışmaq olmaz. Belə bir təsir özünü yalnız onda göstərir ki, bir alman yerlilər arasında davamlı olaraq yaşasın. Müharibə iştirakçısı olan Adolf Peşkenin əhvalatı göstərir ki, bir alman yerlilərlə çox yaxın münasibətdə olduqda o, xeyir və şər barədə Qafqaz düşüncə tərzini necə qəbul edir, özününküləşdirir.

Adolf Peşke evlərində, yəqin ki, vicdanlı bir cavan olub, məktub daşıyan və ya ola bilsin, muzdur olub. Ekzotikanı-zadı başa düşmürdü və əgər müharibə onun həyatını dəyişməsəydi, başqaları kimi onun da həyat yolunu ayrı bir səmtə yönəltməsəydi, bəlkə də orta aşağı təbəqədən olan adi bir alman kimi formalaşacaqdı.

Adolf Peşke Şərq cəbhəsinə gəlib, döyüş vaxtı öz mövqeyində dayanmışdı. Düşmən səngərlərinə atəş yağdırır, sakitlik yarananda isə evlərini yada salır, doğma torpağın həsrətini çəkir, xəyallara dalırdı. Bir gün onun həyatında böyük dönüş olacaq bir əhvalat baş verdi. Döyüşlərin birində pəzəvəng bir düşmən əsgəri onun üstünə atıldı, qollarını bağlayıb əsir kimi öz səngərlərinə apardı. Düşmən Qafqaz süvari diviziyasından olan əsgər idi. Onlara icazə verilmişdi ki, (hətta müharibə vaxtı) düşmənlərinə qarşı öz ənənələrinə uyğun davransınlar. Beləliklə, onların əsir aldıqları düşmən əsgərləri əsir düşərgəsinə göndərilmir, onları əsir alanların əmlakı elan olunurdu. Yüksək ödəniş müqabilində əsirlər öz vətəninə buraxıla bilərdi. Amma bu ödəniş olmasaydı, onlar öz sahiblərinin buyruqlarını yerinə yetirməli idilər.

Adolf Peşkenin pulu yox idi, onu əsir tutan sahibinin isə cəbhədə qulluqçuya ehtiyacı yox idi. Amma evdə, doğma dağ kəndlərində əsirdən istifadə etmək

olardı. Cavan kişilər müharibədə, qadınlar isə çöl-
də, tarlada işin öhdəsindən gəlmirdilər. Ona görə də
qafqazlı dərhal əsiri oğulluğa götürdü, öz adına rəs-
miləşdirdi. Rəsmiləşmə tamam dağ qanunlarına uy-
ğun aparıldı və təəccüb içində qalmış Peşke bir göz
qırpımında qafqazlı oldu, ona elə bir ad qoydular
ki, ilk vaxtlar heç tələffüz edə bilmirdi. Sonra o, yeni
atasının vətəninə göndərildi, kənddə çöl işlərini gör-
dü və tədricən təzə yurduna öyrəşdi. Nəhayət, atası
və əmisi müharibədən qayıtdı, Peşke davakar inquş
ailəsinin tamhüquqlu üzvü oldu. O, artıq yerli dili öy-
rənmişdi, bir az da fikir və düşüncədə ayıq-sayıq ol-
duğundan bu dağ xalqının, indisə həm də onun olan
adət-ənənələri öyrənməyə başlamışdı.

İllər keçdi. Və birdən möcüzə baş verdi. Bu al-
man inquşların özündən çox inquş oldu, inquş
adət-ənənələrinin ən qatı tərəfdarı belə ona öyrət-
məyə daha başqa bir şey tapmadı. Adolf Peşke kənd
ağsaqqallarının iclaslarına vaxtında gəlir, qəbilədə
hamıdan cavan olduğu üçün fağır-fağır qapıda daya-
nıb gözləyirdi. Ağsaqqallar onu danışdırmasa danış-
mazdı, yoldaşları kimi yeməyi əllə yeyirdi. Yerli bir
qızla evləndi, toyda o qədər narahat və diqqətli idi
ki, istəmirdi nəsə yaddan çıxsın. Tezliklə o, beş yüz
qohum-əqrəbasının hamısının adını və sənətini əzbər
bilirdi – kimin dədə-babası kimdir, kimin adı kimə
qoyulub, nəslin, ailənin şəcərəsi kimdən, hardan baş-
lanır. Bir sözlə, atası üçün müharibədə əsir götürdüyü
alman Adolf Peşkedən yaxşı oğul ola bilməzdi.

Amma indi məlum oldu ki, düşmən tayfanın ada-
mı bu almanın mənsub olduğu nəslin uzaq bir qo-

humunu öldürüb. Dərhal qan ədavəti elan olundu. Fanatiklərdən biri də Adolf Peşke idi – keçmiş alman əsgəri. Təpədən-dırnağa silahlanıb pusqu qurur, düşmənlərini axtarırdı, harada tapsa, hücum edəcəkdi. Axşamlar yeməkdən əvvəl qədim, az qala tamam unudulmuş bir adətə mütləq əməl edirdi – öldürülmüş şəxsin payını bir qaba çəkir, bayır tərəfdən pəncərəyə qoyub bərkdən ağlayırdı. O, yaşa dolur, tədricən ciddi görkəm alırdı, kənd yığıncaqlarında ona da söz verirdilər. Bu sərbəstlikdən istifadə edib, həm də ağsaqqalları qəlbən sevindirərək öz sözünün və hərəkətlərinin ataların qanunlarına nə qədər uyğun olduğunu müəyyən etmək üçün onların hər sorğu-sualına səylə yanaşırdı.

Bu arada, yuxarıda qeyd etdiyim kimi, İnquşetiya Respublikası "Qan düşmənçiliyini ləğv etmə komissiyası"nı dağlara göndərdi. Komissiya qan düşmənlərini bir-bir barışdırırdı. Adolf Peşke barışmaq qorxusundan dağlara qaçan adamların birincisi idi – birdən zorla barışdırarlar. Knyazların komissiyası onu təqib edir, axtarırdı, amma o gizlənməkdə mahir idi. Nəhayət, onu tutdular, knyazlar onun qabağında diz çöküb yalvardılar ki, düşməni bağışlasın, o isə məğrur-məğrur qamətini düzəldib inquş dilində təxminən bunları dedi: "Əsrlərlə yaşı olan bir adətə xəyanət edə bilməsini ehtimal etməyi o, görünməmiş bir şey hesab edir. O, ən yaxşı inquş adlarından birini daşıyır və bilir ki, mərhum qohumunun ruhuna və ailəsinin şərəfinə borcludur. O heç vaxt və heç bir şəraitdə ataların qanunlarına, inquş xalqının bu müqəddəs adətinə xəyanət etməz. Hətta onun bütün qohumları qan düşmənçiliyini bağışlasalar da o özü bu işi təkcə başa çatdıracaq".

Knyazlar onunla günlərlə söhbət etdilər. Qan ədavətinə son qoyub barışmağa hazır olan qohumları da onu dilə tutdular. Heç nə bu almana təsir etmədi – o, sərt və dönməz idi. Yalnız bunu deyirdi: "Qanun deyir ki, qanın qisası alınmalıdır. Mən barışa bilmərəm". "Axı hamı tabe olub, düşməni bağışlayıb", – deyə komissiya yalvarırdı. "Onda ar olsun onlara!" – Peşke qəzəblə dedi. Hətta knyazlar onun ayağını öpməyə hazır idilər, o isə dediyindən dönmədi, ayağa durub dedi ki, qanunun sadə bir müdafiəçisi olmaqla belə bir şərəfə layiq deyil və oradan uzaqlaşdı.

Gərək qohumları deməyəydi ki, onlar qan düşmənçiliyinin intiqamını almaqda Peşkeyə kömək etməyəcəklər. Onlar belə deyəndə Peşke dedi ki, onun iradəsinin əksinə olsa da o öz qohumlarını xain hesab etməlidir və arvadı ilə birlikdə kəndi ona görə tərk edir ki, dağlara çəkilib öz borcunu ödəməyə heç kim mane olmasın. Peşke dediyi sözlər kimi gözəl idi. O, qohumları ilə bütün əlaqələrini kəsərək dağlara sarı götürüldü. Heç arvadı da onu yola gətirə bilmədi.

Bu o vaxta qədər çəkdi ki, kəndin ən ixtiyar və müdrik adamı onu axtarıb tapdı, ona sübut etdi ki, qədim qanuna görə, xüsusi şəraitdə qan düşmənləri arasında barışıq mümkündür. Yalnız onda Peşke kəndə qayıtdı, təntənəli şəkildə düşmənlərini bağışladı. İnadkarlığına görə indi Peşkeyə ikiqat ehtiram edirlər. Yaxşı bir inquş kimi ciddi və sözün həqiqi mənasında patriarxal yaşayış qanunlarının müdafiəçisi olan həmin adam bu günə qədər bu inquş kəndində yaşayır.

15.

CİVİS ROMANUS SUM
(MƏN ROMA VƏTƏNDAŞIYAM)

Qədim bir Qafqaz lətifəsində deyilir ki, bir rus polkunun əsgərləri Dağıstanın hansısa uca bir dağ zirvəsinə dırmaşır. Hətta polkda olan ən təcrübəli qafqazlılar da qorxunc uçurumların vəhmindən və başgicəlləndirici hündürlükdən heyrətə gəlmişdilər. Yerli bələdçilər özləri də bundan yuxarı qalxmağa ürək etmir, and içirlər ki, onların getmək istədiyi aşırımlara, keçidlərə insan ayağı dəyməyib. Elə bu fakt ordunun komandiri olan təkəbbürlü rus generalını daha da cuşa gətirir. "Biz dağ qəbilələrini fəth edirik, gəlin dağları da fəth edək", – deyib əsgərlərə əmr verir ki, zirvəyə dırmaşsınlar.

General dağın naməlum zirvəsində onu fəth etmiş əlahəzrət çarın əsgərlərinin xatirə lövhəsini vurmaq istəyirdi – qoy bilsinlər ki, bu zirvəyə ilk dəfə bu əsgərlərin ayağı dəyib. Beləliklə, dik qayalardan tuta-tuta sıldırımı qalxmağa başlayan əsgərlər əllərindəki balta və külünglə qarı-buzu kəsərək, ayaqlarına yer eləyib qalxırlar, amma hərdən əsgərlərdən biri qəfildən təpəsi üstə uçuruma yuvarlanır, ya da huşunu itirir, bir dikdə əbədi qarlar üstə donurdular.

Amma buna baxmayaraq, generalın bu lovğa arzusu yerinə yetirilməli idi. Belə də oldu. Zirvə fəth edildi. Əsgərlər bir az oturub dincəldilər, sonra xatirə lövhəsi üçün münasib yastı daş axtardılar ki, deyilənləri oraya həkk etsinlər. Çox axtarmaq lazım gəlmədi. Zirvənin lap başında hamar bir qaya parçası qalxırdı, ən münasib yer ora idi. General və zabitlər qayaya yaxınlaşdılar, kəsici tiyələr çıxarıldı. Sonra birdən hamı duruxdu, təşvişlə bir-birinin üzünə baxdılar, başlarını aşağı saldılar. Nə gözlənilməz şey?! General, nəhayət, arxaya çevrildi, quru bir səslə qayıtmaq əmrini verdi.

Qayanın sinəsində dərin oyulmuş hərflərlə yazılmış, küləklərin yalayıb çopur-çopur etdiyi yazının bəzi yerləri hələ də oxunurdu: "İmperator Pompey – XIV legion, Anno...". Demək, ruslar zirvənin birinci fatehi deyildilər. İki min il idi ki, romalılar onları burada gözləyirdi.

Bu əhvalatda zərrə qədər həqiqət var, ya yox, yaxud böyük romalı məşhur Qafqaz yürüşü zamanı burada bir qaya sinəsinə öz adını həmişəlik yazdırıbmı, bilmirəm. Amma hər halda romalılar bu dağlar diyarında nadir qonaq deyildilər. Orada saysız-hesabsız Yunan-Roma şəhərləri salınırdı. Sonralar bəzi hallarda bu şəhərlər Genuya tacirlərinin əlinə keçib və orta əsrlərdə onların müstəmləkəsi kimi mühüm rol oynayıb. Daha sonralar yunan, Roma və Genuya təsiri itib, amma bu təsir Genuya xarakterləri mübahisə doğurmayan sarışın saçlı Minqreliya qızlarında, bir də qəribə və müəmmalı Kubaçi sülaləsində öz izini buraxıb. Amma cəsarət edib deməliyəm ki, bu qeyri-adi xalq haqqında eşidilməmiş faktları qələmə almış ciddi tədqiqatçılar da olmayıb (onların arasında alman professorları Dorn və Frae də var).

Kubaçilərin sayı çox deyil. Onlar Dağıstanda, Dərbənd şəhərindən bir az qərb tərəfdə, bircə kənddə məskunlaşıblar və "Dargi icması"na mənsubdurlar. Kənd özü də "Kubaçi" adlanır, üç-dörd min sakini var. Bu adamların qəbul edildiyi və qatıldığı qonşu dargilərlə heç bir oxşarlığı yoxdur. Üstəgəl, heç istəmirlər ki, onları qonşuları ilə qarışıq salsınlar və həmişə də deyirlər ki, onlar qafqazlı deyillər, romalıdırlar. Dağıstan xalqı da öz növbəsində Kubaçidə heç bir oxşarlıq görmək istəmir. "Kubaçilər qafqazlı deyil", – onlar deyir, – "Qərbdən, Romadan gəlib onlar". Onların kubaçilərdən zəhləsi gedir, əcnəbilərdən qaçan kimi onlardan qaçırlar.

Professor Dorn hesab edir ki, əsrlər öncə, VI–VII əsrlərdə bu romalıları Dağıstan hökmdarı buraya çağırıb. Onları tüfəngsaz (silahqayıran) kimi dəvət ediblər ("kubaçi" Azərbaycan dilində "silah ustası" deməkdir). Onlara muxtariyyət verilib, XIV əsrdə isə onlar öz azad respublikalarını yaradıblar, bu respublikanın inzibati quruluşu eynilə orta əsrlər İtaliyasının azad şəhər-dövlətlərinə oxşayır. Onlar, demək olar ki, tamam təcrid olunmuş şəkildə yaşayıblar, bu günə qədər də onlar haqqında dürüst məlumat yoxdur. Bütün qafqazlılar kimi onlar da qonaqpərvərdir, amma yad adamı kəndlərinin altında tikdikləri və indi də haqqında fantastik əhvalatlar danışılan yeraltı gizlin keçidlərə heç vaxt aparmazlar. Hərdənbir bu nəhəng katakombalarda (bunların girişi bilinmir) kəndin bütün əhalisi görünməz olur. Dağıstanda deyirlər ki, bu yeraltı keçidlərdə onlar ulu əcdadları olan Roma tacirlərinin həyatını yaşayırlar və güman edirlər ki, bu keçidlərdə onların qədim mədəniyyətinin qalıqları saxlanılır. Ola bilsin, onlar burada qədim allahlarına sitayiş edir, ya sakitcə şöhrətli keçmişlərini yada salır, ya da düşmənləri olan kumıkların dediyi kimi, ola bilsin, orada saxta pul kəsirlər. Əslində bütün Qafqazda iddia edirlər ki, kubaçilər məşhur saxta pul kəsənlərdir, halbuki silah düzəltmək hörmətli və müqəddəs peşə sayılır. Onların heyrətamiz dərəcədə yüksək mədəniyyəti var, bunu bu fakt təsdiq edir ki, onlar qızlar üçün icbari təhsili bir neçə əsr əvvəl tətbiq ediblər. Başqa məlumatlara görə isə onların hakimləri var, yaxşı, abad küçələri və bu günə qədər bütün Şərqdə məlum olmayan öz küçə işıqlandırma sistemləri var.

Bu "romalılar"ı digər qafqazlılardan ayıran düşüncə uçurumu olduqca qəribədir: onların qadınları üzünü örtmür, zinət bəzəklərini açıq geyirlər, nikah zamanı qadına heç bir başlıq verilmir, amma qadın özü ər evinə cehiz gətirir – əsl Avropa modeli. Mötəbər ərəb alimləri – onların içində Əbu Həmid əl-Əndəlusi də var – kubaçilərin qız məktəbləri və qadın müəllimlər haqqında məlumat verir, hətta qadın məbədləri haqda danışırlar. Bu fakt kifayət edir ki, onları şərqli kimi yox, "romalılar" və ya "firənglər" (firəng, frank çox vaxt "avropalı" mənasında işlənir) kimi təsvir edəsən. Onların tez-tez rast gəlinən bir adəti də var ki, nə avropalılar, nə də şərqlilər arasında rast gəlinir – bu, müqəddəs fahişəlikdir, amma, əlbəttə, latın mənşəli deyil. Dul və ərləri tərəfindən atılmış qadınlar axşam saatlarında evlərinin kandarında uzanıb gözlərini bağlayır, gözləyirlər ki, yoldan keçən birisi gəlib görsün, axşam onlarla bir-iki saat vaxt keçirsin. Adət buna icazə verir. Amma qadına onun bu təsadüfi sevgilisinin üzünü görmək qadağandır. Hər bir subay kişi bu qadınlara yaxınlaşa bilər, hətta bu təcrübədən yararlanmamaq qadına hörmətsizlik hesab edilir. Bu gecələrin nəticəsi kimi doğulan uşaqlar icmanın əmlakı sayılır, onların xüsusi imtiyazları var və icma hesabına tərbiyə olunurlar. Buna baxmayaraq, kubaçılər ehtiyatlıdırlar, kəndin həndəvərində yad birisi olanda adətlərini nümayiş etdirmirlər. Öz adətlərinin, intellektual irsinin bir zərrəsini də yadlara faş etməz, ətraf dünyadan qorxub çəkinərlər. Bilirlər ki, onları sevmirlər, onlardan xoşları gəlmir.

Onların bir ehtiraslı istəyi var ki, bax onu əcnəbilərin bilməyini çox istəyirlər, özü də hamısı bu dərdə mübtəladır. Nə qədər qəribə olsa da, onlar əntiq şeyləri toplamağın xəstəsidirlər, kolleksiya toplamağı sevirlər, bundan da artıq bu işin ustasıdırlar. Bir çoxunun evində antik şeylər guşəsi var, kubaçidən öz xəzinəsini göstərməyi xahiş etmək onu məsud edir, hansını necə əldə etməsindən həvəslə, şövqlə danışır. Onlar heç də kasıb xalq deyil, həyatları boyu Şərq ölkələrini gəzib dolaşır, qiymətli hesab etdikləri antikvar şeyləri almaq fürsətini əldən vermirlər.

Kubaçilərin kolleksiyasından nəsə almaq məsləhət deyil. Onlar özlərinin düzəltdikləri saxta şeyləri sırımaqda çox mahirdirlər. Amma bəzən nadir hallarda, bəzənsə doğrudan da əntiq şeyləri olur – məsələn, burada qazıntı işləri aparan alimlərdən alınmış, üstü latınca yazılı "Viou Re Aut Vio Gungard. Vicere Ant Mo Glori İgarni", misilsiz, qədim bir qılınc. Kubaçilərin bu sonuncu xarakterik cəhəti onların Roma əsilli olmasına zidd görünür.

Bununla belə, onların Avropa mənşəli olmasına şübhə yoxdur. Şəksiz, onlar "firəng"dir. Amma hər halda kubaçilərin "Civis Romanus Sum" (Mən Roma vətəndaşıyam) iddiası elə-belə, havadan yarana bilməzdi. Burada, kəndin lap ortasında, kiçik bazar yerində nisbətən hündür, pəncərəsiz, yalnız bir giriş qapısı olan bir daş bina ucalır. Kubaçilər bu binaya zəngin antikvar kolleksiyalarından da çox qiymət verirlər. Bu bina Dağıstan əlçatmazlığında son antik dövrün yeganə abidəsidir. Binanın divarları bayır tərəfdən müxtəlif heyvan və süvari barelyefləri ilə örtülüdür. Heykəltəraşlıq işinə görə bu, klassik antik üslubdadır. Yadlara bu müqəddəs məkanın içərisinə ayaq qoymağa belə icazə verilmir. Yalnız bir nəfər oranı görməyə müvəffəq olub ki, bu da alman alimi, professor Dorndur. O görüb ki, divarlar içəridən də oxşar barelyeflərlə bəzənib, onların arasında bir masa arxasında iki qadın və rahib paltarında bir kişi təsvir olunub, onlar hansısa bayramı qeyd edirlər. Yerlilərdən soruşanda ki, bu kimdir, onlar deyib: "Bizim ağamız, Roma İmperatoru". Belə deməklə onlar Roma Papasını da nəzərdə tuta bilərdilər. Binanı kimin tikdiyini soruşanda kubaçilər bir ağızdan "Romalılar", – deyib əllərini şəstlə göyə qaldırırlar.

Fleqmatik *(sakit və laqeyd – tərc.)* insanların əhatəsində olduqlarından, bu qəribə romalılar Dağıstan dağlarında fəal təşkilatçı kimi tanınırlar. Onların hamısı ustadır, sanki hansısa bir sindikatda birləşib, Şərqin bütün mühüm şəhərlərində, hətta Sankt-Peterburqda, Parisdə, Londonda filialları var. Onlar silah, qızıl və gümüş mallar istehsalında əməkdaşlıq edir, əmək bölgüsü əsasında hərəsi bir şey düzəldir. Hər biri o əşyanın bir hissəsini, həm də eyni hissəsini düzəldir, beləliklə, incəsənət dili ilə desək, öz məharətini ortaya qoyur. Kubaçilərin zövqü Şərqdən çox Avropa zövqüdür, halbuki sübut olunub ki, son iki yüz ildə onlar heç vaxt avropalılarla əlaqəyə girmirlər. Onda Dağıstan mühitinə belə asanlıqla öyrəşən bu mahir və bacarıqlı adamlar haradan gəlib?

Onlar qonşuları olan dargilərin dilində danışırlar, amma fərqlər də çoxdur. Məhz həmin fərqə görə elə sözlər var ki, dargi dili ilə heç cürə uyuşmur və bu dil qəribə tərzdə Avropa dilləri kimi səslənir. Məsələn, "I" (mən) həm kubaçi, həm də fransız dilində "je" kimi oxunur; "he" (o) = "il"; "we" (biz) = "nussa (nous)"; "eye" (göz) = "ule" (I'ceil); "hat" (papaq) = "kappa"; "mouth" (ağız) = "mulle" (alman dilində "meül") və s.

Bütün bu faktlar – Roma mənşəyi əfsanəsi, qədim heykəltəraşlıq və heyrətamiz dil yadigarları bir vaxt alimləri yaman cəlb edirdi. Onlar Kubaçiyə gəlib kəllə sümüyünün ölçülərinə görə tədqiqatlar aparır, hesab edirdilər ki, kubaçilərin irqi oxşarlığını bu yolla daha tez, daha düzgün müəyyən etmək olar. Kəllə sümüyünün öyrənilməsi hər cür şübhələrə son qoydu – kubaçilər Dağıstanın digər xalqlarına az bağlı idi. Amma alimlər tezliklə təəccüblü bir faktla üzləşdilər.

Antropometrik tapıntılar elmi cəhətdən öyrəniləndən sonra məlum oldu ki, kubaçilər daha çox parislilərə və savoyardlara *(Fransada, Hind-Avropa dillərinin bir dialektində danışan 35 minlik xalqdır – tərc.)* oxşayırlar. Belə çıxırdı ki, bu Qafqaz xalqı latın mənşəlidir.

Dağıstan dağlarında parislilərin yaşaması gözlənilməz nəticə idi, üstəgəl, bu "parislilər" özlərini "romalı", ya da "frank" *(firəng, avropoid – tərc.)* adlandırırdılar. Əgər dünya bu dağlar ölkəsinə kifayət qədər maraq göstərsəydi, bu, əsl sensasiya olardı. Siz bir bu Avropa, latın, yaxud Roma kökənli xalqa baxın ki, bu dağlarda, ibtidai qəbilələr arasında, ehtimal ki, min illər boyu dünyadan, Avropadan ayrı düşmüş, Asiyanın bu vəhşi dağlarında necə çiçəklənib yaşaya bilirlər?! Yeraltı katakombalar, Roma yazıları, təşkilatçılıq səriştəsi, kustar istehsal məhsulları və Roma mənşəyi ilə bağlı heyrətamiz əfsanələr – bütün bunlar bu adamları qonşularından ayırır.

Qonşular isə bu yad mədəniyyətli gəlmələrə düşməncəsinə yanaşır, tez-tez də çalışırlar ki, onları məhv etsinlər, ya da sıxışdırıb buradan çıxarsınlar. Hər dəfə də kubaçilər öz katakombalarına girib bir neçə ay yox olurlar. Və bir gün yenə gözlənilmədən üzə çıxıb qəfildən düşməninə hücum edir, rəqiblərinə meydan oxuyur. Bu yolla onlar əsrlər boyu adətlərini yaşada bilmiş, doğma və özününkü hesab etdikləri hər şeyi qoruyub saxlamışlar. Heç kimə fikir vermədən ticarət və səyahətlərini davam etdirib, yüksək təşkilati, səmərəli və icma səliqə-sahmanını davam etdiriblər.

Bu xalq məhv olan deyil. İnsanların və vaxtın məhvedici təsiri onlara qarşı gücsüzdür. Onlar bu gün vardırlar, bu saatın özündə də – əsil-nəcabətli bir irqin özünəməxsusluğu ilə hətta düşmən əhatəsində də qorunan mətinliyə gözəl bir nümunə olaraq – vardırlar. Kubaçilər dillərini və inanclarını itiriblər. Onlar rəsmən Məhəmməd ümmətidir. Amma kubaçidən əslini-nəslini soruşsan, o (hətta kobud dargi dilində olsa da) əcdadlarının fəxrlə söylədiyi qədim bir ifadəni təkrar edir: "Civis Romanus Sum" – "Mən Roma vətəndaşıyam".

16.
DAĞLARIN QƏHRƏMANI

Qafqaz sadəcə əfsanəvi bir diyar deyil. Xalqların heyrətamiz qalıqları, sirli-müəmmalı əfsanə və xarabalıqlardan başqa, bu torpaq burada baş verən mühüm əhəmiyyətə malik hadisələrlə bu gün də öyünə bilər. Bütün Şərq aləmini sarsıdan siyasi və iqtisadi döyüşlər məhz buradan başlanıb, çar xəbərçilərinin heç vaxt vaxtında xəbər tutmadığı konspirasiya hökmləri məhz burada çıxarılırdı.

Burada, bu əngin dağlar və yaşıl vadilər arasında bir vaxt rus konspirasiyasının ən qorxulu şəxsləri görüşüb, burada çara qarşı gələcək döyüşlərin rəhbərləri və terrorçular hazırlayan təşkilatlar yaradılıb. Leninin ilk dekretləri burada çap olunub, sonra cəsur adamlar onları bu dağlardan aparıb Çar İmperiyasının hər tərəfinə yayıb. Burada generallara bomba atılıb, cəzası Sibirə sürgün olan hədələr burada səsləndirilib.

Çarın qorxunc aləti olan polis burada gücsüz idi. Qafqazlılar onlara gülür, ələ salırdılar. Polisdən qorunmaq üçün onların etibarlı yolları, vasitələri vardı, elə vasitələr ki, çardan sonra ən yüksək ranqlı adam olan canişin də bunun qarşısında aciz idi. Hər dəfə polis uzun təqibdən sonra bir inqilabçını tutur, Metex qalasına sürgün edirdi, amma hamı bilirdi ki, o, bir neçə aydan sonra sürgündən qaçacaq. Əgər inqilabçılara pul, silah, yaxud kömək gərək olsaydı, onlar

bilirdilər ki, haraya getmək lazımdır, təqibdən yayın-
maq üçün onlara kim kömək edə bilər. Ona görə də
təəccüblü deyil ki, Rusiyada ən cəsur inqilabçılar və
terrorçular Qafqazda yetişirdi, birinci və ikinci inqi-
labları başa çatdırıb çarı devirən və beşguşəli ulduzu
qələbəyə aparanlar bu dağlardan idi.

Doğrudur, çar Qafqazı tüfəng və qılınc gücünə
özünə tabe etdi, bir əsr boyunca davam edən yürüş-
lərdən sonra insanları əsarətə, istibdada məruz qoy-
du, amma bu gün dağlılar arxayın ola bilərlər ki, onla-
rın həlak olmuş savaşçılarının qanı alınmışdır. Çünki
bu gün həmin çar ölkəsini bir qafqazlı idarə edir, ət-
rafında da qafqazlılar. Qanunları onlar qoyur, böyük
xalqların həyatına nəzarət edir, nəyi qadağan etmək
lazımdırsa, qadağan edirlər, Kremldə Qafqaz qanun-
larını tətbiq edirlər, eynilə bir vaxt gürcü knyazlarının
saraylarında çarın öz qanunlarını tətbiq etdiyi kimi.
Rusiya Qafqazla yüz il vuruşduqdan sonra, nəhayət,
Qafqaz quldurları qarşısında baş əyməyə məcbur
oldu və bu torpağın idarə edilməsini onların özlərinə
tapşırdı.

Həmyerliləri ilə Rusiyanı fəth edən o qafqazlı gür-
cünün adını yuxarıda çəkmişdik. Amma Stalin onun
yeganə adı deyildi. O həm Koba, həm David, həm
Nişeradze, həm Çiçikov, həm də İvanoviç idi, yalnız
sonda Stalin oldu. Onun əsl adı İosif Vissarionoviç
Cuqaşvilidir – Tiflis çəkməçisinin oğlu.

Bu adamın karyerası çox qəribədir. Stalin öz kar-
yerasına Tiflis ruhani seminariyasının dindar tələbə-
si kimi başlayıb. Keşiş imtahanlarına bir il qalmış, o
vaxtlar deyildiyi kimi, "sosialist bidəti" üstündə se-

minariyadan xaric edildi. Xaric edilən təkcə o deyildi, bir neçə tələbə yoldaşı da seminariyadan qovuldu. Seminariya, görünür, sosialistlərin yuvası idi və Leninin ən sadiq şagirdləri olan "Zaqafqaziya aktivistləri"nin özəyini məhz Stalinin başçılığı ilə seminariyadan qovulmuş həmin keşişlər təşkil edirdi.

Bu "Zaqafqaziya aktivistləri" qəribə adamlar idi. Onlar azsaylı xalqların nümayəndələri, əsasən də savadsız idilər. Bu vəhşi xasiyyətli döyüşçülər, Allah bilir, marksizmə necə gəlib çıxmışdılar. Mahiyyətcə onların sosializmlə heç bir ümumi cəhəti yox idi. Bu adamlar, bir qayda olaraq, Qafqaz dağlı quldurları idi, şəhərlərə və onların mədəniyyətinə nifrət etdikləri kimi, qızıl günbəzli kilsələrə, bəyaz saqqallı keşişlərə, İsa xaçına və çarın portretinə də qarşı ürəkləri üsyanla dolu idi. Onlar at belində şəhərlərə gəlir, sakinləri qarət edir, gözəl qızları və yağlı qoyunları oğurlayıb aparır, öz kefi üçün havaya güllə atır, yenə mavi dağlar arxasında yox olurdular. Orada, qayalar üstə tonqal ətrafında oturub, şöhrətli keçmişləri haqda öz quldur nəğmələrini oxuyurdular.

Keçmiş zamanlarda, qafqazlılar hələ çara qarşı vuruşanda onlara "Ana yurdun müdafiəçiləri" deyirdilər, sonralar Məhəmməd ümməti kimi xristianlara qarşı müqəddəs müharibəyə qoşuldular, indi isə onlara (özlərinin razılığı ilə) ya "sosialistlər", ya "marksistlər", ya da daha mühüm və daha aydın şəkildə "Zaqafqaziya aktivistləri" deyirdilər. Onlardan hər yerdə, hər zaman qorxurdular. Belə ki, Rusiyadakı marksist fraksiyası tez-tez "Zaqafqaziya aktivistləri" adı ilə işlər görürdü – bu ad rəqibləri yaman qorxuya salırdı.

Stalin bu aktivistlərin dərhal rəhbəri olmadı. O, konspirasiyanın, təbliğat işinin, soyuqqanlılığın və inqilabi strategiyanın uzun, ağır məktəbini keçənlərdən birincisi idi. Stalinin inqilaba həsr etdiyi gizli fəaliyyəti hələ indi də tam açılmayıb. Amma bir şey qətidir ki, o, uzun illər gizli mətbəələrdə inqilabçıların təbliğat materiallarını hazırlamaqla məşğul olub. Uzun illər ərzində o, gizləndiyi yerdən gün işığına az-az çıxa bilirdi. Sonralar o, inqilabi ədəbiyyatın göndərilməsi kimi təhlükəli bir işi də öz öhdəsinə götürdü (bolşevik mətbuatı Qafqazda çap olunurdu) və bir neçə dəfə həbsxanadan, hətta Sibirdən, katorqadan qaçdı. Leninin o biri inqilabçılarla əlaqəsi kəsiləndən və Bolşevik Partiyası yaranandan sonra Stalinin əsl fəaliyyəti başladı, bu fəaliyyət ona "partiyanın ən amansız adamı" adını qazandırdı və inqilab dövründə onun nəhəng səlahiyyətlərinin əsasını qoydu.

1906–1907-ci illərdə Rusiyada inqilabdan sonrakı irtica öz pik həddinə çatanda Stalin öz ilk şöhrət çələngini aldı. Lenin və Trotski o vaxt Parisdə yaşayırdılar və pulsuz-parasız idilər. Partiyanın xəzinəsi tamam boş idi. Saxta əsginazlar çap etmək cəhdi alınmadı. Cavan kommunistləri yaşlı dul və varlı qadınlara evləndirmək eksperimenti də – onların var-dövlətindən partiya məqsədlərinə istifadə etmək üçün – bir-iki uğurlu cəhddən sonra boşa çıxdı. Sonuncu ideya Leninə məxsus idi. Ona görə də İcraiyyə Komitəsi "Ex" *(ekspropriasiya)[1]* fəaliyyəti haqda qərar verdi. "Ex" – şəxsi mülkiyyətin müsadirə olunması demək idi. Bu qərara görə kommunistlər banklara, şəxsi evlərə və ya dükanlara girir, pul, daş-qaş və digər qiymətli şeyləri zorla alır, ya da oğurlayır, sonra partiya fondlarına verirdilər. "Ex" üçün yaxşı işçilər tapmaq asan deyildi, hər bir kommunist oğurluğu və ya adam öldürməyi bacarmazdı. Beləliklə, bu "Ex" dedikləri Zaqafqaziya aktivistlərinin fəaliyyətində xüsusi bir istiqamət oldu və Stalin birinci olaraq öz həmyerliləri ilə istənilən "Ex"i yerinə yetirməyə hazır olduğunu bildirdi. Odur ki, 1906, 1907 və 1908-ci illərdə Qafqazda Stalinin rəhbərliyi altında hətta insan həyatı bahasına başa gələn bir neçə cəsarətli reyd keçirildi.

Bu gün də Tiflisin yaşlı sakinləri bu "Ex"lərin ən böyüyü – Rusiya Milli Bankının kassirinə hücum haqda danışırlar. Bu, 1907-ci il iyun ayının 15-də gündüz saat 12-də baş verdi. Bankın kassiri Kurdyukov Rusiyadan göndərilmiş pulun növbəti partiyasını poçtdan gətirmişdi. 500-lüklərdən ibarət bir milyon pul. Adəti üzrə, kazak qvardiyasının müşayiəti ilə pul banka gətiriləndə maşın canişin sarayının qabağından, Tiflisin (tamamilə avropalaşmış şəhərdir) gur izdihamlı küçəsindən keçirdi.

Saraya bitişik bir evin damından kimsə yük maşınına bomba atdı, eyni zamanda yoldan keçənlərdən bir neçəsi kazakları gülləbaran etdi. Kazaklar, polis, küçədəkilər çaxnaşmaya düşdülər. Yaxındakı evdən cavan bir adam çıxıb yük maşınına tərəf yüyürdü. Bir

---

[1] Ekspropriasiya (ingiliscə "expropriation") – cəmiyyətdə bir sinif və ya ictimai qrup tərəfindən başqa sinif və ya ictimai qrupun mülkiyyətinin zorla əlindən alınması – tərc.

neçə kazak onu gördü, amma cavan adam cəld kazaklara tərəf bir bomba da atdı, kazaklar da, atlar da yerə sərildi. Cavan adam möcüzə nəticəsində sağ qaldı. Revolverlər yenidən dilə gəldi. Cavan adam yanan maşına çatıb cavab atəşi açdı, sonra ölmüş kassirin əlindən pul kisəsini dartıb aldı, bir anın içində izsiz-tozsuz yox oldu. Bütün bu hadisələr bir neçə dəqiqə ərzində baş verdi. Tiflisin baş küçəsində əlliyə qədər adamın meyiti qaldı, Kommunist Partiyasının xəzinəsinə isə milyon rubl daxil oldu. Bu "Ex"i yerinə yetirən cavan adam Stalin idi.

Rusiyanın bütün polisi işə qoşuldu, amma nə müqəssir, nə də bir manat pul tapıldı, çünki pul yaxşı yerdə saxlanırdı – yarısı əlahəzrət canişinin divanı altında, yarısı da astronomiya professorunun döşəyinin içində. Pulun burada olmasından heç bir xəfiyyə şübhələnə bilməzdi. Sonra pul məlum yolla Parisdə Leninə çatdırıldı, Paris polisi oğurlanmış 500-lüklərin sayından, nömrəsindən xəbər tutmamış burada müxtəlif banklarda dəyişdirildi. Yalnız son veksellərdən biri ələ keçdi. Vekseli banka təqdim edən adam tutuldu. Bu, Leninin silahdaşlarından biri, Vallak adlı kommunist idi. O, indi Litvinov kimi tanınır, Sovet İttifaqının xarici işlər naziridir.

Pul sərhəddən təzəcə keçmişdi ki, Stalin yeni bir "Ex" hazırlamağa başladı. Bir neçə həftə sonra o, Tiflislə gürcü knyazlarının yay iqamətgahı yerləşən Kaçori arasındakı əsas yolda poçt arabasına hücum edib 100 min rubl apardı. Bu zaman yeddi adamın boğazı kəsildi.

Belə "Ex"lər Rusiyanın başqa yerlərində də həyata keçirilirdi, amma Kommunist Partiyasının yaşaması daha çox Stalinin gətirdiyi pullar sayəsində mümkün oldu. Adətən bu "Ex"lər, əlbəttə, kiminsə varlanması ilə nəticələnirdi, qənimət pullara nəzarət etmək mümkün deyildi. Amma Stalinin ensiz alnı arxasında belə fikirlərə yer yox idi. O hər şeyi son qəpiyinə qədər Leninə göndərirdi. Stalin beş dəfə Sibirə sürgün olunmuşdu, hər dəfə də qazamatdan qaça bilmişdi. Onun əfsanəsi o vaxtdan başlanmışdı, elə o vaxtdan da ardıcıllarının sayı artmışdı, amma bunlar intellektual cəhətdən o qədər də etibarlı adamlar deyildi – lap Şərq quldurlarının başçısı kimi.

Mən bu başçını görmüşəm, onunla üz-üzə dayanıb, özünəməxsus və tipik Qafqaz təbəssümü oynayan xırda, qara gözlərinə baxmışam. Şərq müstəbidlərinin və diplomatlarının adətən belə gözləri olur, xüsusən onlar daha yüksək həqiqəti əxz etdiklərini hesab edəndə. Çünki bu onları qoruyur və onlar bunun üçün döyüşürlər. Əbdül Həmidin də belə gözləri vardı və o, müasir dövrümüzdə öldürdüyü adamların sayına görə Stalinlə müqayisə oluna bilən yeganə hökmdar idi. Stalinin uzun, əyri burnu, gur, qapqara saçları, ensiz, patogenetik dərəcədə ensiz alnı vardı. Qədim vaxtlarda o, bir sülalənin yaradıcısı ola bilərdi. Onun həyata keçirmək istədiyi, yaxud məcburən inkar etməli olduğu heç bir proqramı, heç bir ideyası yox idi. Onun yeganə intellektual inventarı mücərrəd kommunizm idi, bir də möhkəm inanırdı ki, bəşəriyyət yalnız qamçı ilə, zülmlə idarə oluna bilər. O, heç vaxt axıra qədər açıq olmurdu. Başqa rus siyasətçiləri kimi heç vaxt mühacirətdə olmamışdı. Hətta polis onu təqib edərkən, ələ keçmək təhlükəsi altında belə heç vaxt ölkədən qaçıb getmirdi. Gürcüstanın ayaq dəyməmiş dağlarına çəkilir, yeni əfsanələrə rəvac verirdi. O, sadə geyinir, zahiri görkəmə az fikir verir. Heç vaxt yüksək vəzifə xahiş etmir. Bu gün Rusiya diktatoru kimi hakimiyyətin zirvəsində olsa da zahirən yalnız partiyanın baş katibidir.

O, ictimai həyatdansa, şəxsi ünsiyyətində daha xoş təsir bağışlayır. Onun gürcü milliyyəti – dünyada ən dostcanlı millət – tamam yox olmayıb. Amma hətta içkili olanda da anadangəlmə rahib ciddiliyi onu heç vaxt tərk etmir. Elə bil ki, hələ də ruhani seminariyasının tələbəsidir, çevrəsində də bir vaxt ruhani olmaq istəmiş neçəsini tapmaq olar. İnqilabçılar arasında Qafqaz seminariyasının keşişləri az deyildi. Stalinin dostu, indi ticarət naziri olan erməni Mikoyan da keşiş məktəbində oxumuşdu. Stalin ətrafında özü kimilərini görmək istəyirdi, ondan ötrü ürəyi gedən qafqazlıları, özü kimi İncili hələ də əzbər bilən ruhani tələbələri, sadə, keçmiş gözəl günlərdən, məlum qanlı-qadalı, dəli-dolu "Ex" günlərindən əfsanələr danışan vəhşi adamları...

Stalin hirslənəndə başını aşağı salıb rəqibinə aşağıdan yuxarı baxır. Belə vaxtlarda o, ibtidai bir vəhşini xatırladır. Şübhə dolu təbəssümü yox olur, sifəti qıp-qırmızı qızarır. Qorxursan ki, bu saat nəsə dəhşətli bir şey baş verəcək. Stalini hirsləndirmək təhlükəlidir.

Onun zaman etibarilə bu qədər yaxında ikən əfsanəvi şəxsiyyət olması faktı ondan irəli gəlir ki, onda müəmmalı davranmaq istedadı var, tez-tez dəyişdiyi müxtəlif adlar altında məharətlə gizlənə bilir. Bu həm də onun nəticəsi idi ki, o, Lenin üçün "Ex"ləri yerinə yetirəndə, onunla eyni vaxtda başqa bir qafqazlı, Qafqaz cəngavərliyini özündə təcəssüm etdirən başqa bir "qəhrəman" Şərqin bütün şöhrət çələnglərini əldə edib, bu dağ xalqlarının diqqətini özünə cəlb etmişdi.

Bu qafqazlının inqilabla-zadla işi yox idi. Nə knyaz idi, nə də müdrik. O, Çeçenistanın Karaçoy kəndindən olan abrek Zəlimxan idi[1]. Dağıstanda hamının qorxduğu, məşhur quldur, ən böyük qarətçi... Bu abrek nələr etməmişdi?! Qafqazda elə bir bank yox idi ki, yarmasın, elə bir milyoner qalmamışdı ki, sərvətini qarət etməsin, bir rus zabiti, ya da məmuru qalmamışdı ki, onun qabağında tir-tir əsməsin. Bu abrek öldürür və qarət edirdi, qənimətini kasıb yerlilərinin arasında bölürdü. O, knyazlara və keşişlərə baş endirir, onu tuta bilməyən rus generallarına rişxənd dolu məktublar göndərirdi.

Məktublarının birində yazırdı: "General, bilirsiniz, siz məni niyə tuta bilmirsiniz? Siz bədbəxt və günahkar adamsınız! Atanız, yəqin ki, rüşvətxor olub. Güman ki, siz özünüz də bir vaxt keşiş yanında pleyboy olmusunuz. Qızınız da fahişədir, fransızların qucağından düşmür. Məni tutmaqda Allah sizə niyə kömək etsin ki?"

Bir çox illər ərzində ruslar bu cür adamlara baş qoşmur, bəzi şeyləri cavabsız qoyurdu. Nəhayət, hökumət bu müştəbeh abrekin üstünə qoşun göndərməli oldu. Qoşunun başında amansız bir general durur-

---

[1] Zelimxan Quşmazukayev (Karaçoyevski) – məşhur çeçen abreki – tərc.

du. General bütün kəndi darmadağın etdirdi, evləri viran qoydu, silahı olanı öldürdü, ailəsini ölkədən qovdu və ya həbs etdi, ona görə ki, bütün camaat abreki müdafiə edirdi.

Zəlimxan bunu eşidəndə çiyinlərini təəccüblə çəkdi: "O, evləri necə dağıda bilər? Adamlar ev tikib...". Sonra oturub generala məktub yazdı: "General, mən, abrek Zəlimxan, on ildir ki, quldurluq edirəm, sizin dağlarda bu on gün ərzində vurduğunuz ziyanı mən on il ərzində vurmamışam. Siz adamları niyə öldürürsünüz? Siz yalnız məni öldürməlisiniz. Sizə təklifim budur: siz mənim adamlarımı sakit buraxırsınız, mən də sizin əsgərlərinizi rahat buraxıram. Camaatı qırmaq əvəzinə, mən sizə bir yer deyirəm, ora gəlin. Biz ikimiz oraya gəlib dueldə döyüşək, namuslu adamlara belə yaraşar".

General çağırışı qəbul etmədi, çünki bir quldur və bandit onun rütbəsinə müqabil deyildi. Amma sonra fikirləşdi ki, banditin çağırışını qəbul etsə yaxşı olar, çünki abrek ona yazdığı məktubu bütün kəndlərə yayırdı, hamı da pıçıldaşırdı ki, general qorxur. Nəhayət, onun əslən bu dağlardan olan kazakları da deyinməyə və generalı qınamağa başladılar ki, o, centlmen kimi hərəkət etmir. Sonda general razılaşdı və onlar ikisi də uzaq bir vadidə üz-üzə gəldilər. Əlahəzrət general, bütün ordenləri almış kavaler, dvoryan, diplomat və kasıb bir kəndli oğlu olan abrek, bu dağlarda ona bərabər olan quldur, bandit. Qafqazın bütün döyüş qaydalarına uyğun baş tutan duel çox çəkmədi. Ağır yaralanmış generalı şərəf və ləyaqət meydanından apardılar. Abrek indi bütün dağlıların düşündüyünü düşünürdü: o, Rusiyaya qalib gəlmişdir, bundan sonra onu rahat buraxacaqlar. Amma o yanılırdı. General tez sağaldı və dağlı camaatı daha da çox incitməyə başladı. Abrek buna çox qəzəbləndi. Duel döyüşündə o qalib gəlmişdi, general yox. Məğlub olmuş adam özünü belə alçaq aparmaz.

Bir gecə abrek sakitcə şəhərə enib generalın evinə gəldi, kəmərinə də bir qumbara bağlamışdı. İndi o inanırdı ki, generalın axırı çatıb. Təsadüfən bir knyaz abreki gördü və onu tanıdı. Bu sui-qəsd baş tutsaydı, ruslar bütün sakinləri incidib işgəncə verəcək, çoxlarını öldürəcəkdilər. Knyazın vaxtı yox idi ki, bunları birnəfəsə abrekə izah etsin. Ona görə də sakitcə abrekə yaxınlaşıb qoluna toxundu. Dedi: "Bunu etməyin, qadağandır". Bu kifayət idi. Abrek qumbaranı yenidən öz kəmərinə bağlayıb şəhərdən uzaqlaşdı. Sonralar o, bir dağ dərəsində, açıq döyüşdə həqiqətən generalı öldürdü. Bundan sonra yenə də bankları qarət etməyə, varlı adamları (knyazları yox) öldürməyə başladı, öldürdükcə də Allaha dua edirdi. Eşidəndə ki, bəzi adamlar çarı devirmək istəyirlər, o, uşaq kimi təəccüblənirdi. Əfsanələrin Stalinlə tez-tez qarışıq saldığı Zəlimxan inanırdı ki, çarın və knyazların itaətkar və sadiq təbəələrindən biridir. 1918-ci ildə o, kazakların və qan qisasçılarının gülləsi ilə öldürüldü.

Bu günə qədər onun haqqında nəğmələr oxuyurlar. Qafqazda heç vaxt ondan böyük quldur olmayıb. Yalnız Stalin ona bərabər ola bilərdi. Amma bizim günlərdə Stalin belə bir şöhrətə yuxarıdan aşağı baxardı, o, Kremldən idarə etməyi üstün tutardı. Stalin, Zəlimxan və bir çox başqaları... Bilmək lazımdır ki, bu adamlar Qafqazı incəliklərinə qədər başa düşürdülər. Qafqazdakı kimi dünyanın heç yerində keçmişlə bu gün, cəngavər ləyaqəti və marksizm, cəngavərlik və siyasi iqtisad, gizli mətbuat və adi qətl-qarət bir-birinə çulğaşmayıb, heç yerdə inanılmaz şeylər belə sürətlə adiləşmir, adi şeylər belə tezliklə əfsanələşmir.

17.

LAMAROY

Semxan məşhur çeçen qulduru idi, Qafqazın cəngəlliklərlə örtülü şimal-qərb tərəflərindən idi. Bu yerlərin sakinləri müxtəlif xalqların nümayəndələridir. Bunları ayırmağı mütəxəssislərin ixtiyarına buraxıram. Ruslar bu xalqları ümumi bir adla – "çərkəzlər" adlandırırlar, halbuki onların az bir qismi əsl çərkəzlərdir. Başqa qafqazlılar isə onları "lamaroy", yəni "dağ başında yaşayanlar" adlandırırlar.

Bu lamaroylar, hər şeydən əvvəl, çərkəzlər fərqli bir həyat yaşayırlar. Bu adamlar "hökumət" və "hakimiyyət" anlayışlarını heç vaxt bilmədən dünya tarixində öz yolları ilə addımlamağı bacarıblar. Hər bir çərkəz özü üçün yaşayır, heç kimə tabe deyil, heç vaxt başa düşmür ki, adamlar niyə dinməz-söyləməz vergi verir, amma çərkəzlər özlərini hörmət və ehtirama layiq bilirlər. Məsələn, bir dəfə çox uzaq keçmişdə lamaroyların bir hissəsi olan çeçenlər yadelli bir knyazı dəvət edirlər ki, gəlib onlara başçılıq etsin, onları düşməndən müdafiə etsin, ta ki, onları dinc qoysunlar. Güman edilirdi ki, knyaz nə qənimət əldə etsə, müəyyən bir hissəsi özünə çatacaq. Beləliklə, o, bir neçə il çeçenlərə "başçılıq etdi", sonra qaçıb aradan çıxdı, and içdi ki, bir də heç vaxt bu dağlıların dəvətini qəbul etməyəcək. Hər bir çeçen knyaza gülür, ələ salırdı – o rəsmən onların başçısı idi, onları idarə edirdi, amma onlar knyazı bir xidmətçi, bir ev qulluqçusu zənn edirdilər. Həmin gündən sonra çeçenlərin heç bir knyazı olmayıb. Hər kəs özü özünün knyazıdır, yalnız özünün tabe olduğu qaydalar yaradır, kim özünə ağa axtarırsa, ona nifrət edir.

Deyirlər ki, müharibədən (Birinci Dünya müharibəsi nəzərdə tutulur – tərc.) bir az əvvəl bir rus knyazı gözəl bir kortejlə dağlardan keçirdi. O, cavan bir çeçenin qazmasına baş çəkdi, amma təəccübləndi ki, bu çeçen onun üçün heç ayağa qalxmadı.

– Niyə ayağa qalxmadın? Bilmirsən mən kiməm? – knyaz soruşdu.

– Nə olsun? Siz kimsiniz ki?

– Mən knyazam, çarın yaxın adamlarından biri.

– "Knyaz" nə deməkdir?

Knyaz hiss etdi ki, bu vəhşiyə elə indicə özünün kim olduğunu başa salmalıdır.

– Knyaz böyük adamdır, – o dedi. – Onun çoxlu torpaqları var, xidmətçiləri, nökərləri var. Onun əcdadları məşhur adamlar olub, onlara çar da ehtiram göstərib. Knyaz, demək olar ki, çox böyük adamdır.

– Yaxşı, – çeçen dedi, – bir şeyi mənə başa salın. Sizinlə Allah arasında kim var?

– Mənimlə Allah arasında çardan başqa heç kim.

– Gördünüz, amma mənimlə Allah arasında heç kim yoxdur, ona görə də sizə ehtiram etməli deyiləm, əksinə siz mənə hörmət etməlisiniz, – bunu deyib, çeçen arxasını knyaza çevirib getdi.

Çeçenlərin bu şakəri ilə bağlı bu və buna oxşar əhvalatlar həmişə söylənilir. Onlar xroniki olaraq özlərini ətrafında olan insanlar tərəfindən alçaldılmış vəziyyətdə hiss edirlər və deyirlər ki, onlara yalnız çox hörmətli və azad adamlar diqqət və ehtiram göstərə bilər, başqa heç kim. Bu hissdə müəyyən qədər həqiqət var, çünki onların bütün qonşuları hələ də feodalizm dövründədir. Amma təhqir edilmiş lamaroy dağlarda rast gələ biləcəyiniz ən böyük təhlükədir, Çeçenistanın və İçkeriyanın meşələrində hələ də rast gəlinən bəbirdən də təhlükəli. Bu zaman o, qəzəbdən özünü də tanımır. Gözləri hədəqədən çıxmış və qan çəkmiş çeçen hiddətindən qızmış halda var səsi ilə nərildəyir, yəhərə atılaraq dağlardan dəli kimi çapıb gedir. Bu halda onun yolunun üstə hər kim çıxsa, hücum edib öldürəcək. Çeçenin bu ruhi həyəcanı heç də səbəbsiz deyil. Bəzən adi bir çəp baxış, ya da sayğısız bir hərəkət kifayət edir ki, o özündən çıxsın, qəzəbi tüğyan etsin, xəncərini qapıb əlinə keçəni doğrasın.

Hər kəsin onu təhqir etdiyini hiss etmək adəti bütün qafqazlılar arasında, o cümlədən gürcü və azərbaycanlılar arasında da çox yayılıb. Təhqirin nəticəsi onların xarakteri kimi həmahəngdir. Amma lamaroylar kimi heç nədən belə asanlıqla qəzəblənən başda bir xalq yoxdur. Üstəlik qafqazlıların "təhqir" halı üçün işlətdiyi söz bu vəziyyətin xüsusiyyətini tam ifadə etmir. Lamaroyun evindən çıxıb getsən, onu möhkəm təhqir edərsən, bu onun şərəfinə toxunar. Digər tərəfdən, lamaroy tez-tez səhər yuxusundan hiddət içində oyanır, nə var, nə var, yuxuda "təhqir olunub". Təhqir olunmuş lamaroy qəzəbini kimə isə boşaltmalıdır, əks halda silahını özünə çevirir, ta ki, qan çıxsın, qan görsün.

Lamaroylarla, yaxud bu dağ xalqları ilə həqiqətən təhlükəsiz yaşamaq üçün siz Qafqaz psixologiyasını yaxşı bilməlisiniz. Avropalı hətta ən yaxşı niyyətlə uğur qazanmağa çətinliklə ümid bəsləyə bilir. Ən xoş, sülhpərvər niyyətlə belə düşünür ki, birdən təhqirə yol vermiş olar və bunun nəticəsi təhlükəli ola bilər. Rusiyada lamaroyların bu xüsusiyyətini yaxşı bilirdilər. Döyüş qabiliyyətlərinə görə lamaroyların həvəslə qəbul edildiyi hərbi məktəblərdə xüsusən bu keyfiyyət əsas götürülürdü. Bir çox ləvazimat və mebel taxta-tuxtası ilə birlikdə Qafqaz silahları ayrıca otaqda saxlanırdı. Gələcək zabitlərin hər hansı biri "təhqir" vəziyyəti ilə üzləşdiyi halda qarovul bunu ildırım sürəti ilə müəyyən edir və pis bir şey baş verməmiş onu həmin otağa salırdılar. Orada o, xəncərlə, ya da qılıncla həmin mebeldən nə qədər istəsə sındıra, doğraya bilərdi – bu elə odun tədarükü idi. Orada bir-iki saat ərzində o, "hiddətini soyudar"dı, sonra yerlilərindən iki nəfəri onun yanına göndərərdilər, tam ciddiyyətlə və rəsmi olaraq sülh təklif edər, onların adətinə görə təhqirin əvəzini müəyyən edərdilər.

Təhqirin əvəzi hətta hərbi məktəbdə həmişə bir banket olardı – təhqir olunmuş şəxsin şərəfinə verilən banket. Danışıqlarda bu cür razılaşmalar əldə edəndən sonra lamaroy fəxrlə və qələbə ilə "islah" otağını tərk edirdi, xidmətçilər isə sabah-birigün qəzəbdən dəli olacaq başqası üçün həmin otağa yeni mebel, taxta-tuxta yığırdılar. Bu tədbirlər olduqca məntiqli idi, çünki lamaroy öz qəzəbini nəyəsə çırpıb ovundura bilməsə imkan axtaracaq ki, bunu təhqir edənin başında ovutsun. Beləliklə, ruslar mebel taxta-tuxtasını öz kadetləri üçün qisas obyekti seçmişdilər. Bu ideya nə vaxtsa böyük beynəlxalq qovğaların həlli üçün də sınaqdan çıxarıla bilərdi.

Lamaroyun, bir az da dar mənada bütün qafqazlıların təhqir kateqoriyasına məhz nəyin uyğun gəldiyini avropalıya izah etmək çətindir. Söyüş – heç vaxt. Çünki əgər bir lamaroy deyirsə ki, o, söyüşlə təhqir olunub, tamam başqa bir şey nəzərdə tutur. Hətta böhtan da təhqir sayılmır. Amma hər cür ədalətsizlik təhqir sayılır, lap böyük olmasa da. Əskiltmə, alçaltma da lamaroya pis təsir edir, lap az dərəcədə olsa da, məsələn, belə bir sadə şey: guya o, lamaroy filan şeyi edə bilmir, bir başqası isə onu asanlıqla edir. Amma, hər şeydən əvvəl, hər cür etinasızlıq, sayğısızlıq, yaxud aşağılama və ya şübhə, ya da bu hərəkətlərin hər hansı birini nəzərdə tutan adi bir hərəkət lamaroya sağalmaz yara vurur. Məsələn, kimsə desə ki, o, lamaroyun başına gələn əhvalata heç maraq göstərmir, ya da bu barədə heç nə deyə bilməz, bu, lamaroy üçün dəhşətli təhqir olar. Yaxud bir lamaroy polisə deyirsə ki, onun inəyi xəstədir və dərmanını soruşur, polis deməməlidir ki, "Əzizim, mənə inandığın üçün xeyli razıyam, amma mən inəklər haqqında heç nə bilmirəm". Bu halda həmin polis nəsə bir dərman, məsələn, bir parça qənd tapıb o lamaroya verməli, eyni zamanda nəzakətlə izah etməlidir ki, "əgər bu bir parça qənd kömək etməsə, demək, çox təəssüf ki, mənim biliyim buna çatmır. Ola bilsin, məndən daha çox bilən başqa birisini tapmaq lazımdır". Sonra o, başqa bir adamın, yəqin ki, bir baytarın adını deməli, öz hörmət və ehtiramını dönə-dönə izhar edib lamaroyu nəzakətlə inandırmalıdır.

Bir dəfə mənim yanımda baş verən bir təhqir hadisəsini heç vaxt unuda bilmirəm, amma yaxşı ki, bu, çox sadə şəkildə qansız-qadasız qurtardı. Bu hadisə bir neçə il qabaq olub, amma Qafqazda yox, Almaniyanın dünyaca məşhur mineral sulu kurortlarından birində. Buraya hər il dünyanın müxtəlif yerlərindən əlillər (elə sağlam adamlar da) müalicəyə və istirahətə gəlirdi. Mən də orada idim və burada təsadüfən bir çərkəz knyazı ilə tanış oldum. O, heç özünə də axıradək məlum olmayan səbəblərə görə həmin il bu kurortda dincəlməyi vacib hesab edirdi. Hamı burada həkimin resepti, ya da kimsə məsləhəti ilə müalicə kursu keçirdi. Knyazın dedikləri isə ona hər hansı müalicə təyin etmək üçün kifayət deyildi. Ona görə də, hamının etdiyi kimi, o da tibb işçilərindən məsləhət almağı qərara aldı. Hər dəfə həkimlə məsləhətləşməyi sonraya saxlasa da, axır ki, getməzdən üç gün əvvəl məşhur professorun qəbuluna gəldi.

Alman dilində bircə söz də bilmədiyi üçün, doktor da çərkəz dilində başa düşmədiyi üçün mən knyazı müşayiət edirdim. Bilirdim ki, qəbul otağında gözləmək knyaz nəcabəti üçün yolverilməzdir, ona görə də doktora əvvəlcədən bildirmişdim ki, vaxtında qəbuluna girək. Doktor knyazı müayinə etdi, ona bir neçə sual verdi, mən də bacardığım qədər yumşaq tərzdə tərcümə etdim, sonra doktor resept yazdı: ayaqlarına isti vanna, başına ultra-bənövşəyi lampa, gəzinti və nikotindən tamam uzaq olmaq. Bütün bunlar altı həftə çəkməli idi. Ehtiyatlı olmaq üçün mən deyilənləri sözbəsöz tərcümə etdim, bu ümidlə ki, knyaz məmnun qalacaq və özü də bəzi şeylər soruşacaq (aydın görünürdü ki, o, deyilənləri axıradək başa düşməmişdi) və fəxrlə, razı halda evinə gedəcək. Təəssüf ki, mən yanılırdım. Knyaz səhhəti ilə bağlı çox narahat idi, sakitcə soruşdu ki, ultra-bənövşəyi lampanı həb kimi, yoxsa damcı kimi qəbul edəcək. O, evdə dərmanlarını ya toz kimi, ya da damcı kimi qəbul etməyə öyrəşmişdi.

İndi biz – doktor mütəxəssis kimi, mən də tərcüməçi kimi – başladıq ayaq vannasının və ultrabənövşəyi lampanın xeyrini knyaza başa salmağa. Müayinə zamanı içəridə olan tibb bacısı gedib lazımi əşyaları gətirmişdi, indi də onların xeyrini başa salmağa çalışırdı. Knyaz, deyəsən, yavaş-yavaş hər şeyi başa düşdü və tədricən üzü qızarmağa başladı, sonra sifəti qıpqırmızı pörtdü – bu, artıq təhlükə əlaməti idi. "İndi mən o şeyi başıma qoymalıyam? Orada isə ayaqlarımı yumalıyam? Və bütün bunları o qadın etməlidir, o dinsiz, allahsız?" – dedi.

Mən bu sözləri tərcümə eləmədim, çünki bu sözlərin tonu başqa şeydən xəbər verirdi. Odur ki, sakitləşdirici sözlər tapıb demək istəyirdim ki, "təhqir"in ilk əlamətləri özünü göstərməyə başladı. Bəli, knyaz özünü "təhqir olunmuş" hesab edirdi. "Yazıq xəstə"miz sərt bir qışqırıqla ayağa sıçradı, tibb bacısının gözündən eynəyini alıb yerə atdı, ayaqlayıb xıncım-xıncım etdi, doktorun stolunun üstündəki şeyləri əli ilə vurub yerə səpələdi və getdikcə qızıb dəli olmağa başladı. Əvvəlcə yaşlı tibb bacısından başladı, əl yetirib onu divanın üstünə atdı, vurmağa başladı. Yazıq arvadın sifəti yastığın içində görünməz olmuşdu, elə bil kimsə dəcəl bir uşağı döyüb cəzalandırırdı. Burada heç bir şey etmək olmazdı. Hiddətlənmiş knyazın zavallı tibb bacısının arxasını kobud zərbələrlə vurub şappıldatması indi də yadımdan çıxmır. Arvad çox qorxmuşdu, elə bilirdi knyaz onu öldürəcək, axırda başını yastığın içinə salıb hıçqırdı. Qafqazlı onu buraxandan sonra bütün bu mənzərəni mat-mat seyr edən, yerindəcə donub qalmış doktora tərəf döndü. O, doktorun başı üstündə asılmış ultrabənövşəyi lampa qurğusunu bir an içində sərt bir hərəkətlə qapıb vestibülə fırlatdı. Hıçqıran tibb bacısı və mən tələsik qapıya cumduq. Yaxşı ki, mən özümü itirmədim, çıxandan sonra qapını arxamızca bağladım, indi knyaz məsləhət otağında qaldı.

Doktor əvvəlcə istədi ki, polis çağırsın, sonra psixi xəstəxanaya xəbər vermək istədi, çünki otaqdan gələn hönkürtü səsləri deyirdi ki, orada hökmən bir dəli var. Doktora, tibb bacısına, hadisə yerinə gəlmiş adamlara bu halı izah etmək çox çətin idi – knyazın belə özündən çıxmasının səbəbi nə idi. Odur ki, onları inandırmağa çalışdım ki, bir qədər iltifatlı olsunlar. Çünki knyaza görə, o, tamamilə haqlı idi.

Allaha inanmayan, əcnəbi bir qadın olan tibb bacısı düşünürdü ki, knyaza dərman verməzdən qabaq o, ayaqlarını yumalıdır. Bu, xüsusilə təhqiredici idi.

Ona görə ki, knyaz müsəlman idi, namaz qaydaların na əsasən gündə beş dəfə ayağını yumalı idi. Əlbəttə, o bunu etməmişdi, çünki bu qaydalara çox da riayət edən biri deyildi, amma ən pisi bu idi ki, ona öz dini qaydalarını yerinə yetirməli olduğunu bir xristian (bəli, xristian!) xatırladırdı. Bundan belə çıxa bilərdi ki, knyaz dinin tələblərinə riayət etmədiyi üçün bu xəstəlik guya ona cəzadır.

Doktorun o biri məsləhətləri də, şübhəsiz, ona təhqir kimi gəlirdi. Doktor məsləhət görürdü ki, o, bir az ayaqla gəzməlidir. Bu isə lap hiddətə səbəb olurdu, yəni ki, o, çox kasıbdır, özünə maşın ala bilmir, piyada gəzsin. Nəhayət, belə bir alçaldıcı tövsiyə: azad bir knyaz öz boynunu öküz boyunduruğuna oxşayan bir şeyə keçirməlidir. Bu ki lap ağ oldu, knyazın əsəblərini yerindən oynadan elə bu ədəbsizlik oldu.

Bütün bunları doktora izah edəndən sonra o, sarsılmış halda, başını yelləyə-yelləyə vurulmuş ziyanı hesablamağa başladı, mənsə ehtiyatla məsləhət otağının qapısını döydüm – orada artıq ağlamaq səsi kəsilmişdi. Qapını döyəndə içəridən bir söyüş eşitdim, amma bu söyüş hədələyici tərzdə deyildi. Astaca qapını açıb içəri girdim.

Knyaz döşəmədə oturub doktorun stolunun üstündən götürdüyü reseptləri cidd-cəhdlə cırırdı. Bir xeyli vaxt boş yerə onu dilə tutub mənimlə evə getməyə razı salmağa məcbur oldum. Axır boynuma aldım ki, mən özüm də onun fikri ilə razıyam, doktorun hərəkətindən elə onun kimi hiddətlənmişəm, yalnız bu zaman o, bir az yumşaldı. Bir az da döşəmə üstə oturub danışdıq, bu çürük Avropanı hərtərəfli müzakirə etdik, bu cür təhqirlərin heç vaxt mümkün olmadığı ədalətli çərkəz torpağını yada saldıq. Nəhayət, knyaz ayağa durdu, başını fəxrlə yuxarı qaldırıb şəstlə otaqdan çıxdı. Doktor vestibüldə dəymiş ziyanın hesabını çəkinə-çəkinə ona uzatdı. O heç kağıza baxmadı da, cibindən bir qom kağız pul çıxarıb əda ilə doktora tərəf tulladı, sonra vüqarla belə dedi: "Sizin təhqirinizin natəmizliyini mənim səbir və iradəmdən yalnız peşmançılıqla dolu göz yaşlarınız təmizləyə bilər".

Onun dediyini tərcümə etməyə lüzum yox idi, amma onu evə apardım, məsləhət gördüm ki, bu çürüməkdə olan Avropadan mümkün qədər tez çıxıb getsin. Doktor da öz növbəsində bu qafqazlının knyaz titulunu nəzərə alıb məhkəməyə şikayət etmədi, halbuki bu titulun sahibi ehtiramlı münasibətə layiq olduğunu az göstərdi. Mənə gəldikdə isə, Allaha şükür edirdim ki, yaxşı ki, knyaz əsl lamaroy, ya da çeçen deyilmiş, yoxsa bu hadisə daha pis qurtara bilər, ya da güman ki, qan tökməklə nəticələnərdi. Bu, qafqazlının "təhqir" hesab etdiyi adi bir misaldır. Kim bilir, bir lamaroy öz başına gələn belə oxşar hadisələrdən sizə nə qədər danışa bilər.

Təəssüf ki, təhqirlə bağlı qalmaqalı həmişə sülh yolu ilə həll etmək olmur. Bu adətən qan-qada ilə bitir, dediyimiz kimi, bundan kənardakı şahid adamlar da ziyan çəkir. Amma təhqir çox ağırdırsa və əsəb partlayışını dərhal sakitləşdirmək mümkün deyilsə, xüsusən təhqir bir neçə nəfərlə, məsələn, bir məhkəmə işi ilə, yaxud bir neçə nəfərin təkrar oğurluq etməsi ilə bağlıdırsa, onda lamaroy özünü "həmişəlik təhqir olunmuş" hesab edərək əcaib bir varlığa çevrilir, dağların bir terrorçusu olur.

"Həmişəlik təhqir olunmuş" adam özünü abrek hesab edir, bu isə "o adamdır ki, nəyəsə and içir". Amma bu abreklə o biri abrek – adi, macəraçı qaçaq-quldur, çapovulçu, soyğunçu abrek arasında böyük fərq var. Fərq əsasən həmişəlik təhqir edilmiş abrekin andı ilə bağlıdır ki, bu anda görə o bütün ömrünü belə keçirməlidir. Gecə yarısı ibadətgahın içəri həyətində ibadət edib, qurban kəsəndən sonra bu andı içirlər: "Mən, namuslu və azad bir kişinin oğlu, ehtiram bəslədiyim bu müqəddəs məkana and içirəm ki, uzun illər ərzində həmişəlik təhqir olunmuş bir adam kimi qalacaq, abrek olacağam. Həmişə insanların qanını tökəcək, heç kimə rəhm etməyəcəyəm. Vəhşi heyvanlar kimi insanları daim təqib edəcəyəm. And içirəm ki, həmvətənlərimin qəlbinə, vicdanına və məğrurluğuna şərəf gətirən nə varsa, oğurlayacağam. Körpəni anasının qucağında süngü ilə öldürəcəyəm, dilənçinin son sığınacağını odlayıb yandıracağam, harada ki, sevinir-şadlanırlar, oraya bəla və müsibət gətirəcəyəm. Əgər bu andı pozsam, əgər sevgi, yaxud mərhəmət ürəyimə yol tapsa, qoy onda atalarımın məzarını görmək mənə qismət olmasın, qoy susuzluğumu söndürməyə su, aclığımı yatırmağa çörək tapılmasın, qoy nəşim yol kənarında murdar vəhşilərə yem olsun".

Əksər hallarda lamaroy öz andına əməl edir. O, dağlarda həyat keçirir, qayalar belində at çapır, kimə rast gəlirsə öldürür, hətta doğmalarını da. Rəhmsizcəsinə insanlardan öz qisasını alır. Ola bilər ki, abrek çox geniş qisasa yox, müəyyən qisas üçün and içsin, xüsusi adamlara, ya da bir təbəqəyə, məsələn, hakimlərə, ya da ruslara qarşı qisasa and içsin.

Abrek illər keçəndən sonra əgər hələ də sağ-sala-
matdırsa, istədiyi, amma tanınmadığı bir rayona ge-
dir, evlənir, qalan ömrünü əkin-biçinlə məşğul olur.
Amma çətin ki, axıradək onu tanımasınlar. Əvvəl-axır
onu tanıyırlar. Çünki qan qisasçıları onu hər yerdə ax-
tarır və axırda tapırlar.

Lamaroylar məğrurdur. Bu icmada təxminən iki-üç
min adam olur, çox ibtidai şəraitdə yaşayırlar, amma
fəxrlə özlərini yer üzündə ən yaxşı və ən məşhur xalq
hesab edir və bunu qətiyyətlə sübut etməyə çalışırlar.
Bu elə də asan deyil, çünki bir çox lamaroy tayfaları-
nın nə öyünməli, nə də xəcalət gətirəsi bir tarixi yox-
dur. Onlar öz keçmişləri haqda heç nə bilmirlər. Bir
neçə alim təsdiq edir ki, lamaroylar yalnız bu son il-
lərdə meydana gəlib.

Lamaroy qəbiləsinin meydana gəlməsi çox sadə
olub. Asiya çöllərindən bir neçə sülalə, yaxud tayfa
azıb və ya vadilərdən zorla çıxarılıb, sonra da Qafqa-
za gəlib, burada qədim və azad lamaroyların artıq
çoxdan məskunlaşdığı uca dağlarda yerləşiblər. La-
maroylar onsuz da dağınıq şəkildə idilər, ona görə də
təzə gələnlər asanlıqla üstünlük əldə etdilər. Bu tayfa
o vaxtdan dağlarda qalıb, təəccüblü dərəcədə az müd-
dətdə kobudlaşıb, vəhşiləşib. Keçmiş dilləri yerlilərin
dili ilə qarışıb, yerlilər isə artıq iki-üç dildə danışır-
dılar. Yüz ildən də az müddətdə burada yeni, oxşar
insanlar formalaşdı, onlar yeni bir dildə danışmağa
başladılar və kimsə ilə ümumi olan heç nəyi qəbul
etmədilər. Haradan gəldiklərini unutmaq üçün lama-
roylara yüz il kifayət etdi, amma onlar bu vaxt ərzin-

də ən bəsirətli tədqiqatçıları da azdıra bilən əfsanələr yaratdılar.

Təbii ki, bu qəbilələrin hər biri öz böyüklüyünü xüsusi yolla müəyyən etməyə çalışır. Çünki onların heç birinin qonşularından elə bir üstünlüyü yoxdur, ona görə də dillərini daha üstün sayaraq diqqəti bunun üstündə cəmləyirlər. Lamaroyların öyündüyü bir şey də yoxdur, ona görə də məhz bu amildən yapışırlar. Yekəxana, ədalı bir təbəssümlə deyirlər: "Bizim dilimiz dünyada ən çətin dildir". Lamaroylar hamısı bu fikirlə razıdır. Hər biri bu şərəfi özünə aid edir və sakitcə deyir: "Əgər mən dünyada ən çətin dildə danışa biliramsə, bu, mənim üstün ağlıma dəlalət edir və demək, mən böyük işlərə qabiləm". İnquşlar, avarlar, çeçenlər və abxazlar bu mənada çox ədalıdırlar və onlar haradasa haqlıdırlar – onların dilləri dünyada ən çətin dildir. Məsələn, avar dilinin normal bir əlifba yaratmaq üçün hərfləri yoxdur. Avar sözləri dilin müxtəlif vəziyyətlərdə taqqıltı-çıqqıltısıdır, ya da sanki butulkadan tökülən suyun qül-qülünü xatırladan xüsusi səslərdir. Ən çətini isə tabasar dilidir, həm də o qədər çətindir ki, tabasarlar özləri onu çətinliklə öyrənir. Bu gün burada yaşayanlar təsdiq edirlər ki, onların dili çox məhdud dairədə öyrənilir. Tabasar dilində yaxşı danışan sonuncu adam əlli il əvvəl vəfat etmişdir. Onlar daha çox qonşusunun dilini danışırlar, öz dillərində danışmaq lazım olduqda çox fikirləşir və müəyyən pauzalarla danışırlar, çünki qrammatik cəhətdən düzgün olan ifadəni tələffüz etmək çətin olur.

Bacarıqlı filoloqların böyük çətinliklə bu dillər üçün yığıb quraşdırdığı qrammatikadan daha çətin bir şey yoxdur. Bu dillər üçün əlifba yaratmaq olmur. Xari-ci filoloqlar bu dillər üçün filoloji əlifba düzəldiblər, amma praktikada bu fayda vermir. İnquşlar özləri də dillərinə əlifba yaratmaq üçün illərlə çalışıblar. Amma hələ ki, xeyri yoxdur. Bir müddət əvvəl latın əlifbası ilə birinci inquş qəzeti çap olundu. Hətta ən savadlı inquş da onu oxuya bilmədi. Çünki orfoqrafiya üçün heç bir qayda, yaxud nümunə yoxdur, hər müəllif daha yaxşı hesab etdiyi tərzdə və yalnız özünə məlum olan qrammatik qayda ilə yazır. Hətta çərkəzlər də öz dilinə əlifba tapmırlar. Elə buna görə də dəhşətli bir görkəm alaraq deyirlər: "Bizim dilimiz çox alicənab bir dildir, onu işarələrlə buxovlamaq olmaz". Amma bu dillərin heç biri – nə inquş, nə tabasar, nə də avar dili Qara dəniz sahilində yaşayan, sayları heç də az olmayan, ağıllı və dərrakəli abxaz xalqının dili qədər çətin deyil.

Keçən əsrdə həyatını Qafqaz dillərinin öyrənilmə-sinə həsr etmiş məşhur alman filoloqu baron Uslar[1] bu dili də tədqiq etmək istəyib. O, Abxaziyaya gedib, iki il orada yaşayıb, sonralar yazıb ki, filoloq olsa da, nəinki abxaz dilini öyrənə bilməyib, heç başa da düş-məyib ki, bu abxazlar bir-birini necə başa düşürlər.

Ayrı-ayrı səslər kifayət qədər normal olsa da, abxaz sözlərini tələffüz etmək mümkün deyil. Nisbətən sadə olan "dua etmək" sözü dəqiq abxaz transkripsiyasın-

---

[1] Müəllif səhv edir, Pyotr Karloviç Uslar – rus hərbi mühəndisi, general-mayor, linqvist və etnoqraf, XIX əsrin görkəmli qafqaz-şünaslarından biri. Babası Karl Uslar alman idi. P.K.Uslar Qafqaz korpusunda xidmət edərkən Şuşada general K.K.Krabbenin qızına evlənmişdi – tərc.

da belə səslənir – "stshisdydsvfeit", "uzanmaq" sözü – "amtzsgfyeit", "gizlətmək" sözü – "itchilsimtsakhty" kimi. Çətin dil yarışında dəfnə çələngi, şübhəsiz, abxazlara çatır. Amma bu fikir lamaroylarla söhbətdə açıq bildirilməməlidir, çünki bu, keşiyində durduqları milli şərəf hissini yaralayan təhqir kimi qəbul oluna bilər.

Milli, yaxud şəxsi fəxarət hissinin təhqir edilməsi və alçaldılması doğurduğu nəticələrlə birlikdə lamaroyları bir-biri ilə münasibətlərdə mümkün ehtiyat tədbirləri görməyə vadar edir. Hər biri başqaları ilə münasibətində həddən artıq ehtiyatlıdır, zərrə qədər ikibaşlı danışmaqdan qaçır və ən xırda məsələlərdə belə görünməmiş nəzakət nümayiş etdirir. Hətta dağlara yolu düşən avropalılar da vəhşi lamaroyların bu qədər ədəb və nəzakət göstərməsinə heyrət edirlər. Bu cür nəzakət və kimsəni təhqir etmək qorxusu bir çox yerlərdə qəribə adət yaradır. Əgər kasıb bir lamaroy cibində pulu yoxdursa və qonşu kəndə gedirsə, üstəlik nə mal-qarası, nə də ev-eşiyi yoxdursa, o, həmin kəndin sakinləri arasında dilənçilik edə bilməz. Dilənçilik dərhal təhqir doğurur və buna görə də azad lamaroyları alçaldır. Odur ki, müqəddəs adətin izni ilə həmin adamın kəndin sakinlərindən yeddi il ərzində oğurluq etməyə haqqı var, bunun cəzası da yoxdur. Onun oğurlaya bildiyi hər şey ona məxsusdur və gələcək yaşayışı üçün sərf edə bilər. Yeddi ildən sonra, bir qayda olaraq, kəndə təzə gələnlər o biri kənd sakinləri kimi onu da qarət edə bilərlər və bunun da cəzası yoxdur. Yeddi ildən sonra əgər həmin adam öz sevimli adətini tərgidə bilmir və yenə oğurluq edirsə, onda ona cəza düşür.

İcazə verilən oğurluq lamaroyların haradasa adamda qrotesk doğuran mərhəmət və davranış nümunələrindən biridir. Məsələn, əgər bir lamaroy çöldə-bayırda bir çanta dolu quş ovlayıbsa və ondan az quş ovlamış, yaxud heç ovlamaq niyyəti olmayan başqa bir lamaroya rast gəlirsə, onda bəxti gətirmiş lamaroy tanıdı-tanımadı, dərhal ovunun yarısını o birisinə verməlidir, əks halda bu, ikinci lamaroyun xətrinə dəyər, o inciyər, özünü əskik hiss edər. Nəzakətin ecazkar qüvvəsi birlik, birgəlik mənasında daha uzağa gedir. Əgər bir lamaroyun heyvanı ölsə, adətə görə, qonşular bu itkinin yerini doldurmalıdırlar. Hətta yanğın, ya da təbii fəlakət birisinin təsərrüfatına ziyan vurduğu halda sakinlər yığışıb qonşuya kömək etməli, öz zəhmətləri ilə ziyanın nəticələrini mümkün qədər tez aradan qaldırmalıdırlar.

Görünür, elə buna görə ən geridə qalmış lamaroy da hərtərəfli götürəndə, abrek andına və qəzəbdən dəli olmasına baxmayaraq, heç də tamamilə barbar irqinə mənsub deyil. Dağlarda tamamilə vəhşi tayfalar yoxdur, yalnız Okoçoki adlı yarım-mifik bir tayfa var ki, onların da əsas dağ silsiləsi ilə Svanetia arasında, Qafqazın cənub-qərbindəki cəngəlliklərdə məskunlaşdığı güman edilir. Onların mövcud olması özlüyündə mübahisə və fərziyyə mövzusudur. "Okoçoki" sadəcə Minqreliya sözüdür, "vəhşi adamlar" deməkdir. Deyilənə görə, vəhşi meşə adamları paltar, silah və ya ev əşyalarını tanımırlar, dil artikulyasiyasından heç anlayışları yoxdur. Vardırlar, ya yox, amma qonşu abxazlar və svanetilər bu çılpaq vəhşiləri dəhşətlə təsvir edir, onları insanın və iblisin törəmələri hesab edirlər.

Hətta Okoçoki torpağından kənarda da, dağlarda elə yerlər var ki, oraya nə yerli sakinlərin, nə də avropalıların ayağı dəyib. Tədqiqatçını burada nələr gözləyir, indi yalnız ehtimal etmək olar. Ola bilsin, burada tamamilə naməlum qəbilələr yaşayır, yaxud məhv olmuş mədəniyyətin xarabalıqları var, ya da onu kəşf edənə çatacaq gözlənilməz sərvət gizlənir burada. Qafqazlılar buna elə də maraq göstərmirlər, dağların sirrini açmağa heç bir addım atmırlar. Bu naməlum ölkədə avropalılar da nəsə bir iş görməyə cürət etmirlər. Hər halda haqqında bəhs edilmiş, amma xevsurlar, pşavlar, abxazlar, tabasarlar və başqa dağ xalqlarının hələ axıra qədər öyrənilməmiş problemləri ilə hazırda kifayət qədər tədqiqatçı və alim məşğul olsa da, bu haqda əlavə bilgi və macəra axtarışları hazırda təzə bir şey vəd etmir. Bu naməlum yerlər haqqında yetkin informasiyalar gələcəyin işidir.

18.

ŞAİRLƏR KƏNDİ

Bir dağ aulunda pul-para qazanıb güzəran keçirmək çox çətindir və kəndlidən olmazın zəhmət tələb edir. Onlar dağ yamaclarından torpaq-kəsək parçalarını torbalarda daşıyır, çılpaq qayaların başında qarğıdalı becərmək üçün bir parça əkin yeri düzəldirlər. Bu kiçik torpaq parçalarına dəfinə kimi baxır, qulluq edirlər. Dağların imkan verdiyi yerlərdə düzəldilən əkin yerləri çox dar və kiçikdir. Deyirlər ki, dağ aulundan olan kəndli kiçik torpaq parçasını öz iri Qafqaz yapıncısı ilə örtə bilər. İndi söyləyəcəyim əhvalat da məhz bu haqdadır.

Kəndli zəmiyə gəldi, adəti üzrə yapıncısını soyundu ki, işə başlamazdan qabaq dua-səna etsin. Yüngül meh əsirdi, kəndlinin yapıncısı açılıb hər tərəfə sərilmişdi. İbadətini bitirən kəndli ətrafına nə qədər baxdısa, zəmisini görmədi. Bu nədir? – Zəmisi yox olmuşdu. Onu küləkmi, yoxsa şeytan aparmışdı? Kəndli xeyli axtardı, bir parça torpağını tapmadı. Şübhə yoxdu, yəqin ki, möcüzə baş vermişdi. Kəndlini dəhşət bürüdü. Bəlkə kəndə qaçıb hay salsın, kömək istəsin. Odur ki, əl atıb yapıncısını götürmək istədi. Amma, dayan, bəs bu nədir? İşə bax ki, onun zəmisi yapıncısının altında imiş. Kəndlinin ürəyi yerinə gəldi.

Bəs bu adamlar ruzilərini haradan alırlar? Mal-qara kəndlinin bütün ehtiyaclarını ödəməz. Deməli,

mal-qaradan hasilə gəlməyən nə varsa, oğurluq, ça-
povulçuluqla əldə edilməlidir. Qafqazlının təsərrü-
fat işlərindən savayı, başqa işlərdən zəhləsi gedir.
Ümumi rəy belədir ki, o olsa-olsa dəmirçi, ya da daha
yaxşısı, tüfəngsaz, silahqayıran ola bilər. Ümumiyyət-
lə, dəmirçilik sənəti qafqazlı üçün müqəddəsdir, bir
çox məşhur adamların məhz dəmirçi olduğu deyilir.
Qafqazlı birisini şərəfləndirmək üçün belə deyir: "Sən
lap dəmirçisən ki!"

Ən müqəddəs and dəmirçi zindanına içilən and-
dır, ruhların mistik cadu-ovsunları da burada baş ve-
rir. Amma bütün qafqazlılar dəmirçi ola bilmir. Odur
ki, əkməyə bir parça torpağı və mal-qarası olmayan
kənddə məcburən xüsusi əmək fəaliyyəti ilə – ya
sərraclıqla, ya da papaqçılıqla məşğul olurlar. Və bu
sənət həmin kəndin monopoliyası sayılır. Onlar ilin
doqquz ayını eldən-elə, kənddən-kəndə gəzir, malla-
rını satırlar, qalan üç ayda yenə öz işlərinə qayıdırlar.
Bəzən bir kənd nəsil-nəsil eyni bir sənətlə kifayətlə-
nib, həmin sənət burada çox nəfis şəkildə və mükəm-
məl intişar tapıb.

Belə diqqət çəkən kəndlərdən biri Zaqafqaziyada,
Zəngəzurdadır. Bu, məşhur erməni kəndi Xudsorek-
dir. Buranın sakinlərinin yeganə, həm də şən və ölməz
bir sənətləri var: onların hamısı şairdir. Lap erkən yaş-
lardan onlar bu sənəti öyrənir, sonra Şərq poeziyası-
nın dili olan fars dilini və şeir yazmağın mürəkkəb
qaydalarını öyrənirlər. Bütün qışı kənddə oturub şeir
yazırlar. Yaz gəlincə saz götürüb uzaq yerlərə – Dağıs-
tana, Azərbaycana, Gürcüstana gedirlər, çünki orada

qanadlı misraları sevir, hörmət göstərirlər. Qafqazda onları harada sevmirlər ki?!

Bu şairlərə Dağıstandakı kimi "aşıq" deyirlər, bu isə təkcə "şair" demək deyil, həm də "aşiq" deməkdir. Şərq düşüncəsinə görə, sevən həm də şair olmalıdır, əsl şair kimi tanınmalı, yazmalı, arzulamalı və əlçatmaz bir eşq üçün həsrət çəkməlidir. Şərqdə sevgi odla, atəşlə müqayisə olunur. Bir Qafqaz əfsanəsinə görə, bir şair-aşıq elə gerçək bir məhəbbətlə sevmiş ki, aşiq də, sevgilisi də, xanımanı da bu atəşdə yanıb kül olub. Amma Xudsorek kəndindən olan şairlər odda yanmırlar. Onlar kənddən-kəndə gedir, yazdıqlarını oxuyur, ifa edir və şahzadələrə layiq nəmər-ərməğan alırlar. Amma onların da narahatlığı var. Aşıq üçün "sənətkar" sözü o qədər də şərəfli deyil. Ona görə də onların hər biri çalışır ki, "sənətkar" səviyyəsindən yüksəyə qalxsın – ilhamı Allahdan gəlsin, yəni əsl aşıq olsun. Çünki aşıqlar iki cür olur: yalançı və əsl aşıqlar. Saxta, yalançı aşığın sənətini öyrənmək olar, əsl, həqiqi aşığın sənətini yox, heç vaxt. Həqiqi aşıq Şərqdə hər yanda toxunulmazdır, o hər bir hökmdara istədiyi həcvi deyə bilər, onun cəzası yoxdur. Hətta qadınların yanında ədəbsiz sayılan mahnılar oxuyub istədiyi mükafatı tələb edə bilər. Yalançı aşıq çalıb-oxumağı öz kəndi Xudsorekdə öyrənir, həqiqi aşığın müəllimə ehtiyacı yoxdur, ona görə də onun heç hökmən Xudsorekdən olması da vacib deyil. Əsl aşıqlara əhalinin bütün təbəqələri arasında rast gəlinir. Hətta yüksək çinli knyazlar aşıq olub diyar-diyar gəzməkdən utanmırlar.

Amma bəs insan necə həqiqi aşıq olur? Əgər o, həqiqi aşıq kimi doğulmursa, bircə yol qalır: o şairlərin hamısı İlyas peyğəmbəri köməyə çağırmalıdır ki, qoy möcüzə baş versin, İlyas peyğəmbər onu diləyinə çatdırsın – onu həqiqi aşıq məqamına yetirsin. Amma İlyas peyğəmbər yalnız bir dəfə möcüzə göstərir, o da bir saatlığa, ilin müəyyən bir gecəsində. O gecə Ramazan ayının Qədr gecəsidir. Ramazan ayının otuz gecəsi var, heç kim bilmir ki, Qədr gecəsi hansıdır *(İslam peyğəmbəri və imamlardan gələn rəvayətlərə görə, Qədr gecəsi Ramazan ayının 19, 21 və 23-cü gecələrindən biridir. Bu gecələr dilimizə "Əhya gecələri" kimi daxil olmuşdur – tərc).*

Həmin gecə təbiət bir saatlığa yuxuya gedir. İrmaqlar axmaz olur, şər ruhlar həmin vaxt dəfinələri torpağın altında gizlətmirlər, həmin saatda doğulan oğlan uşaqları hökmdar və müdrik adamlar olur. Əgər şair öz hamisi İlyas peyğəmbəri həmin saatda çağırsa, o gəlib ona bir parç su verib deyir: "Bu saatdan sonra sən həqiqi aşıqsan və mənim barmaqlarım arasından baxsan, dünyada bütün baş verənləri görəcəksən". Amma, dediyim kimi, Qədr gecəsini müəyyən etmək çətindir və bilinmir ki, İlyas Peyğəmbər həmin gecə hansı saatda şairin diləyini yerinə yetirəcək. Bəli, adam belə metamorfozları *(bir şəkildən başqa şəklə keçmə, bir haldan başqa hala keçmə – tərc.)* tez-tez eşitmir.

Amma hətta yalançı aşıq da öz taleyindən şikayət edə bilməz. Camaat ona da qulaq asır, daha yüksək məqamlı varlıq kimi hörmət edir, onun sözlərinə daha çox inanır, nəinki knyazın, ruhaninin, ya da bir məmurun.

Kimsə Qafqazın kəndlərində nəsə bir iş görmək istəyirsə, aşıqlardan xeyir-dua almalıdır, həm də həqiqi aşıqlardan. Əslində bu heç də asan məsələ deyil. Çünki aşıqlarda maniya var – böyüklük xəstəliyinə mübtəladırlar və əhvalından asılı olaraq adi adamlara, öz həmkarlarına belə xor baxır, inad göstərir və təkəbbürlə yanaşırlar.

İki aşıq bir yerdə üz-üzə gələndə, yarışmasız, deyişməsiz keçinə bilmirlər. Sakinlər kənd meydanına toplaşır, dövrə dururlar, ortada iki aşıq bir-birinə hərbə-zorba gəlir, növbə ilə bir-birini cırnadır, asıb-kəsirlər. Əvvəlcə biri o birisinin geyim-kecimini ələ salır, sonra onun davranışına, sözünə, ilhamına rişxənd edir. Son zərbəni onun ürəyinə vurur – elə ki başa düşür rəqibi "inamsız, əqidəsiz"dir, yalnız pul xatirinə deyişir.

Nəhayət, ağıl-kamal hərbə-zorbası, atmaca döyüşü bitir, bax onda əsl Homer bahadırlarının döyüşməsi, deyişməsi başlanır. Camaatın arasından kimsə bir mövzu deyir, aşıqlardan biri qoşub-düzdüyünü oxuyur, arada qəfildən dayanır, çatışmayan qafiyəni onun rəqibi tapmalı, yarımçıq saxladığı qoşmanı davam etdirməlidir. İki-üç fasilədən sonra mahnı sona çatır və sual-cavab deyişməsi başlanır. Aşıqlar bir-birinə bağlama deyir, bir aşıq şeirlə sual verir, o biri eyni vəzndə, eyni qafiyə üstə cavab verməlidir. Nəhayət, aşıqlar müəyyən bir mövzuda improvizasiyalı bir səhnə-dialoq yarışmasını yerinə yetirirlər. Qalib gələn rəqibin sazını əlindən alır. Mükafat kimi.

Amma iki aşıq sadəcə sənət rəqibi deyillərsə, üstəlik həm də şəxsi müstəvidə bir-birinə nifrət edirlərsə, onda bu zərərsiz deyişmə çox ciddi nəticələr doğura bilər. Daha az istedadlının sazı əlindən alınır və ya nüfuzuna ziyan dəyir. Bu hələ bir yana qalsın, onun başı da qeylü-qalda olur. Dinc poetik yarış-deyişmə ölüm-dirim məsələsinə çevrilir. Rəqibini məhv etmək üçün aşığın sözdən başqa heç nəyi yoxdur. Onun rəqibi əgər aşıqdırsa, onu öldürə bilməz, deyərlər ki, istedadından qorxdu. İki rəqib camaat içində döş-döşə gəlib şeirlə-sözlə deyişirlər. Tərəfsiz münsif qabiliyyətində müdrik adamlar gərəkdir, müəyyən etsin ki, o iki nəfərdən hansı daha istedadlı, bacarıqlıdır, yaşamağa kimin daha çox haqqı var, qadın nazına, qadın diqqətinə kim daha çox layiqdir. Belə vaxtda birinin zəif elan olunması onunçün ölüm hökmünə bərabərdir. Qalibə cəlladın baltasını verirlər və o, münsiflərin hüzurunda uduzanın başını kəsməlidir. Belə duel-deyişmələr indi baş vermir. Deyirlər ki, şairlər indi çox yumşaq və iltifatlıdırlar. Onlar heç nifrət edə bilmirlər, həm də öz istedadına, ilhamına o qədər də inanmırlar, həyat və talelərinin şeirdən, poeziyadan asılı olmasını istəmirlər.

Keçmiş vaxtlarda poetik duel çox geniş yayılmışdı. Bu gün də şairlər kəndi olan Xudsorekdə poetik şərəf uğrunda həyatlarını itirən qədim şairlərin cəsarəti haqqında nəğmələr oxuyurlar. Şübhə yoxdur, bu şeirləşmə yarışı ki, mənim bildiyimə görə, dünyanın heç bir yerində yoxdur – haçansa yazılacaq hər hansı bir ədəbiyyat tarixinin ən gözəl fəsillərindən biri olacaq. Həyatın təhlükədə olduğu poetik yarış şairdən bütün varlığını, bütün yaradıcı potensialını, bütün fantaziyasını və şəxsi magiya istəyir.

Xudsorekdən başqa Qafqazda iki şairlər kəndi də var: Daşkənd və Əliqulukənd. Keçmişdə bu üç kəndin sakinlərinin xüsusi imtiyazları vardı. Onları hərbi xidmətə çağırmırdılar, onlar adi vergilərin də yarısını verirdilər. Qafqazda şairlər böyük nüfuza malik idi. Hətta indi də şairlər burada azad gəzib-dolanmağı sevirlər, qışda işləyir, yayda el-obanı gəzib, mahnı oxuyur, nəmər-ərməğan alırlar, gözləyirlər ki, Qədr gecəsində İlyas peyğəmbər gəlsin, onları həqiqi aşıq məqamına qaldırsın.

İndi haqqında danışmaq istədiyim aşığa, şübhəsiz, Allah vergi vermişdi. Bu kiçik əhvalatın o şairlər kəndinə dəxli yoxdur, amma yerinə düşdü, ona görə də üstündən keçmirəm.

Əhvalat səksən il əvvəl Qafqazın lap göbəyində, indiki Dağıstan Respublikasının bir rayonunda baş verib. O vaxtlar ruslar dağlı qəbilələrlə hələ ağır döyüşlər aparırdılar. Dağlılara İmam Şamil başçılıq edirdi, o, çara qarşı müqəddəs müharibə – cihad elan etmişdi. Xəzər dənizi tərəfə dağların başlandığı yerdə ruslar Qroznı (indi geniş neft mədənləri var) qalasını tikdilər. Buradan dağlara tez-tez cəza ekspedisiyaları göndərilirdi. Qalada həyat cansıxıcı, darıxdırıcı idi, cavan rus zabitləri bezirdilər, bəzi romantik ruhlular isə ciddi qadağan olsa da, dağlara qalxmaqdan özlərini saxlaya bilmirdi. Amma Qafqaz savaşçıları – müridlər qayalarda pusquda durub kiminsə buralara qalxmasını gözləyir, sonra zabiti tutur, dağ kəndlərində amansızcasına öldürürdülər. O vaxt müstəmləkə müharibəsi tüğyan edirdi.

Bir dəfə Qroznıya lap son vaxtlar gəlmiş gənc bir zabit ətraf dağlarda romantika görmək marağı ilə at minib qaladan çıxdı. Özbaşına qalanı tərk etmək yasaq olduğundan, o, gəzinti üçün məsuliyyəti özü daşımalı idi, yəni düşmən ərazisinə müşayiətsiz, tək getməli oldu. Bu, macəra idi, əvvəllər də belə olurdu, sonralar da mümkün idi, hər halda özünə qəsd deyildi. Amma gənc zabitin bəxti gətirmədi. Qroznıdan bir az aralanmışdı ki, elə birinci dağdan atəş açıldı, güllə lap zabitin qulağının yanından keçdi, həmin anda da çiyinlərinə kəndir atıldı. O, atdan yıxıldı, müridlər onu tutdu. Macəra heç yaxşı başlamadı.

Dağlarda rus zabitləri ilə yaxşı rəftar etmirdilər. Adətən, əgər onlar varlı ailədən deyildilərsə və buna görə də onları azad etmək üçün pul verə bilmirdilərsə, əvvəlcə onların gözlərini çıxarır, sonra burun və qulaqlarını kəsirdilər, sonra isə başları boyda şaqqalayırdılar. Bunlar bütün müstəmləkə müharibələrinin ənənələrinə uyğun idi. Gənc zabit də, təəssüf ki, yoxsullaşmış əyan ailəsindən imiş, üstəlik xristian imiş, ona görə də mərhəmət gözləyə bilməzdi.

Həmişə olduğu kimi, əsir rus zabitini Şamilin naibi Sadonun yanına gətirirlər. O, Qroznı yaxınlığında, qılınc və Quranla idarə edirdi. Naib Sado böyük azadlıqsevər Mənsurun nəslindən idi. Dindar, həm də hərbgu idi, alimliyi vardı, dağlarda çox müdrik adam kimi tanınırdı. Bütün həyatı boyu bircə rusa da yazığı gəlməmişdi. Böyük Şamil buna görə də onu çox bəyənirdi. Rus zabitini əsir götürmüş müridlər Naibin qarşısında diz çöküb ondan mükafat istədilər: iyirmi qızıl, ya da kafirin sağ qolunu.

Bu da müqəddəs ənənə idi, çünki qapıya mıxlanmış sağ qol bütün ailənin fəxri idi. Naib belə dini və mühüm adətlərə heç vaxt sayğısızlıq etmirdi, heç indi də bunu ondan gözləmək olmazdı. O, ayağa durdu, əvvəlcə təəccüblə, sonra çaşqın halda əsirə baxdı, qibləyə tərəf dönüb dua etdi, sonra da böyük İmamın qubernatoru kimi ləyaqətlə bunları dedi: "Cihad zamanı əsir götürən dindarları Allah mükafatlandırır. Amma mən bəyan edirəm ki, bu gün nə sağ əl kəsiləcək, nə də göz çıxarılacaq. Qarşımda duran adam çox dindardır və Allahın lütfü onun üstündədir. Mən, Naib Sado, Sultan Mənsurun nəvəsi, hiss edirəm ki, bu belə olacaq, bəyan edirəm ki, mənim sözlərim Qurana müvafiqdir. O kafiri isə götürüb geriyə, Qroznı qapılarına aparın, qollarını açın, mükafatı isə Allahdan gözləyin".

Dağların qanununa görə, Naib indi özünü cəzalandırmalı idi. Amma bu dəfə Mənsurun nəvəsinin hökmü-ixtiyarı bu qaydaya qalib gəldi. Naibin əmrinə əsasən, əsiri Qroznı qapılarında buraxdılar. O, öz polkuna getdi və dərhal daha sakit bir rayona dəyişildi. Bu macərası haqda heç kimə danışmadı. Çünki bu, öz nüfuzunu qiymətləndirən Naibin ondan yeganə tələbi idi və xahiş etmişdi ki, yerinə yetirsin. Cavan zabit də yoxluğunu yolların pis olması ilə izah etmişdi, guya ona görə də azmışdı. Hər halda gerçək ölümdən xilas olmuş bu adam ömrünün sonuna qədər mömin üsyançı Naib Sadoya verdiyi sözə sadiq qaldı.

O cavan zabitin adı Qraf Lev Tolstoy idi, bu əhvalatı isə bu yaxınlarda Konstantinopolda o uzaqgörən Naibin nəvəsi Nard danışıb. Amma o indiyə qədər yazıçının həyatını yazan ayıq-sayıq bioqraflardan qaça bilib, halbuki Sado ailəsində Tolstoyun neçə-neçə məktubu saxlanır və yəqin ki, bir vaxt onları axtarıb tapmaq rus tədqiqatçılarının işidir. Kim bilir, Tolstoyun qısa hekayələrində rus zabitlərinin əsirlik həyatı və dağlıların qonaqpərvərliyi necə təsvir olunub. Bu son zamanlaradək heç kimin ağlına gəlmirdi ki, bir rus zabiti bunların hər ikisini görüb, yaşayıb.

Tolstoy dağların cəzb etdiyi yeganə yazıçı deyildi. Rus və Avropa yazıçıları Qafqaza həmişə səfər edib, indi də gəlib-gedirlər, qafqazlıların bir avropalı səyyaha göstərməyə razı olduqları nə varsa, onlara göstərirlər, sonra da onlar öz kitablarında bu dağları tərifləyirlər. Onların çoxu bəlkə də az macəra görüb, amma, məsələn, Aleksandr Düma Qafqaza səyahəti zamanı belə macəralardan az görməyib. O, Parisdən birbaşa Şərqin Parisi olan Tiflisə gəlmişdi. Gəlib bu büsbütün Avropa şəhərinin mərkəzi küçəsində bir ev tutdu. Gürcü həmkarları onu Qərb yazıçısına layiq bir şəkildə qarşıladılar. Düma – gələn gündən onun əynində Qafqaz geyimi vardı, uzun xəncər, qılınc və revolver bağlamışdı – gürcü yazıçılarını həddən artıq çaxır içə bilməsi ilə yaman təəccübləndirmişdi.

Gəlişindən bir az sonra Düma Şərqin lap mərkəzinə getmək istədiyini dedi. O, qaçaq-quldur və hərəm görmək istəyirdi. Bunların ikisi də o vaxt Tiflisdə ola bilməzdi, ona görə də "ev sahibləri" lap xəcalət çəkirdilər. Pərt olmuşdular. Belə məşhur adama necə "yox" deyəsən? Dümanın fikrini yayındırmaq lazım idi. Onu operaya, bələdiyyə teatrına, sonra da bala apardılar, burada frak geymiş yerli knyazlar bu vəhşi "asiyalı"ya dəhşətlə baxırdılar (Düma üstündəki silah-əsləhə ilə onlara baxırdı), qadınlar isə bir-birindən soruşurdular ki, görəsən, o haradan gəlib, bəlkə çar öz protektoratına yeni bir bələdiyyə götürüb, bu barbarı da knyaz kimi Tiflisə göndərib.

Düma da narazı qalmışdı. Qorxmuş sifətlər, sürtük geyinmiş kişilər və baxışları sorğu-suallı gözəl qadınlar... Düma bunlardan Qərbin Parisində çox görmüşdü. Şərqin Parisində isə o nəsə təzə şeylər görmək arzusundaydı. Amma Dümanı dağlara, yaxud dağlıların yanına aparmaq imkan xaricində idi. Çünki onlar Qərb aşığı haqqında heç eşitmək belə istəmirdilər, üstəlik, ola bilsin ki, elə ilk fürsətdə yazığı soyar, əsir götürüb aparardılar. Onda hökumət çox çətin vəziyyətdə qalar, fransız yazıçısını xilas etmək üçün minlərlə rubl ödəməli olardı. Ya da dağlılar bu silahlı və pirat görkəmli şairi bir Avropa kralına hədiyyə edər, əvəzində ağlagəlməz bir məbləğ tələb edərdilər.

Amma qonaqpərvərlik qanunları gürcüləri vadar etdi ki, bir gün yazıçını Msxet qalasına dəvət etsinlər. Bu qala Tiflis yaxınlığında, Qafqazın, güman ki, ən sakit bir yerindədir. Ən azından yüz il olar ki, burada güllə səsi eşidilməyib. Amma hər halda qala çox zəhmli görünür. O, dağlarla, dağ çayları ilə əhatə olunmuşdur, banditlərin, soyğunçuların hücumu üçün əlverişlidir. Msxet şəhərində, qaladan bir az uzaqda yöndəmsiz bir əyləncə evi də var. Yazıçının gəlişindən bir az əvvəl onu yaxşıca təmizləmiş, xalça döşəmişdilər. Evin sakinlərinə ipək paltarlar geyindi-

rib yalançı daş-qaşla bəzəmişdilər. Ev bir Qafqaz kn-
yazının hərəminə oxşayırdı. Gecə Düma yaxşı dostla-
rı ilə aradan çıxıb "hərəm"ə getdi, burada o, hurilərin
əhatəsində əsl zövq yaşadı, yenə çoxlu şərab içdi və
"danse du ventre" *(Orta Şərqdə ehtiraslı omba və bel rəq-
si – tərc.)* oynadı (Gürcüstanda belə bir şey yox idi),
özü də lap peşəkar məharəti ilə.

Düma və dostları geri qayıdarkən çayın sahilində
on iki vəhşi adamla qarşılaşdılar. Onlar bir daxmadan
çıxdılar. Yazıçını dövrəyə alıb (o elə bildi ki, xədimlər
ona hücum edib) onun da, dostlarının da silahlarını
aldılar. Ölüm qaçılmaz idi. Düma içkidən ayıldı, cə-
sarət göstərdi. Onun axtardığı elə bu idi. Heç qorx-
madı da, amma öləcəkdisə, heç olmasa məğrurcasına
öləydi. Hər halda bu dəfə hər şey yaxşı qurtardı. Bəxt
böyük romançıdan üz döndərməmişdi. Ani sükutdan
sonra banditlər əsirlərinə yaxınlaşdılar, daha sərt səs-
lə dedilər: "Bu dəfə sizi buraxırıq. Ölmək istəmirsiniz-
sə, buralarda bir də görünməyin".

Silahı alınmış yazıçının bəxti gətirmişdi, o öz-ö-
zünü təbrik edirdi – quldurlar onun pul kisəsini tap-
mamışdılar. Bu məsləhətə qulaq asdı, bir də həmin
yerə ayaq basmadı. Ayaq bassaydı, gündüzün aydın
işığında görərdi ki, o gecə quldurların çıxdığı həmin
evin üstündə yazılıb: Msxet polis şöbəsi. O quldurlar
rus polisləri idi, onlara əmr olunmuşdu ki, bu işi təş-
kil etsinlər – fransızın arzusu idi bu.

Düma məmnun halda Parisə qayıtdı. Amma o,
Qafqazda bu tərzdə məmnun qalan birinci turist deyil.

19.

YƏHUDİLƏRİN İMPERİYASI

Xristdən sonra – VI əsrdə yaranmış naməlum Yəhudi imperiyasının meydana gəlməsi tarixini araşdırmaq bir az çətindir. Amma bir şey dəqiqdir – Volqaboyu çöllərdən Xəzər dənizi sahillərinədək uzanan bir ərazidə vaxtilə bir yəhudi imperatoru hökmranlıq edib və o, Xaqan titulu daşıyıb. Bu Xaqan iki yüz il ərzində Şərqdə ən qüdrətli adam olub. Hər şey ona tabe idi, hətta xristian kralları da ona ehtiram göstərib. O, sinaqoq və ravvin məktəbləri tikib, bütpərəstlərlə vuruşub, ellinləri görməyə gözü yoxdur. Amma nə o özü, nə əyan-əşrəfi, nə də əhalisi yəhudi kökənli deyildi. Onlar özlərinə xəzərlər deyirdilər və Monqolustan, Sibir və Şərqi Türküstan çöllərində uzun əsrlər məskunlaşmış böyük bir xalqın nəsilləri idi.

Bir neçə əsr ərzində doğma çölləri tez-tez tərk edib qarşısıalınmaz bir axınla Qərb xalqlarına qarışan bütün qəbilələr, demək olar ki, Ural-Altay xalqları adlanan bu qəbilələrə daxildir. Atilla və onun hunları, Çingiz Xanın ordası, türk və tatar istilaları – bütün bunlar Orta Asiya çöllərindən başlayır. Həmin çöllərin yəhudiləri olan xəzərlər də o qəbilələrə daxil idi. Onların damarlarında bir damla da semit qanı yox idi və ona görə də dünya tarixində yeganə xalqdır ki, yəhudilər onları öz dinlərinə dəyişə bilib.

Həmin Yəhudi imperiyası, onun yaranması və süqutu tarixi çox az məlumdur. Bu, daha çox qəsb-qarət instinkti ilə hərəkət edən, bir neçə əsr ərzində parlaq şöhrəti ildırım sürəti ilə yayılan, amma üfüqdə yeni bir fatehin görünməsi ilə sürətlə də yox olub, heç bir iz qoymayan tipik köçəri imperiya idi.

Şərq saysız-hesabsız belə imperiyalar tanıyır. Bu cür cahangir imperiyaların son işartısını da yox etməyə əsrin bir neçə ili kifayət edir. Köçərilər az-az hallarda daş saraylar tikir, çadırlarda yaşayır və sonrakı nəsilləri ilə asanlıqla tapışıb qovuşur, onlardan az fərqlənirlər. Amma Xəzərlərdə bu məsələ ayrı cürdür: onlar çölçü danışıqlarını, eləcə də öz köçəri əsillərini qoruyub saxlamışlar. Şəhər salmağı, bazarlar açmağı, ticarət etməyi və karvan yolları ilə qitələri birləşdirməyi missionerlərdən, ravvin və tacirlərdən öyrəniblər. Qədim əfsanə və ənənələrə görə, yəhudi dinini qəbul etmiş bu adamların Volqa və Xəzər sahillərindəki paytaxtlarında nadir və çiçəklənən bir mədəniyyətləri olmuşdur.

Xaqan, yaxud imperator Şərqdə mümkün olan bütün şöhrət və təmtəraq vasitələri ilə özünü əhatə edirdi. Dəbdəbəli saray aşiqi olan imperatorları görüb vəcdə gələn yəhudi ravvinləri onları əhdi-ətiq dövrünün çarları ilə müqayisə edirdi. Həmişə yaz gələndə onlar Müqəddəs Torpağı[1] azad etmək üçün yürüşə çıxardılar. Amma bu, heç də dini məqsəd daşımırdı, çünki həmin yəhudi sərkərdə və generalları, bütün sələf-xələfləri də daxil olmaqla, qonşu torpaqları qarət edir, xərac yığır, uğurlu hərbi yürüşlərdən sonra öz köçəri alaçıqlarında və ya ticarət şəhərlərinin saraylarında mömin və dinc bir həyata qayıdırdılar.

---

[1] Yəhudi dinində İsrail torpağına verilən addır. Bu ifadə ənənəvi olaraq Fələstinə də aid edilir – tərc.

Xəzərlərin yəhudi dininə necə gəlməsi bir sirdir, çünki bütün türklər kimi onlar da əvvəldən şaman olublar. Ola bilsin ki, onlar yəhudi müstəmləkəçiləri ilə hərbi yürüşləri zamanı Qafqazda, ya da Zaqafqaziyada qarşılaşıblar, sonra da elə öz soylarından olan səlcuq türkləri İslamı qəbul etdiyi kimi, onlar da heç nəyə fikir vermədən bu dini qəbul ediblər. Yeni dini təzəcə qəbul edənlərə xas şəkildə fəal səy göstərməklə onlar həm də bu dini yaymağa borclu olduqlarını hiss edirdilər və çox keçmədən Qafqaz dağlarında bir çox xalqlar xəzərlərin yəhudi dinini qəbul etdilər. Sonralar xəzərlər hələ o dövrdə xristian olmayan ruslarla əlaqəyə girdilər və ehtimal etmək olar ki, Böyük Rus knyazı və onun təbəələri, beləliklə, həmişəlik yəhudi dininə keçə bilərdilər. Şübhəsiz, bu haqda danışıqlar gedib. Əgər Xaqan Rusiyanın şimal-qərbindəki bu vəhşi bütpərəstlərə daha çox diqqət versəydi, onları dinə gətirmək onun üçün asan olardı, Rusiya isə heç vaxt talan-qırğın bilməzdi. Amma o vaxt Xaqanın daha mühüm işləri vardı: o, gürcü çarının gözəl qızını almaq istəyirdi. Çar qızını bu yəhudi-müsəlman imperatoruna verməyəndə Xaqan Gürcüstana hücum etdi, bu ölkəni darmadağın edib, bir neçə qəbiləyə öz dinini qəbul etdirdi, sonra da özünün əfsanəvi İtil şəhərinə qayıtdı.

Amma Yəhudi-Xəzər hökmranlığı çox davam gətirə bilməzdi. Cənubdan ərəblər gəldi və Qafqazı istila etdilər. Onların ardınca şərqdən Çingizxanın orduları yetişdi və xəzərlərin dünya ağalığı tarixində sonuncu qəbilələrini də tar-mar etdi. Onlar hansı xalqa mənsub

olduqlarını bilirdilər, amma öz yəhudi dinlərini unu-
dub tezliklə bütpərəstliyə yuvarlandılar. Çingizxa-
nın yürüşlərində iştirak edib, Türküstanı, İranı, Çini,
Əfqanıstanı, Rusiya və Macarıstanı işğal etdilər, sonra
isə yenə də müsəlman kimi şimal-qərbi Qafqazın çöl-
lərinə döndülər. İndi burada onlardan iki xalq – ku-
mıklar və Noqay tatarları yaşayır.

Yəhudilərin hamısı İslamı qəbul etmədi, yalnız
türk xəzərləri və yəhudiliyi son zamanlar qəbul etmiş
Qafqaz xalqları arasında İslam nisbətən sürətlə yayıl-
dı. Xəzərlər arasında az sayda olan semit yəhudiləri
öz dinlərinə sadiq qaldılar. Onlar Qafqaz dağlarına
– məğlublar üçün cənnət olan o yerlərə çəkildilər,
qeyri-adi və kobud bir şəraitdə tədricən vəhşiləşdilər.
Amma onlar bu günə kimi əsl yəhudi kimi qalıblar və
məlum olduğu kimi, Qafqaza gələn bütün səyyahlar
onları Dağ Yəhudiləri (Dağ cuhudları) kimi tanıyır.

Yəhudi İmperiyasının yadigarları təkcə kumıklar,
Noqay tatarları və dağ yəhudiləri deyil. İstisnasız ola-
raq bütün Qafqaz xalqlarına yəhudilərdən bəzi miras-
lar çatıb: ibadətlərində işlətdikləri Əhdi-ətiq sözləri,
bəzi adətlər, məsələn, levirat evlənmə. Hər halda yə-
hudilərin sifət tipi Qafqaz xalqları arasında aydın se-
çilir və çox yayılıb, həm də əsl yəhudilər arasında rast
gəlinən cizgilərdən daha aydın və daha nəcib. Vəhşi,
kobud savaşçılar, quldur və banditlər müvafiq geyim-
də Qalisiya ravvinlərindən və ya fəhlələrindən çətin
seçilərdilər. Bir çox Qafqaz xalqları öz yəhudi mənşə-
yini fəxrlə anır və bu bəlli xüsusiyyətdən şərəf duyur-
lar. Doğrudur ki, ümumiyyətlə, təkcə sifət cizgilərinə

əsaslanıb qan qohumluğuna qərar vermək olar, təkcə bu cəhət kifayətdir, çünki bütün digər tarixi dəlillər bunun üçün yetərli deyil.

Gürcülərin lap bu son dövrlərə qədər müstəqil feodal dövləti olan Quriya sülaləsi bu iddianın təsdiqi üçün möhkəm zəmin yaradır. O da doğrudur ki, gürcülər arasında yəhudilərə ən az oxşayan quriyalılardır, amma "Uria" gürcü dilində "yəhudi" deməkdir və "Quriya"nı xatırladır. Bu, quriyalıların mənşəcə yəhudi olması nəzəriyyəsi tərəfdarlarının əlində tutarlı dəlildir.

Əlbəttə, bu xalqların əsl yəhudilərlə – Uriya, yaxud Dağ cuhudları ilə bağlılığı azdır. Dağ yəhudiləri ayrıca bir Qafqaz xalqıdır və həyat tərzi etibarilə bütün Qafqaz xalqları kimidir, amma buradakı xalqlardan hər halda fərqlənir və çox olmasa da yalnız özlərinə məxsus bəzi adətləri var. Onlar özlərinin dominion (hakim) Xəzər şöhrətini çoxdan yaddan çıxarıb, indi ibtidai insanlar kimi yaşayırlar, savadsızlar üstünlük təşkil edir, inanmaq da istəmirlər ki, nə vaxtsa onlar düzən yerlərdə yaşayıb və türk köçəriləri ilə birlikdə imperiya yaradıblar.

Bu cuhudların kəndlərinə gələnlər onların yaşayış tərzinin ətrafdakı insanlardan fərqləndiyini əvvəlcə heç hiss etmirlər. Evləri və geyimləri digər Qafqaz kəndlərindəkindən tamam fərqlənmir, hətta ibadət etdikləri Allah evləri eynilə dağlardakı məscidlərə oxşayır. Amma elə ki evlərinə girdin, ailənin başçısı (ata) adəti üzrə sizə baş endirib qarşıladı, bəzi fərqləri görmək olur. Ailə başçısının arvadı əlində bir ləyən su qonağa təzim edir, onun ayaqqabılarını çıxarır. Sonra Əhdi-ətiq adətlərinə görə qonağın ayaqlarını yuyur və əgər qonaq çox adlı-sanlı biridirsə, arvad onun ayaqlarını öz saçları ilə qurudur. Bu, Müqəddəs Torpaqda onların əcdadlarının adəti idi, onların Qafqaz dağlarındakı indiki nəsilləri də bu adəti yaşadırlar.

Evdə hər şey Əhdi-ətiq adətləri ilə idarə olunur. Dağ yəhudiləri başqa qanun tanımır. Onlar bir həftə qılınc və xəncər bağlayır, yalnız şabat *(şənbə – tərc.)* günü açırlar. Başqa qafqazlılar kimi onlar da lazım olandan bir az artıq torpaq əkirlər, o qədər artıq ki, oğrulara və sədəqə istəməyən dilənçilərə pay versinlər.

Dağ yəhudilərinin hər kənddə balaca bir məktəbi var. Ravvin həm müəllim, həm də keşişdir. Amma onların da biliyə bir elə meyli yoxdur, çünki hətta kənd ravvini də qanunları bilmir və qanun, adətlər, ya da tarixdən bir şey soruşanda deyir: "Ma amgaares" (Mən savadsız adamam). Sonra da qısaca əlavə edir: "Baş xaxamdan soruşun", yəni Dərbənddə baş ravvindən.

Xaxambaşı (baş xaxam) Dərbənddə oturur, Dağ yəhudilərinin yeganə başçısı, bütün həyat məsələlərində onların son ümidgahı, Qafqazda ruhani ataların bütün qanunlarını tam bilən və şərh edən yeganə adamdır. Xaxambaşı vəfat edərsə bütün yəhudilər matəm tutur, yeni xaxambaşı tapmaq üçün pul yığıb Yerusəlimə, ya da Konstantinopola nümayəndə göndərirlər. Bu yəhudilərin danışdığı dil fars dilinin bir dialektidir. Azərbaycan, Buxara və İran yəhudiləri də bu dialektdə danışır. Amma adları Əhdi-ətiq adları kimi o qədər qədim və çətindir ki, avropalı yəhudilər tələffüz edə bilmirlər. Ən çox yayılmış kişi adları bunlardır: Naxşon, Ufç, Banoiou, Zufanya; qadın adları: Aviqeyl, Serax, Panina, Kerenqapux, Cemina və s. Bu yəhudilərin əksəriyyəti kəndlidir, ev işləri görür, xırda alverlə məşğul olur, dağlardan heç yana getmək istəmirlər. Heç ağıllarına da gətirmirlər ki, Qərbdə də yəhudilər var, həm də onların yalnız bir arvadı olur, burada isə çoxarvadlılığa icazə verilir.

Dağ yəhudilərinin qonaqpərvər olmaq öhdəliyinə baxmayaraq, mən kimsənin bu kəndlərə getməsini məsləhət bilmirəm. Yad adamı ki bu cür qarşılayırlar, adamın əsəblərinə toxunur. Qonağın ayaqlarının yuyulması və saçla qurudulması kimi adamı üzən bir mərasimdən sonra daha mühüm bir sınaq gözləyir səni – ortaya yemək gəlir. Bu belə baş verir:

Qonağı evin ortasında, döşəmədə oturdurlar. Onun yanında da kəndin sayılan-seçilən adamları oturur. Evin sahibi və cavanlar nə əyləşə, nə də onlarla yeməkdə iştirak edə bilərlər. Ev sahibi və oğulları qonaqlara qulluq edir, digər cavanlar isə qapıda dayanıb maraqla yad adama baxırlar. Uzun-uzadı əl yuma və dua-sanadan sonra yemək verilir. Əvvəlcə süfrəyə meyvə gəlir: yemiş, şaftalı, armud, nar. Bunlar iştaha açan şeylər sayılır. Meyvədən dərhal sonra ikinci dövrə başlanır – hamıya sarımsaq verilir, çörəklə çoxlu sarımsaq yeyilir. Dağ yəhudiləri sarımsaq və meyvəni çox sevirlər. Sarımsaq daha çox dərman hesab edilir. Deyilənə görə, sarımsaq cavanların həddi-büluğa çatmasına güclü təsir göstərir.

Bunlardan sonra yəhudi öz qonağına delikates hesab olunan qoyun piyi təklif edir. Bu yeməyin dadını təsvir etmək mümkün deyil, bu yerdə hazırlıqsız qonağın nə çəkdiyini, necə dözdüyünü yalnız o cəfakeş xidmətçilər təsəvvür edə bilər. Qonaqlıq bununla bitmir. Əsas yemək – təzəcə kəsilmiş qoyun hələ qabaqdadır. Qafqaz sayağı şişə taxılıb bütöv qızardılmış qoyun cəmdəyinin əti çox dadlıdır, amma qonaq bu dəmdə ürəyindən keçənləri hələ gizlətməli olur. Amma nahaq yerə. Hörmətli qonağa bu yemək hələ verilmir, çünki əsas yemək axırda yeyilir. Bundan əvvəl ona fəxri qonaqlara layiq bir yemək – təzəcə kəsilmiş qoyunun qaynadılmış başı verilir. Qonaq onu süfrə başında olan o biri adamlarla bölə də bilər, amma yəhudi adətinə görə qoyun başının ən yaxşı yerini – yəni qoyunun gözlərini özü yeməlidir. O gərək qoyunun gözlərini bıçağı ilə çıxarsın, nümayiş etdirə-etdirə ləzzətlə yesin.

Bu şərəfdən imtina etmək mümkün deyil. İmtina ev sahibini təhqir etmək demək olar. Qonaq mer-meyvədən dərhal sonra durub gedə bilər, amma bu halda bütün qonaqlar da ayağa durmalıdır və bütün günü daha heç nə yeməyə icazə verilmir. Qoyun gözlərindən sonra süfrəyə elə bu cür dadlı-ləzzətli çərəz gəlir. Daha sonra süfrəyə şirniyyat verilir, onun ardınca da bal. Bundan sonra süfrə başındakılar oturub gözləyirlər ki, qonaq nə vaxt doyub gəyirəcək, onlar da onu təkrar edirlər. Bununla da yemək başa çatır. Ev sahibinin oğlu su-ləyən gətirir, qonaq əlini-ağzını yuyur, bayaqdan divara söykənib qonağa maraqla baxan cavanlar yalnız indi yeməyə otururlar. Yemək vaxtı qadınlar gözə dəymir.

Qonağın bu cür qarşılanmasına antisemit rəng vermək lazım deyil, çünki oxşar adətlərə bütün Qafqaz kəndlərində rast gəlinir, əlbəttə, bir-iki yerli, əhəmiyyətsiz fərqlərlə. Hər halda yalnız təcrübəli göz yəhudini bütpərəstdən seçə bilər. Yəhudi qadını isə xüsusi bir əlamətlə seçildiyinə görə tez tanınır. O, saçlarını başının arxasında asdığı xüsusi bir torbada saxlayır. Belə hesab edilir ki, yad adama başı açıq görünmək küçədə lüt gəzməkdən nalayiqdir. Qadının başından o torbanı yalnız əri götürə bilər, kimsə torbanı qadının başından dartıb götürsə, qadına qarşı zor işlətdiyi deyilir və bu, cinayət məsuliyyəti nəzərdə tutur. Bu adət mahiyyətcə bütün Qafqaz xalqlarında var, amma onlar möhkəm bağlanan yaylıq örtürlər. Bu, qadınları uzun saç saxlayan qəbilələr üçün yaxşıdır. Qafqazda elə qəbilələr var ki, qadınları nəinki saçını son dəbdə yığıb bağlayır və ya qısa vurdurur, hətta bəzi qəbilələrdə qadınlar başlarını tam qırxanda bəyənilir.

Yəhudi qadını xarakteri etibarilə də dağlardakı digər qadınlardan fərqlənir. O, çox deyingən və davakardır, əri ilə tez-tez dalaşır, dost-tanışları ilə tez-tez mübahisələr edir. Boş vaxtlarında tez-tez ağlamaq şakəri var, bəzən heç başa düşmək olmur ki, o niyə ağlayır. Məsələn, əgər 16–18 yaşlarında bir neçə yəhudi qızı baş-başa verib birlikdə bərkdən ağlaşırlarsa, ağlamaqlarının səbəbini soruşanda bir anlıq daha da bərkdən ağlaşırlar. Sonra onlardan biri ağlamağını kəsib çox qəmli bir əhvalat danışacaq: guya onun qardaşı haçansa qəfildən xəstələnib və cəmi üç gün ərzində ölüb. Bir az da təkid etsən, deyəcək ki, onun zavallı qardaşı cəmi altı aylıq idi, əgər canıyananlıq edib dərdini bir az da soruşsan, heyrətlə öyrənib biləcəksən ki, əhvalat 25 il qabaq olub, ya da o vaxt olub ki, bu ağlaşan qızların heç biri onda hələ anadan olmamışdı. Belə olanda dərd-qəmin gerçək olduğuna inanmaq da çətin məsələdir. "Bu bizdə adətdir", – bir Dağ yəhudi qadını mənə dedi. – "Belə ağlaşmaq bizim adətimizdir, xüsusən bir neçə nəfərimiz bir yerə yığışanda." Kişilər bu göz yaşlarına o qədər adət ediblər ki, qadını uzun müddət ağlayan görməyəndə onlar bunu yaxşı bir adətin pozulması kimi yozurlar.

Bu yəhudilər qədim Xəzər Xaqanlığının hətta əfsanələrini belə unutsalar da qonşu xalqlar hələ də yəhudilərə qarşı nəsə etməyin necə təhlükəli olması haqda əhvalatlar danışırlar. O əhvalatlardan biri belədir:

Quba şəhərinin yaxınlığında Kola-Çulax adlı bir kənd var. Bir dəfə mən buradan keçirdim, yoldan bir az aralı gözəl bir ev gördüm. Lap saraya oxşayırdı. Ev yaxşı təmir olunsa da, bilinirdi ki, heç kim yaşamır. Yol yoldaşlarımdan soruşdum: "O nə evdir?" Onlar sualımı eşitməzliyə vurub nəzərlərini çevirdilər. "Mən o evə baxmaq istəyirəm", – dedim və atımın başını oraya döndərdim. Yoldaşlarımın dəhşətlə bir-birinə baxdığını gördüm, hamısı bir ağızdan qışqırıb nəsə anlaşılmaz şeylər deyirdi. Yalnız xidmətçimin dediklərini başa düşdüm. O and içirdi ki, ölsə də mənə bu evə getməyə imkan verməyəcək, yaxşı olar ki, bu evə ayaq basmayım. Bu yaraşıqlı ev haqda mənə hər şeyi danışmayınca mən də sakit olmayacağımı bildirdim.

– Yüz illər bundan qabaq, – axır ki, onlar əhvalatı mənə danışdılar, – Kola-Çulax və ətraf kəndlərdə böyük bir yəhudi koloniyası yaşayırdı. Nadir şah Qafqazı işğal etmək istəyəndə yəhudilər xeyli narahat olan düzən yerlərdən köçüb dağlara çəkildilər, evlərini, torpaqlarını isə Kola-Çulaxdakı qonşularına satdılar. Yəhudilər gedəndən bir az sonra Kola-Çulax xanı özünə təzə bir saray tikmək fikrinə düşdü. Dağlardan daş gətirməsin deyə o, ustalara əmr etdi ki, yəhudi qəbirlərinin daşlarını yığıb sarayı tiksinlər. Beləliklə, onun sarayı yəhudi qəbir daşlarından tikildi. Amma saraya köçəndən üç gün sonra Kola-Çulax xanı öldü, ardınca xanın ailəsi və sarayda yaşayan digər adamlar da hamısı öldü. Hətta tövlədəki atlar belə əcaib bir şəkildə öldü. Xanın xələfi də saraya köçəndən sonra eyni aqibəti yaşadı, o da tezliklə öldü. O vaxtdan sarayda heç kim yaşamır. Heç kəs ora ayaq basmağa cürət etmir. Gələcək cəzalardan qorxan müsəlman əhalisi Dərbəndə adam göndərdi, oradan baş ravvin gəlib dua etdi, Allahın qəzəbini kəndin müsəlmanlarından rəf etdi. Amma bu, xəzərlərin birbaşa varisləri olan əski yəhudilərə şamil olunmur. Onların kumık və Noqay tatarları olan qəbilələri ibtidai köçəri həyatı yaşayır, başqa köçərilərdən bir çox cəhətdən fərqlənirlər.

Dünya fatehlərinin bu son təmsilçiləri lap psixoloji tapmacadır, qədim dövrlərdən bu günə gəlib çatan möhtəşəm və ağlasığmaz bir sirdir ki, elmi tədqiqatlardan kənarda qalıb. Bu gün sayları on mindən yuxarı olan Noqay tatarları bu cəhətdən daha maraqlıdır.

Hər xalqın yaşadığı və əldə etdiyi nə varsa, Noqay tatarları da əldə edib. Min illər bundan əvvəl digər türk qəbilələri ilə birlikdə Mərkəzi Asiyadakı yurdlarını tərk edən bu xalq şöhrət, hakimiyyət və tənəzzül labirintindən keçməli olub. Min illik tarixi ərzində noqaylar hər bir dini tanıyıb, hər bir dinə inanıb. Onlar bir vaxt bütpərəst, buddist, yəhudi, xristian olub, nəhayət, sonda dünyanın ən gənc dini olan İslama tapınıblar. Amma bu dinlərin heç birinin noqaylara mühüm təsiri olmayıb. Nə ravvinlər, nə keşişlər, nə də mollalar onları dindar, mömin edə bilməyib. Necə idilərsə, eləcə də qalıblar – məğrur köçərilər və mücərrəd düşüncə, dini həvəs və ya dərin mühakimə üçün çox az dərəcədə instinkt. Noqay tatarları arasında heç vaxt böyük təriqətçi, yaxud dini lider olmayıb. Onlar təxminən hər yüz ildə sülalənin yaşlı üzvündən nümunə götürərək öz dinlərini dəyişiblər, bütün digər münasibətlərdə onlar heç nə istəməyib, yalnız xahiş ediblər ki, onların azadlığına dəyməsinlər.

Noqay tatarları hansı Allaha inansalar da savaşçı olduqlarını heç vaxt yaddan çıxarmayıblar. Xəzər xaqanlarının və böyük monqol xanlarının bayrağı altında Asiya və Avropa çöllərinə yürüşlərdə öz ağaları üçün vuruşub, neçə imperiya yaradıb, neçəsini məhv ediblər. Onlar Rusiyada iki yüz il hökmranlıq edib, şəhərləri və kilsələri qarət ediblər, böyük knyazların qızları ilə evləniblər. Sonra böyük Çingizxanın ordusunda, onun dünya ağalığı yürüşlərində onlar Çində, İranda, Macarıstanda, Cənubi Rusiya çöllərində, Qafqaz dağlarında aramsız olaraq vuruşub. Bu xalq yerini-yurdunu tez-tez dəyişib, gah atlarını Don çayı sahillərində otarıb, gah Volqa boyu tatar şəhərlərinin divarları yanında çapıb, oradan Krıma, sonra yenidən gəldiyi çöllərə dönüb, sonda Qafqazın şimal-qərb düzlərində, coşqun çaylar boyu atını səyirdib.

İudaizm, İslam, Xristianlıq, böyük monqollar, iki qitədə hökmranlıq, dünyanın dörd bir tərəfində aparılan döyüş-vuruş və ucsuz-bucaqsız çöllərdəki həyat – Noqay tatarları bütün bunlardan keçib. Və görünür, bütün bunlardan yorulub, usanıb. Min illər davam edən müharibələrdə gücünü, qüdrətini at çapıb ölkə fəth etməyə, yer dəyişməyə, yurd salmağa sərf edib, dini də, mədəniyyəti də beləcə dəyişib, neçə don qazanıb.

Bu gün onlar get-gedə yox olub gedir. Bu aqibətin qabağını heç nə ala bilməz. Əlli ildir ki, onların sayı azalmaqdadır, çadırlarında az-az hallarda uşaqlara rast gələrsən. Bu qədim xalqın kişisi də, qadını da doğub-törəməzdir. Hətta əgər indi də orda-burda çadırlarda cılız, sarışın-qəhvəyi rəngli bir uşaq doğulursa, onun çox vaxt kədərli, ölgün baxışları olur, süst, impotent hərəkətlər, nazik və zəif səs sabaha az ümid verir. Çöllərin bu qədim xalqı yaxşı bilir ki, onun vaxtı qurtarıb. Ona görə də öz taleyi ilə barışıb. Bu xalqın müdrikləri kədərlə deyir: "Yüz ildən sonra dünyada bir nəfər də Noqay tatarı qalmaz. Allahın bizə qəzəbi tutub, yer üzündə bizi görmək istəmir".

Ötən illər bu xalqın xarakterini tamam dəyişib. Çingizxanın bayrağı altında dünyanı lərzəyə salan döyüşkən, savaşqan ruhundan bu gün heç nə qalmayıb. Bugünkü Noqay tatarı daha savaşçı deyil, heç kişi kimi ərliyi-ərənliyi də yoxdur. Solğun, heç nə ifadə etməyən sifəti seyrək və pəjmürdə saçları arasında itib-batıb, tez-tez başının tükü tamam tökülmüş olur. Kiçik göz oyuqları küt və kədərli nəzərlə ətrafına baxır. Elə bil ki, heç insan gözləri deyil, qoyun gözləri kimi durğun və laqeyd, darıxdırıcı və gərəksiz baxışlar...

Noqay tatarları qoyun saxlayırlar. Haraya gedirlərsə, qoyunları da yanlarındadır. Sürüdəki qoyunların gözləri ilə onların gözləri necə də oxşardır. Üzləri bir az şişkin, alınları ensizdir, yeriyərkən bir az qabağa əyilir, qabaqlarından ötüb-keçəni elə bil görmür, diqqət vermirlər. Noqay yad adamla danışarkən onun üz-gözündə sadəlövh bir təəccüb olur və bu ifadə bir neçə gün çəkilmir. Amma o onsuz da az-az danışır, elə bil sözə xəsislik edir, əlbəttə, bilərəkdən yox, sadəcə danışılan məsələ onun ətrafındakı tanış şeylərlə bağlı deyilsə, onun nitqi doğrudan da çətin alınır. Adi bir suala cavab vermək üçün o, xeyli düşünür, sonra tələsmədən və ehtiyatla cavab verir. Ağzında dili çətinliklə hərəkət edir, bir az mürəkkəb sözlərin tələffüzündə çətinlik çəkir. Elə bil fikri, düşüncəsi ondan kənardadır, heç nəyin üstündə uzun müddət diqqətini toplaya bilmir. Nadir hallarda gülür, heç nəyə sevinə bilmir, hər şeydən doymuş kimi ətrafda baş verənlərə təsvir olunmaz dərəcədə laübali və biganədir. Noqaylara hətta ən adi qısqanclıq hissi yaddır. İsmət-namus anlayışına da tamam laqeyddirlər. Əgər noqayın arvadı adətən ismətli-namusludursa, bu sadəcə ona görədir ki, noqaylar başqasının arvadına xoş gəlməyə heç vaxt cəhd etməz, həm də bilə-bilə yox, sadəcə canındakı ətalətdən, laqeydlikdən belə bir şey heç vaxt ağıllarına gəlmir. Halbuki noqay qadınları çox vaxt gözəl, cazibədar olur, xoşrəftar və lütfkardırlar. Əgər qədim adətləri üzrə burunlarına tez-tez üzük taxmasalar, hətta avropalıların ağlını başdan alarlar.

Asiyanın ən qüdrətli savaşçılarının varisləri olan Noqay tatarları indi ən qorxaq adamlardır, onlara dünyanın hər yerində rast gəlmək olar. Hər kəs noqayı təhqir edə, ya da mal-qarasını oğurlaya bilər, o isə acizanə şəkildə durub baxar, heç bir şey etmədən yalnız ağlayar, fəryad edər. Onun silahından nə fayda, onsuz da paslanıb. Onu hirsləndirmək üçün müstəsna amansızlıq etməlisən, savaş-döyüşdə sayları düşməndən yüz dəfə çox olsa da, noqaylar adi bir təhlükədən qorxub qaçar. Heç bir iş görməyə ərdəmi yoxdur, bütün günü veyl-veyl dolanar. Çoxlu çay içir, gündəlik həyatın bəsit-bayağı şeyləri haqda qonşusu ilə laqqırtı vurur və buna görə də Şərqin ən utanmaz adamı kimi danlanar, məzəmmət olunar.

Yalnız abırsız, ədəbsiz əhvalatlar – noqay belə əhvalatlardan nə qədər desən danışar, həm də böyük həvəslə – bu daş adamı oyada, əyləndirə bilir, amma onları danışan bu adam çox bacarıqsızdır. Noqay tatarlarının həzz aldığı və onları cəlb edən çox az şey var. Onlar hətta rəqs və oyun nədir, bilmirlər. Cavanlar axşamçağı süst və bezgin halda çadırların ətrafında gəzib dolanır, ağıllarına bir şey gəlmir ki, vaxt keçirsinlər.

Bu eşidilməmiş cırlaşmaya və məyusluğa baxmayaraq, Noqay tatarı özünü kainatın bəzəyi hesab edir, hər cür yeniliyi təkəbbürlə rədd edir, halbuki belə bir yenilik onun bədbəxt gününü dəyişdirə bilərdi – noqay çox kasıbdır. Əgər ona nəsə yeni bir şey təklif etsəniz, yorğun və üzüntülü nəzərlərlə sənə baxıb yalnız bir-iki söz deyər: "Bizim yeni heç nəyə ehtiyacımız yoxdur, əvvəllər insana lazım olan hər şeyimiz olub, nəyimiz olmayıbsa, demək, heç lazım da deyil, demək, artıqdır".

Hörmətli noqay ailələri qədim avropalı oxşarları kimi bu günə qədər gerb gəzdirirlər və bu, məhv olmaqda olan tayfaya heyrətamiz feodal xarakteri verir. Gerb, ümumiyyətlə, Şərqdə az yayılıb. Kökü az qala kəsilmiş bu məğrur adamlar çoxdan unudub ki, onlar bir vaxt yəhudi olub. Amma burada yaşayan, nisbətən fərqli olan bir ailəyə "Chi Jews" ("Çi cuhudları"), yəni "əsl yəhudilər" deyirlər və şübhəsiz ki, bu, Xəzər hökmranlığı vaxtlarını xatırladır. Bu "əsl cuhudlar"ın gerb nişanı sonsuzluğun riyazi simvoludur və tipik monqol sifəti ilə müsəlman ibadətini yerinə yetirən belə bir "əsl yəhudi"ni görmək olduqca maraqlıdır. Amma bu "çi cuhudlar", doğrudan da, öz irqi saflığı ilə çox fəxr edirlər, o biri yurddaşlarına yuxarıdan, "kifayət qədər təmiz olmayan yəhudi" kimi baxırlar. Bundan əlavə, bütün noqaylar dəhşətli dərəcədə natəmizdirlər, ya da daha dəqiq, elə üfunət iyi verirlər ki, hətta onların qonşuları, çox da vasvası olmayan kumıklar da onlardan yan gəzməyə çalışırlar.

Bura qədər dediklərim, yəqin ki, noqayları Asiya tayfalarının ən küt və aşağı intellektli birisi kimi xarakterizə etmək üçün bəs edər. Amma səfalət içində yaşayan bu xalqla yaxından tanış olduqca – bunu isə çox az adamlar eləyib – bəzi heyranedici faktlar ortaya çıxır. Bu idiot, küt və ümidsiz halda məhv olmaqda olan "qoyun"ların – inanılmaz səslənsə də – ədəbiyyatı, tərəddüdsüz deyərdim ki, Asiya şifahi xalq ədəbiyyatının ən mühüm qollarından biridir. Bu ədəbiyyatı ayrı-ayrı şairlər yaratmayıb, bu ədəbiyyat hansısa şəxsin istedadı ilə hasilə gəlməyib. Bu, əsl xalq epopeyasıdır, Noqay tarixinin yüzilliklərini olduqca maraqlı təkamüldə göstərən parçalardır. Bu xalqın qədim möhtəşəmliyi ənənəvi dastanlarda qorunub saxlanır və xalq ifaçıları onları gecə ay işığında huş-guşla qulaq asan insanlar qarşısında ifa edirlər. Bu mahnıların primitiv gözəlliyini təsvir etmək mümkün deyil. Noqay tatarlarının bu günə qədər işlətdiyi qədim türk köçərilərinin dilində bu nəğmələr Çingizxanın qüdrətindən, onun varisləri olan böyük xanların şan-şöhrətindən, qanlı vuruşlardan və rəşadətli Qızıl Ordanın qələbələrindən bəhs edir.

Noqay xalqı hər şeyini itirib, sərvət, idarəçilik, şan-şöhrət – heç nə qalmayıb. Yalnız mahnıları qalıb və bu mahnıların bugünkü noqaylar üzərində təsiri böyükdür. Bunları dinlədikcə noqaylar dirilir, cana gəlir. Bəzən elə olur ki, aşıqların ifasında bu nəğmələrə qulaq asandan sonra noqaylar qəfildən öz tarixi keçmişinə qayıdır, oyanır, bir neçə saatlıq da olsa, öz əzəmətini hiss edir. Məğmun, melanxolik qorxaqlar bir anda qızğın, coşqun bir adama çevrilir, kütləvi bir psixologiyanın təsiri ilə cəsur bir qəhrəmana dönür. Aclıq çəkmiş atların belinə sıçrayıb, qəfildən əski savaş hayqırtıları ilə dolan çöllərdə çapırlar. Qarşılarına çıxan hər kəsə həmlə edir, gücündən, qələbəsindən sərməst olub onu sözün hərfi mənasında didir, parça-parça edir, duyduğu nəşədən ulayırlar. Çöllərin qədim gücü oyanır – xəyali, ölgün bir şəkildə olsa da. Sonra bu cəsarət qəfildən oyandığı kimi, sürətlə də öləziyir, yatır, qıyıq gözlər yenə küt və məhzun bir ifadə alır. Bayaqkı cəsarətin daşıyıcısının beli yenə bükülür, yumağa dönür, üzünün rəngi itir. Zəfər ordusu dayanır, qorxaq halda geri çəkilir. Bax bu gecələrdə həmin mahnıları dinləyəndən sonra qocaların dilindən belə iniltilər eşitmək olur: "Əfsus! Gör bizi nə günə salıblar...".

Qərb dillərinə tərcümə etmək müşkül olsa belə, hər hansı mükəmməl bir ədəbiyyat və ya mahnı nümunəsi, şübhəsiz ki, gözəldir. Misraların daxili ahəngi adamı heyran edir, qafiyələrin, ayrı-ayrı ifadələrin canlı, kobud gözəlliyi də beləcə. Bu ədəbiyyatı yaratmış insanlar təkcə böyük savaşçılar deyildi, onlar bu gün yalnız filoloqların qiymətləndirə bildiyi kimi, həm də sözü qeyri-adi dərəcədə incə, lirik bir həssaslıqla duyan böyük şair, söz ustaları idi və ona görə də bu nümunələr "Asiya qorxusu" ifadəsi kimi həqiqətən heyrətamizdir.

Bu gün Noqay tatarları da, onların mahnıları da itir. Dünya imperiyasının heyranedici ədəbiyyatı unudulacaq. İki nəsildən sonra Noqay tatarları – bu qeyri-qafqazlı xalq yer üzündən yox olub gedəcək. Amma onlar hələ də deyirlər: "Bizim artıq heç nəyə ehtiyacımız yoxdur, əvvəldən insanın əldə edə biləcəyi hər şeyimiz olub, indi isə yəqin Allahın bizə qəzəbi tutub, yer üzündə daha bizi görmək istəmir".

20.
QAFQAZ NECƏ FƏTH OLUNDU?

Əgər xəritəyə baxsanız, görərsiniz ki, Almaniyanın şərqindən başlayan sərhəd xətti şimala və cənuba doğru hərəkət edərək Şimal qütbü buzlarında və Qara dəniz sularında yox olur, sonra bu xətt Ermənistanda və Sibirdə yenidən görünür və dünyanın altıda bir hissəsini əhatə edir. Bu xəttin içində "Rusiya" yazılıb, ya da əgər o xəritə təzədirsə, üstündə Polşa da varsa, onda orada "SSRİ" yazılır. Gənclik və təhsil illərindən xəritə sərhədlərinin mübahisə olunmazlığını dərk edən adamlar elə biləcəklər ki, Qafqaz Rusiyaya məxsusdur və bu fikirdə olacaqlar ki, hətta ən uzaq və naməlum keçmişdə də Tiflisdə çarın canişini oturub, buradan əmr-bəyannamə verib, burada banditləri, quldurları asıb.

Bu məktəb bilgisi və xəritədəki sərhəd xətləri aldadıcıdır. Rus çarlarının Qafqazı fəth etməsi cəmi yüz il qabaq başlayıb. Tarix dərsliklərində yazılır: "1874-cü ildə Qafqazın fəthi başa çatdı". O vaxtdan neçə on illər keçib və Dünya müharibəsinin (*Birinci Dünya müharibəsi – tərc.*) dördüncü ilində inqilab (*Rusiyadakı Oktyabr inqilabı – tərc.*) baş verəndə Qafqaz heç də tam fəth olunmamışdı, onun haçansa tam fəth oluna biləcəyini ehtimal etmək də çətin idi.

Ruslar yalnız iri şəhərləri və strateji məntəqələri tutdular, çarın sözü yalnız Gürcüstan və Ermənista-

nın sakit vadilərində eşidilirdi. Uzaq dağlarda, Da-
ğıstan və Böyük Qafqazın xalqları arasında rusların
hakimiyyəti sırf nominal xarakter daşıyırdı. Patriarxal
həyat tərzi, knyazların və ağsaqqalların hakimiyyəti
Tiflisdən gələn saysız-hesabsız əmrlərdən irəli idi –
bu əmrlər istər cəza ekspedisiyalarını nəzərdə tutsun,
istərsə də boş hədə-qorxunu. Hətta bu məhdud haki-
miyyəti də ruslar ağır döyüşlərdən, saysız yürüşlər-
dən və viranedici müharibələrdən sonra əldə edirdi.
Rusiyanı Qafqazın rəngarəng dünyasından ayıran
uçurum çox dərindir, sonuncu qafqazlı ölənə qədər
bu dağları tabe etmək mümkün olmayacaq.

Rusların tez-tez qrotesk və amansızlıq, amansızlıq
və gülünc olmaq arasında dəyişən Qafqazın fəthi ta-
rixini Qafqazdan bəhs edən heç bir kitabdan silmək
olmaz, xüsusən ona görə ki, bu tarixin məzmununda
Şərqə xas olan çox əlamətdar cəhətlər var. Qafqazın
fəthi tarixi Böyük Pyotrun məşhur Xəzər yürüşündən
başlanır. O vaxt Yaşıl dənizin suları çarın ağlını ba-
şından almışdı. Ona elə gəlirdi ki, sahilləri Qafqazın
içərilərinə doğru uzanan bu dənizi idarə edən yox-
dur, dəniz nominal olaraq Fars hökmranlığı altında-
dır. O vaxt İranda vətəndaş müharibəsi gedirdi, qə-
dim Xəzər hərbi yolunda addımlayan rus ordusu heç
bir müqavimətə rast gəlmədi. Əyalətlərin müstəqil
hökmdarları olan Tarki şamxalı (*Dağıstanda – tərc.*),
xanlar, knyazlar çarın qüdrəti qabağında tezliklə baş
əydilər. Qafqazın bütün şərq düzləri Bakıya qədər
tezliklə rusların əlinə keçdi. O vaxt dağlara qalxmaq-
da bir perspektiv görməyən çar elan etdi ki, Dağıstan

və Şərqi Qafqaz fəth edildi, sonra İranla bu xüsusda müqavilə bağladı. Amma tezliklə rus ordusu çəkilib getdi və təzəcə zəbt edilmiş əraziyə bir general-qubernator təyin olundu.

Bütün kampaniya cəmi bir neçə ay çəkdi, qələbənin sevinci ilə sərməst olan ruslar görə bilmədilər ki, farslar narahat, faydasız və nəhayət, bütünlüklə müstəqil olan bu bandit-quldur torpaqlarını ruslara verməkdən necə məmnundurlar. Qafqazın istilası ruslara elə də uğur gətirmədi. Böyük Pyotrun ölümündən sonra onun uzaqgörən Şərq layihələri unuduldu, hər cür hakimiyyəti rədd edən bu nəhəng ərazi ruslara yalnız baş bəlası oldu. İndi onların quldur həmlələrinə İran hakimiyyəti də cavabdeh ola bilməzdi.

Böyük Pyotrun xələfləri bu gözəl fəthin əzablarından qurtulmaq üçün bacarıqlı diplomatları çətin bir işə qoşdu – Qafqazı yenidən farslara sırımaq. Diplomatlar mötəbər konfrans çağırdılar, sonra da bütün ömrü boyu fəxr edəcəkdilər ki, rüşvət və korrupsiyada göstərdikləri diplomatik məharət nəticəsində Almaniya boyda olan bir ölkəni fars imperiyasının bir parçası kimi onlara necə yükləyə biliblər.

Rusların bu kiçik işğalı sona çatdı, orduları sürətlə çəkilib getdi, Sankt-Peterburq hökuməti, nəhayət, rahat nəfəs aldı – bu sirli-müəmmalı Qafqaz məsələsindən canını qurtardı. Dağıstan və Azərbaycan (bu yerlər o vaxt rusların düşündüyü kimi heç də mədəniyyətsiz deyildi) hökumət dəyişikliyini təzəcə hiss etmişdi ki, rus işğalını bu dəfə yenidən (məhdud ərazidə olsa da) fars istilası əvəz etdi. Amma yerli knyazların suverenliyi daha əvvəlki kimi pozulmurdu. Şah elə əvvəlki kimi qaldı – bu yerləri uzaqdan-uzağa idarə edirdi. Bəzən, əlbəttə, gəlib çapıb-talayır və gedirdilər, köhnə knyazlıqların yerinə təzəsini yaradır, bundan artıq heç nə etmirdilər. Bir neçə ildən sonra buralarda rusları yaddan çıxartdılar.

Şimal Semiramidası Sofiya Anhalt-Serbstin (II Yekaterinanın) taxta çıxmasından on illər keçmişdi. Sələflərindən fərqli olaraq, Qafqaz məsələsində, böyük dağların o üzündə olan bu qəribə torpaqla bağlı o öz başını çox da cəncələ salmırdı. Tale elə gətirdi ki, o yalnız qoca yaşlarında bu dağların tarixinə müdaxilə etməli oldu. Taleyi isə bu dəfə gənc qraf Platon Zubov qiyafəsində onun qarşısına çıxdı. Zubov qoca imperatriçanın sonuncu məşuqu idi. Yaraşıqlı, cazib Zubov Rusiyada çox nüfuzlu bir adam idi, amma onun da çətinlikləri vardı. Doğrudur ki, çariçanın məhəbbəti ona məxsus idi, onun diqqət və iltifatı əvəzində çariça onu öz torpağında külli-ixtiyar sahibi etmişdi. Amma bir çariçanın şövq və istəyindən dəyişkən bir şey yoxdur, hətta Yekaterina kimi yaşı yetmişə çatsa da. 25 yaşlı Zubov və 72 yaşlı imperatriça bütün Rusiyada ən qısqanc aşiq-məşuq idi. İmperatriça bir gözəl çöhrənin Zubova yaxınlaşmasına imkan vermir, Zubov da xədim olmayan bircə nəfərin də çılğıncasına sevdiyi imperatriçaya yaxın düşməsinə dözmürdü. Lütfkar və xoşbəxt illər keçir, Zubov qoca lediyə nəvazişini əsirgəmirdi. O da doğrudur ki, bu nəvazişli saatlardan sonra evinə qayıdanda o, tez-tez özünə nifrət edirdi, amma əvəzində dünyanın altıda birini idarə edirdi.

Qəfildən ona bir rəqib tapıldı, amma Zubov onu nə Sibirə sürgün edə, nə də bir yolla yox edə bilirdi. Bu, onun öz qardaşı, indi artıq növcavan, mələk kimi yaraşıqlı qraf Valerian Zubov idi. İmperatriçanın baxışları getdikcə onun intizarını az çəkir, qraf Platonun bəxti daha az gətirirdi. O da qardaşını imperatriçanın yatağına yaxın buraxmamaq üçün mümkün olan hər şeyi edirdi. Amma ondan üz döndərdilər – müharibə başlayanda onu cəbhəyə göndərdilər, müharibə qurtarandan sonra isə xaricə müalicəyə yolladılar. O heç cür arxayın ola bilmirdi. Daha dayanmaq olmazdı, ona görə də böyük Zubov kiçik Zubovu həmişəlik saraydan uzaq saxlamaq üçün qətiyyətli addımlar atmaq qərarına gəldi. 22 yaşlı Valeriana təcili general rütbəsi verib Qafqaza çarın canişini təyin etdilər, sonra da ona rus taxt-tacı naminə Qafqazı, İranı, Hindistanı və əgər mümkün olsa, Türkiyəni fəth etmək kimi "sadə bir uşaq tapşırığı" verdilər. Qraf Platon imperatriçanı inandırdı ki, bu, elə də çətin iş deyil. Qraf Valerian hamının arzusunda olduğu bu əfsanəvi torpaqları alıb, qardaşının dövlət xidmətinə öz payını verəcəyinə möhkəm ümidlə sərhədə yola düşdü. Beləliklə, Rusiyanın Qafqaza ikinci gülünc hücumu başladı.

Qraf Valerian qızğın təbiətli cavan idi, inanırdı ki, əgər birisi 21 yaşında general olubsa, o, 24 yaşında İranın fatehi elan olunmalıdır. Onun qarşısındakılar – döyüşkən qafqazlılar onu "körpə general" adlandırırdılar. Kampaniya, ənənəyə görə, Böyük Pyotrun yürüşə başladığı yerdən başladı, həmin günlə bağlı yayılmış lətifələr və əyləncəli əhvalatlar Qafqazda bu

gün də dolaşmaqdadır. Dünya tarixinin bütün qəhrə-
manlarına öz zərbi-dəstini göstərən Qafqaz bir uşağa
baş əyməli idi?

Dağlıların gülməyə yaxşı səbəbləri vardı. Onlar cid-
di müharibə haqqında heç düşünmürdülər də. Zubov
hər şəhərdə təntənə ilə qarşılanırdı. Knyazlar böyük
ehtiram göstərib onu Böyük Makedoniyalıya bənzət-
dilər, əvəzində qraf onlara qeyri-adi hədiyyələr verdi.
Bacarıqlı ustaların hazırladığı nəhəng gümüş açarları
knyazlar təntənə ilə möhtəşəm fatehə təqdim etdilər,
bu zaman Böyük Pyotrun da bir vaxt belə açarlar al-
dığını məxsusi qeyd etdilər. Knyazlar öyrənmişdilər
ki, şəhər açarının təqdim edilməsi Qərbdə bir adətdir
və istəyirdilər ki, bu səxavətli fateh çox razı qalsın.
Rus əsgərlərinə dəfələrlə olan hücumlar və onların
qarət edilməsi faktları bu ümidverici cavanın parlaq
qələbələri ilə müqayisədə adi bir şey idi. Hərbi əmə-
liyyatlar meydanından çara göndərdiyi məruzədə o,
coşqun bir ruhda yazırdı: "Fəth etdiyimiz yerlərdə
adamlar Əlahəzrətin adını eşidərkən gözyaşı tökürlər,
üzü üstə düşüb Allaha şükür edirlər ki, onları Əlahəz-
rətin müasirləri buyurub. Hətta Əlahəzrətin əlini öp-
mək barədə düşünmək belə onları bəxtiyar edir" və s.

Qraf Valerian, görünür, doğrudan da öz qələbələ-
rindən sərməst olmuşdu. Təmtəraqlı çadırından az
qala burnunu belə bayıra çıxarmır, ya da ən azından
hiss etmirdi ki, fəth etdiyi rayonda tədricən yol-iz qal-
mır və o hər gün ətraf dünyadan daha az xəbərdar
olur. Düzdür, onun əsgərlərinin sayı gündən-günə
azalırdı, əvəzində yerli knyazların etirazları hər gün
daha da yumşalırdı.

Sankt-Peterburqun Appolonu xoşbəxt idi. Elə ki, fəlakət Dağıstanda son həddə çatdı, elə ki, hörmət-ehtiram yox oldu və hücumlar təhlükəli xarakter aldı, Zubova ikinci və daha ağır fəlakət üz verdi. Böyük imperatriça vəfat etdi, onun oğlu Pavel taxta çıxdı, o isə əvvəldən and içmişdi ki, anasının bütün məşuqlarını qovub Sibirə sürgün edəcək. Hər iki Zubov dərhal vəzifələrini itirdi. Yaraşıqlı oğlan olan Valerian Volqa boyundakı mülkünə tələsərək şöhrət səhnəsini tərk etdi. Qafqazlılar onun ordusunu mühasirəyə alıb məhv etdilər. Dəhşətli itkilərdən sonra onun ordusunun qalıqları güclə Rusiya sərhədinə çata bildi. Beləliklə, dağlarda ikinci rus kampaniyası başa çatdı.

Əslində Qafqazın fəthi, onun məqsədli və amansızcasına müstəmləkəyə çevrilməsi I Aleksandrdan başlanır. Sonu görünməyən Qafqaz müharibəsini məhz o başlayıb, amma o müharibəni heç onun sonuncu nəsli də başa çatdıra bilməyəcək.

O vaxt Gürcüstan kral ailəsinin iki xətti – Kral İraklinin ayrı-ayrı arvadlarından olan oğulları müharibə vəziyyətində idi. Gürcüstan İranın mötədil suverenliyi altında müstəqil krallıq idi. Hakimiyyətdə olan kral XII Georgi ağır təzyiqlər altında idi. Ölkəsinin daxili işlərində İranın heç bir marağını görməyən kral üzünü Rusiyaya çevirdi və xahiş etdi ki, qardaşlarını susdurmaq üçün ona qoşun versin. Əvəzində İranın yerinə Rusiyanın Gürcüstan üzərində suveren hüquqlarını tanımağa söz verdi. Zaqafqaziyada möhkəmlənmək fürsəti çara xoş gəldi. Rus orduları Gürcüstana yeridildi, onlar bacarıqsız kralın taxt-tacının

keşiyində durdular. Ordu başçıları çarın adından and
içdilər ki, Gürcüstan hakimiyyətinin müstəqilliyinə
heç vaxt ziyan vurmayacaqlar. "Bu o demək deyil ki,
biz imperiyamızı genişləndirə bilərik, bizim imperi-
yamız onsuz da dünyada ən böyük imperiyadır. Biz
Gürcüstan krallığını qorumağı öhdəmizə götürürük",
– çarın bürünc lövhə üzərində yazdırıb Tiflisə göndər-
diyi manifesti bu sözlərlə başlayırdı.

Bu bürünc lövhələr hələ də Tiflisin əsas küçələrini
bəzəyir. Onlar həm də uzunömürlü oldular, sadəcə
Georginin taxt-tacından yox, həm də çarın taxt-tacın-
dan uzunömürlü oldular. Rusiya himayəsindən sonra
tezliklə kral XII Georgi vəfat etdi. Manifestə və çarın
vədinə baxmayaraq, Gürcüstan krallığının müstəqilli-
yi ləğv edildi, o, Rusiyanın bir əyaləti elan olundu. O
vaxt baş verən qiyamlar amansızcasına yatırıldı, kral
ailəsi ölkədən çıxarılıb məhv edildi. Sonuncu kraliça
(öz hərəm təhsilinə baxmayaraq, Rusiyaya qarşı çıx-
maqda davam edirdi və qızlarından birinin köməyi
ilə bir rus generalının sinəsinə öz əli ilə xəncər sap-
lamışdı) Sibirə sürgün edildi. Sakit Gürcüstan xara-
bazara çevrilmişdi. Hətta şahın və sultanın hücuma
cürət etmədiyi ölkənin min illik müstəqilliyi indi əl-
dən getmişdi. Amma gürcülərin azadlıq mübarizəsi
ötən əsrin 60-cı illərinə (*XIX əsr nəzərdə tutulur – tərc.*)
qədər davam etdi, sonra bu mübarizə qırx il yatdı, bir
də 1905-ci ildə yenidən alovlandı.

Amma Gürcüstan bütün Qafqaz demək deyil.
Onun ətrafında müstəqil ölkələr var: Quriya, İmereti-
ya, Minqreliya, Dağıstan knyazlığı və nəhayət, Azər-

baycan xanlıqları. Çarın vədinə görə, ruslar hesab edirdilər ki, Gürcüstanı doğrudan da "himayə" etmək üçün onlar bu yerləri də fəth etməlidirlər. Beləliklə, bu dağlar uğrunda altmış illik müharibə başlandı – rus əjdahası ilə Qafqazın yüzlərlə kiçik, parça-parça, sakit və bir qismi xristian olan xalqları arasında savaş başladı.

Keçən əsrlərdə yadelli işğalçılar Qafqaza kifayət qədər tez-tez "baş çəkiblər". Qazıntı zamanı tapılmış qədim Assuriya əlyazması bu yürüşlər haqqında məlumat verir. Yunan sikkələri buradan varlı və hərbgu koloniyaların keçdiyini xəbər verir. Dağlarda latın yazıları var, imperator Pompeyin burada olduğunu təsdiq edən Dağıstan qayaları və dəmir legionların Qafqaz kampaniyası, Genuya qüllələri (*türklər Balaklava deyirlər – tərc.*), ərəblərin Mavritaniya sarayları, Bizans kilsələri və Teymurləng qoşunlarının yadigar qoyduğu xarabalıqlar – bütün bunlar tarixdir, həm də dünya fatehlərinin iştirakçısı olduğu möhtəşəm tarix. Nebuchadnezzar (*qədim Babil kralı – tərc.*), Dara, Aleksandr, Pompey, Atilla, Çingizxan və Teymurləng ötüb keçmiş əsrlərdə dağlıların düşməni olub.

İndi isə ruslar, avropalılar gəldi. Məşhur sələfləri nə etmişdisə, bunlar ikiqat elədi. Xristian generallar dağların üstünə qanla-qılıncla gəldi. Kəndlər yerlə yeksan edildi, bütöv xalqlar məhv edildi, orta əsrlərin "Allah bəlası" indi dəhşət və terror libası geydi. Fəth ruslara asan başa gəlmədi. Generallar bir-birinin ardınca "bacarıqsız" deyə dağlardan geri çağırılırdı. Toplar hündür, başgicəlləndirici dağlara qaldırılmalı idi. Dibsiz dərələr, göz qaraldan sıldırımlar və qarlı zirvələr hər tərəfdən rusları dəhşətə salırdı. Hər qayanın arxasında, hər uçurum başında düşmən – azadlıq uğrunda döyüşən əli silahlı bir qafqazlı gizlənirdi. Qafqazı fəth etməyə ruslara lazım olan həmin altmış il bütün dövrlərin ən dəhşətli, ən qanlı müstəmləkə müharibəsi oldu. Və bu, təəssüf ki, avropalılara yalnız rus mənbələrindən məlumdur.

Gürcüstanın işğalından dərhal sonra dağlara doğru başlayan birinci rus ekspedisiyası müvəffəqiyyət qazanmadı. Yalnız Napoleon müharibəsinin qəhrəmanı, general Yermolov Qafqaza çar canişini təyin olunandan sonra dağlarda əsl kampaniya başladı. Rusiyanın adlı-sanlı adamlarından biri olan Yermolovu burada bir az geniş təqdim etmək lazımdır.

Yermolov özünü Qafqazda Roma prokonsulu *(qədim Romada canişin – tərc.)* kimi hiss edirdi. Bu onun yeganə zəif cəhəti idi. O özünə yerli qadınlardan ibarət hərəm düzəltmişdi, onları qanunla əldə edirdi, çarı da inandırmışdı ki, bu hərəmdən doğulan uşaqlar qanuni hesab edilsin. O, Şərq ünsiyyət məharətini, demək olar ki, mükəmməl bilirdi, rəqiblərinə "Ədalət sütunları" deyə müraciət edir, lazım gəldikdə, düşməninə qarşı hiylə və xəyanət işlətməkdən, yaxud minlərlə dustağı öldürməkdən çəkinmirdi. Bütün bunlar qafqazlılara möhkəm təsir etmişdi. Qəddar və qaniçən düşmən olmasına baxmayaraq, Yermolov çarın yeganə canişini idi ki, dağlarda sayır, "hörmət edirdilər". Qafqazlılar başa düşürdülər ki, bu hiyləgər hərbçi elə onların tayıdır. Üstəgəl, Yermolov ağıllı adam idi, Şərqi yaxşı tanıyırdı, Şərqin hərb elmini bildiyi kimi, onun siyasətini də gözəl başa düşürdü.

Həmin günlərdən, generalın ağıllı siyasətindən və ətrafındakı adamlarla münasibətindən bəhs edən aşağıdakı əhvalat bu cəhətdən əlamətdardır. Canişin təyin olunandan bir az sonra Yermolov sərhəd məsələlərini yoluna qoymaq və İranın Dağıstan üzərindəki təsirini müəyyənləşdirmək məqsədilə şahın sarayına yola düşdü. Sarayda soyuq qarşılansa da, müstəbid şaha və onun vəzirlərinə tez-tez hədiyyələr verməklə, fars şairlərindən misralar söyləməklə onların inamını qazandı. Amma işgüzarlıq baxımından bu yırtıcı general farsları öz fikrindən döndərməkdə aciz idi – onlar hər şeydə generalı yarı yolda saxlayırdılar.

Sonra Yermolov İranın xarici işlər nazirini öz möhtəşəm sarayında konfransa çağırdı. Müzakirələrin gedişində o özünü ələ alıb soyuqqanlılıqla soruşdu:

– Demək, Əlahəzrət heç bir maddədə geri çəkilmir?

– Yox, – deyə fars cavab verdi.

Onda Yermolov ayağa durdu, başını əlləri arasına alıb pələng kimi nərildəməyə başladı, sonra divanın üstünə atılıb dilini nazirə göstərdi, eyni zamanda təhdidlə, bərkdən güldü. Əl atıb bir neçə stul sındırdı, sonra da bildirdi ki, o heç general Yermolov deyil, bir vaxt İranı fəth etmiş Çingizxanın nəslindəndir. Bunu deyib o, paltosunun yaxasını cırdı, sinəsini açıb orada bu yaxınlarda çəkilmiş hansısa ləkəni göstərdi, dedi ki, bu, "Böyük Xanın nişanəsidir".

Heyrətdən və ölümcül qorxmuş, amma buradan sağ çıxdığına sevinən fars naziri əlləri-ayaqları üstə sürünüb otaqdan çıxdı. O biri otaqda onu generalın katibi gözləyirdi.

– Sizə bir şeyi açıq deməliyəm, – katib ciddi şəkildə dedi. – Bizim General cəsur hərbçidir, həm də Böyük Xanın nəslindəndir, amma eyni zamanda bir az dəliliyi var, qəzəbi tutanda heç kimi tanımır. Xüsusən belə vəziyyətdə o, çox təhlükəlidir. Çar özü də ondan çəkinir, ehtiyat edir, çünki görür ki, onun özünə də təhlükəlidir, dəlisovun biridir, həm də Çingizxanın nəslindəndir, ona görə də onu İrana göndərib.

Nazir katibin sözlərini qorxa-qorxa dinlədi, eyni zamanda qonşu otaqdan generalın nərilti-bağırtısını eşitdi, tələsik buranı tərk edib imperiya sarayına qayıtdı. Bir azdan generalın yanına döndü, mum kimi yumşalmış halda bildirdi ki, Əlahəzrət generalın təklifləri ilə tam razıdır. General dişlərini qıcayıb razılıqla gülümsündü, amma müqavilə imzalanmazdan əvvəl hər halda bir-iki dəfə yenə nərildədi.

General bilirdi ki, Şərqdə dəlidən qorxan kimi heç nədən, heç kimdən qorxmurlar. Quran buyurur ki, "Dəliyə qarşı getməyin". Üstəlik Çingizxanın nəslindən olana, çarın sədaqətli adamına qarşı çıxmağa kim cürət edərdi? Kim bilir, öz çarını, öz ağasını qorxudan bir dəli daha nələr eləyə bilərdi. Yaxşı olardı ki, sözünü-danışığını bilməyən bu generalla razılaşıb, onu hörmətlə Rusiyaya yola salasan. Yaxşı deyiblər: "Allah, sən bizi dəlidən qoru!"

Sonralar Rusiyadan başqa elçilər gələndə farslar həmişə yoxlayırdılar, görəsən, bu gələn dəli-zad deyil ki. Hər halda Yermolov istədiyini əldə etdi. Onun dəliliyi başqa bir işdə də onun köməyinə çatdı. Şirvan, Şəki və Qarabağ xanlıqları üzərində himayə əldə etdiyi üçün Rusiya bu generalın "dəliliyinə" minnətdar olmalıdır. Həmin xanlıqlar irsi olaraq Rusiya taxt-tacının müttəfiqləri idi, əhali də öz xanlarına sədaqətli olduğundan, ruslar həmin müstəqil əyalətləri öz tabeliyinə keçirə bilmirdi. Ona görə də Yermolov qərara aldı ki, bu əyalətləri sülh yolu ilə ruslaşdırsın. Həmin xanları Yermolovun yanına dəvət etdilər. Qiymətli hədiyyələrlə gələn xanları general öz möhtəşəm çadırında təmtəraqla qarşıladı. Qədd-qamətli, enlikürək, saçları şir saçı kimi pırpız general onlara dərin təsir bağışlamışdı. Amma onların bəxşişlərini qəbul etmək əvəzinə, general yoldan ötən bir çoban çağırdı, bəxşişləri verib bir neçə qoyun aldı, oradaca kəsdi. Sonra özünü bir qoyun dərisinə bükdü. Bunu görüb xanlar baş endirdilər, generalın əlini öpüb tələsik öz vilayətlərinə döndülər. Dost-tanışlarını, qohum-əqrəbalarını toplayıb, var-yoxunu yığışdırıb tələsik vilayətdən çıxdılar. "Biz dəlinin himayəsi altında yaşaya bilmərik, qorxuruq", – hamıya belə deyirdilər.

Generaldan yaxşı bir şey gözləmək olmazdı. Xanları fərar etmiş əyalətləri general rus torpağı elan etdi, bu yerlərə ordu yeritdi. Bu, 1822-ci ildə baş verdi.

Qrotesk dərəcədə sakit olan bu vəziyyət çox davam edə bilməzdi. Sonu görünməyən müharibə tədricən daha amansız və qanlı bir xarakter alırdı. Rus əsgərləri on illər ərzində dağlarda yaşadılar, onlar dünyadan gedəndən sonra uşaqları burada qaldı və daha bir nəsil bu mübarizəni davam etdirdi. Sonda bu iki düşmən bir-birindən az qala fərqlənmirdi – adətdə, vərdişdə, düşüncə tərzində, dünya baxışında. Rus ordusunda "köhnə qafqazlılar" kimi tanınanlar axırda tipik Qafqaz banditlərinə oxşamağa başladılar.

Qısası, otuz illik müharibədən sonra Rusiya az qala dağları diz çökdürmüşdü. Bu zaman Qafqazın düz mərkəzində – Dağıstanda gözəl bir hərəkat başladı. Bu hərəkat rusların otuz illik əməyini puça çıxardı və bütün Dağıstanı bir neçə on illər üçün yenilməz bir qalaya çevirdi. Dağıstan öz tarixində birinci və axırıncı dəfə düşmən xalqların yığnağından başında müstəbid bir hökmdarın durduğu birləşmiş, müstəqil bir dövlətə çevrildi. Bunu mümkün edən hərəkat "müridizm", onun tərəfdarları isə müridlər, ya da Təriqət əhli adlanırdı. Dağıstanı otuz il ərzində idarə edən, çarı qəbul etməyən və Təriqəti yayan bu şəxs İmam Ali Şamil idi – Dağların Aslanı, Şərqin adlı-sanlı qəhrəmanı, "Şərqin oyanışı" uğrunda mübarizədə sözlə və qılıncla döyüşə çağıran ilk şəxs. Onun sözü döyüşən İslam və Təriqət idi – dini, ruhani həyatın ən ciddi forması. Onun əsgərləri – müridlər. Ruslar əslində az qala Dağıstanın bütün kişi əhalisinin üzvü olduğu bir zahid ordeni ilə döyüşürdü.

Şamilin həyatı nağıla bənzər. Orta əsr zahidlərinin bacarmadığı, İqnati Loyolanın[1] arzusunda olduğu, katolisizmin qabağına çıxa bilmədiyi bir şeyi bu döyüşçü və ağır çaplı müdrik edə bildi – bütöv bir məmləkəti mücərrəd bir dini ideyaya tabe etdirdi. Otuz il ərzində Dağıstan silahlı möminlərin toplaşdığı nəhəng bir monastıra döndü. Onlar başqa qanun tanımırdılar, öz

---

[1] İqnati Loyola – ispan zadəganı, yezuitlər ordeninin banisi – tərc.

mürşidlərindən – İmamdan başqa. Bəşəriyyət tarixində ilk dəfə burada teokratiya kamil bir səviyyəyə çatdırıldı. İnsanlara "Möminlərin Ağası" – İmam başçılıq edirdi. Baş abid, onun da arxasında Təriqətin müridləri. Onlardan sonra sıravi müridlər gəlirdi – Allah və Azadlıq uğrunda ədalətli döyüşün tərəfdarları, arxadaşları. Ümumi hərbi xidmət, dinə qarşı azacıq yanlış əmələ görə qəddar cəzalar, namazı bircə dəfə buraxan hər bir kəsin daşqalaq edilməsi, siqaret çəkən hər hansı adam üçün ölüm cəzası, üstəgəl, sərt hərbi-dini nizam-intizam – Şərqdə o vaxta qədər belə bir şey görünməmişdi. Bunlar Dağıstan İmamının qəbul etdiyi idarəetmə vasitələri idi. Məhz o, ərəb dilindəki bir deyimi – "Nəticə haqqında fikirləşən heç vaxt qəhrəman olmayacaq" sözlərini öz savaşçılarına yazdığı əmrlərin rəmzi nişanında həkk etdirmişdi.

Şamil on beş il məscid hücrələrində müdriklərdən dərs almışdı. O, Quranı, İslamın müqəddəs kitablarını oxuyub öyrənmişdi. On beş il ərzində sədaqətli mömin və elm xiridarı olmuşdu, sonra döyüşçü və qazi oldu, "kafirlərə" qarşı müqəddəs müharibə – qəzavat elan etdi, rusları dağlardan qovdu, möhtəşəm ərəb qayda-qanunları və qədim müqəddəslərin müdrik göstərişlərinə əsaslanan teokratik iqtidar dövləti qurdu.

İşğalçıların ağlına da gəlmirdi ki, Şamil bütün bunları necə edib. Dağlarda axırıncı üsyan da yatırıldı, indi rusların istehkamları və qarnizonları dağların lap mərkəzində idi. Ruslara elə gəlirdi ki, oturduqları qalalardan dağları idarə edə biləcəklər və doğrudan da elə düşünürdülər ki, ölkəni idarə edirlər. Hər şey sakit idi. Yerli knyazlar məhkəmələri idarə edir, xidmət göstərirdilər. Ruslara olan saygı və ehtiram hər gün daha da artır, quldurluq halları azalırdı, təşvişə heç bir səbəb yox idi, dağlarda heç adi bir narahatlıq hiss olunmurdu. Amma qəfildən (rusların başa düşdüyü qədər) Müqəddəs Müharibə – cihad başladı. Rus qarnizonları məhv edildi, öz idarələrindən çıxmaq istəməyən yerli knyazlar oradan çıxarıldı və öldürüldü. Bu andan sonra heç bir knyaz, ya da əyan olmamalı idi, bu saatdan sonra heç bir hökmdar ola bilməzdi – yeni dövlətin banisi İmamdan başqa. Əvvəlcə ruslar elə bildilər ki, bu da adi bir quldur basqınıdır, ona görə də həmişə olduğu kimi cəza ekspedisiyası göndərdilər. Amma ekspedisiya dəstəsinin üzvləri bir-birinin ardınca öldürüləndən sonra təhlükə əsl üzünü göstərdi, yeni dövlətin yaranması isə heyrətlə qarşılandı. İndi cəza ekspedisiyalarının da faydası olmadı.

Rusların qabağına sanki bir gecədə qurulmuş, nizam-intizamlı, yenilməz bir ordu çıxmışdı. Dağıstan teokratiyası ilə Rusiyanın mütləq monarxiyası arasında müharibə otuz il çəkdi. Rus qoşunları ardıcıl olaraq basılır, məğlub olurdusa da, onlar tez-tez döyüşlərə ara verir, bir az keçəndən sonra yenidən başlayırdılar. Teokratik quruluşuna baxmayaraq, Dağıstan əslində müasir bir dövlət olmağa doğru inkişaf edirdi. Knyazlıqlar ləğv edildi, torpaq əyalətlərə bölündü, hər bir sakinə pasport verildi. Qurana əsaslanan vahid ədalət məhkəməsi sistemi tətbiq edildi, qan intiqamı qadağan edildi, vergilər tənzimləndi, silah müəssisələri, mətbu-çap maşınları və sikkəxanalar tikildi, quldurluğa, banditizmə də son qoyuldu. Dağıstanın tarixində birinci və axırıncı dəfə dağlardan, dərələrdən təhlükəsiz keçib getmək və ən uzaq məntəqələrdə polis şöbələrində qeydiyyata durmaq mümkün oldu. Hətta qarışıq dillər də yox oldu, çünki ərəb dili, Quran dili rəsmi, işgüzar və idarə dili elan edildi (qismən də olsa).

Dağıstandakı bu parlaq dini və siyasi intibah uzun çəkmədi. İşğal olunmuş Qafqazın düz ortasında olan bu azad torpaq çarın istəyinə heç müvafiq deyildi. Ara-sıra atışmalarla, cəza dəstələri ilə Dağıstanın yaxşı təşkil olunmuş xalqına qarşı nəsə bir şey etmək mümkün deyildi, üstəgəl, Şamilin döyüşçüləri açıq döyüşdə ruslardan güclü idi və onun əli az qala Tiflisə qədər çatırdı. Buna görə də Rusiya Avropa strategiyasında görünməmiş, amma burada, dağlarda keçərli olan bir yol tapdı. Qərara alındı ki, ölkəni zonalara bölsünlər, zonalar üzrə sistematik olaraq bütün kəndləri, tarlaları, bulaqları dağıdıb məhv etsinlər, mal-qaranı qırsınlar, hər yerdə adamları öldürsünlər. Beləliklə, Şamilin səltənəti tədricən, addım-addım viran edilməli, işğal edilmiş hər bir zona xarabalığa çevrilməli idi ki, düşmən onu yenidən alarsa, ondan heç bir fayda görməsin. Dağıstanın hər bir sakini öldürülməli idi ki, on illər boyu müridlərin sıralarına gələn olmasın, onların nəsli tükənsin, qüvvədən düşsün.

Müharibənin bu "humanist" metodu illərlə davam etdi. Məqsəd aydın idi – nə qədər davam edir-etsin, lap bütün Dağıstan kimsəsiz qalsa da. Müstəmləkə müharibələri tarixində bu, ən qəddar metod idi. Bu metod öz işini gördü. Davamlı olaraq çeşmələrin zəhərlənməsi, qadın və uşaqların öldürülməsi, tarlaların cidd-cəhdlə məhv edilməsi və meşələrin qırılması – hamısı da çarın iradəsi ilə – bütün bunları bir neçə sətirdə təsvir etmək mümkün deyil. Rus və Qafqaz mənbələri bu haqda kifayət qədər məlumat verir, üstəlik cəngavər romantikasından, dağlarda müharibə aparmaq məharətindən, qafqazlıların dəlisov igidliklərindən, tökülən qanlardan və "zonalarla müdaxilə"nin əziyyətindən də bəhs edirlər.

Qısası, amansız müharibə otuz il davam etdi. Şamilin məmləkəti və onun həyatının məqsədi xarabalıqlara gömüldü. O özü isə Qunibin qarlı dağlarında axıra qədər müdafiə olunsa da, sonda on səkkiz yerdən yaralanmış cismini düşmən düşərgəsinə təslim etdi. Bircə şərtlə, onun təslim olmasını heç bir müsəlman görməsin. Onu əsir götürən rus əsgərləri evinin qabağında cərgə ilə düzülüb bayıra çıxan zaman bu yad dinin müqəddəs insanının əlini ehtiramla öpürdülər. Onlar Şamil kimi müqəddəs bir həyat yaşayan hökmdar görməmişdilər. Onlar bu cür kasıb, özü də igidliklə vuruşan, otuz illik hökmranlıqdan sonra yalnız özününkü deyə bildiyi, dəhşətli dərəcədə yaralanmış bədənindən başqa heç nəyi olmayan hökmdar tanımırdılar.

Əgər çar ona pensiya kəsməsəydi, bu Dağlar Hökmdarı acından öləcəkdi. Nəhayət, o öldü, amma Məkkədə. Oyanmaqda olan Şərqdə o, ən böyük qəhrəman idi və qəhrəman olaraq qalır. O, Şərqin azadlığı uğrunda döyüşənlərin birincisidir.

Dağıstanın və bütövlükdə Qafqazın azadlığı illərdir ki, əldən gedib. Amma döyüşlər də heç vaxt kəsilməyib. Orda-burda yeni qiyamlar, üsyanlar alovlanır. Mübarizəni davam etdirən, azadlıq aşiqləri olan abrek dəstələri dağlarda dönə-dönə ayağa qalxdılar, amma döyüşlərin nəticəsi daha da məyusedici oldu.

Sonra, 1917-ci ildə dünyanın ən böyük inqilabı baş verdi və bir çox illər ərzində rus işğalının nəticələri elə bil itdi. İnqilab baş verəndən sonra ruslar onların qırx illik tiranlığının bu torpaqda necə zəif kök atdığını dərk etdilər. İndi ən fanatik ruslar belə çətin deyər ki, "Qafqaz Rusiyanın bir parçasıdır". Yalnız onu deyə bilərlər ki, Qafqaz "Rusiyanın müstəmləkəsi olmalıdır". Amma bu, yeni müharibə olar, daha çox "zonalara müdaxilə" olar, daha çox qan, daha çox əzab doğurar.

Dağların işğal tarixi, yüzlərlə azad xalqın heybətli Şimal əjdahası ilə mübarizəsinin qanlı hekayəti budur. Sonralar nisbətən əmin-amanlıq dövrü gəldi, bu dövrdən Rusiya məmləkətin mədəni səviyyəsini qaldırmaq üçün istifadə etdi. Bu proses onunla müşayiət olundu ki, yerliləri ən yaxşı mülklərdən, torpaqlardan sıxışdırıb çıxardılar, onların yerlərində kazakları yerləşdirdilər. Yollar çəkməyə, şəhərlər salmağa başladılar, fabriklər açdılar, abidələr ucaltdılar, amma bu işlərin çoxu az və ya çox dərəcədə qrotesk xarakter alırdı, həmişə də fəlakətlə nəticələnirdi.

Ruslar yalnız bir yerdə həqiqətən az-çox əhəmiyyətli olan bir iş gördülər – Şimali Qafqazda, Beştau dağlarının yanında məşhur Qafqaz müalicə sularının çıxdığı yerdə. Həmin Beştauda *(indi Pyatiqorsk – tərc.)* dörd şəhər saldılar. Onların ən gözəli Kislovodsk gözəllikdə və dəbdəbədə Avropanın dünya səviyyəsində olan ən möhtəşəm kurortlarından da üstündür. Şərqin ən gözəl bağlarının nümunələrini özündə birləşdirən bu şəhəri villalar və saraylar bəzəyir. Kislovodskın nəhəng parkını gəzib-dolanmaq üçün üç gün vaxt gərəkdir. Şəhər bütövlükdə Sankt-Peterburqun knyazlarının və bankirlərinin öz istirahəti üçün yaratdıqları nadir təbiət möcüzəsidir. Saray adamları, tacsız hökmdarlar, feodal əyan-əşrəf, dövlət xadimləri və generallar hər yay axın-axın Kislovodska gəlirlər. Şəhərin ətrafında kazak qəsəbələri salınıb ki, daimi bir ordu dünyanın ən gözəl şəhərlərindən biri olan bu şəhərin əmin-amanlığını qoruya bilsin. Rusiyanın, yəni əlbəttə, feodal Rusiyanın qaymağı olan adamlar Kislovodskı özlərinin sevimli kurort yeri kimi seçir, həm də onun qayğısına qalır, inkişaf etdirirlər.

Mən Kislovodskda bir neçə dəfə olmuşam. Dağıstanın azman dağları və aulları ilə, knyazları ilə tanış olduğum həmin il mənim səfərim Beştau vannalarında başa çatdı. Bu vannalar və bu feodal şəhər indi öz əvvəlki şöhrətini həmişəlik itirib, amma mən burada onları unudulmaqdan xilas etməyə çalışacağam.

21.
NARZAN – ƏJDAHA QANI

Qafqazın məşhur müalicə bulaqları dağların şimalında – Kabardiya torpağındadır. Amma bu çeşmələrin ətrafında bircə kabardin də qalmayıb. Sanatoriyaları qorumaq üçün burada yerləşdirilmiş kazaklar onları dağlara tərəf sıxışdırıblar.

Kabardinlər buradan müqavimətsiz getməyiblər. Ruslar Kabardiya vadisində möhkəmlənənə qədər yerlilərlə onlar arasında illərlə mübarizə gedib, nəhayət, hiyləgər müqavilələrlə Kabardiya knyazlarını aldadaraq razı salıblar. Hər şeyi də knyazlar həll edib, çünki Kabardiya Qafqazda yeganə torpaqdır ki, son vaxtlara qədər nə ruhanilər, nə də ailə heç nəyi həll etmirdi. Kabardiyada hər şey yeddi məşhur knyaz nəslinə məxsusdur, onlar isə nə sultanı, nə də şahı özlərinə tay hesab edirdilər.

Kabardiya knyazı qafqazlıların gözündə bütün Qafqaz ideallarının təcəssümü, yer üzündə olan bütün məziyyətləri özündə daşıyan nümunəvi, toxunulmaz bir zatdır, ona müqəddəslər kimi baxılmalıdır. Kabardiya knyazları öz ləyaqətlərindən xəbərdardır, çünki kabardinlərin dünyada ən nəzakətli adam, onların knyazlarının isə bütün Şərqdə ən alicənab cəngavər olduğu haqda heç kim mübahisə etmir, qalan bütün dünya hökmdarları aşağı əyarlı məxluqdurlar. Knyaz ailələri iki min il öz subyektlərini idarə ediblər, bircə knyaz da öldürülməyib, heç buna cəhd də edilməyib. Kabardiya torpağında hər şey knyazlara məxsus idi. Onlar tabeliyindəki subyektlərdən nə istəsəydilər götürərdilər, hətta arvadlarını da. Ölkədə səfərə çıxanda qarşılarına kim çıxsa, nə qədər tələssə də, ayaq saxlamalı, knyaz keçib gözdən itənə qədər nəzərləri ilə onu fəxrlə müşayiət etməlidir. Knyaz burnunu silirsə, yanında olanlar da hamısı belə etməlidir, əgər o, yolda təbii ehtiyacını ödəmək üçün əylənməyə məcburdursa, onu müşayiət edən bütün saray əhli, orada olan hər bir şəxs onun kimi hərəkət etməlidir. Amma əgər, bir tərəfdən, knyazın tabeliyində olan hər cür mülkiyyət ona məxsusdursa, o biri tərəfdən, ola bilər ki, bu mülkiyyət onun subyektinə məxsus olsun. Hər bir kabardinin özünə knyaz axtarmaq hüququ var və o, nə az, nə çox, heç olmasa, sadəcə onunla ya xəncərini, ya da şlyapasını dəyişməli, yaxud onun evindən hər hansı bir şey götürməlidir. Əgər knyaz bunu qadağan etsə, təkəbbürünə, lovğalığına görə onu qınayardılar, deyərdilər ki, o, ləyaqətini itirib.

Adıgey xalqının bir hissəsi olan kabardinlər o vaxt bir neçə əsr idi ki, müalicə sularının olduğu vadidə yaşayırdılar. O vaxta qədər ki, onlar – knyazlar, qraflar, əyanlar, kəndlilər və əsgərlər dağlara çəkilib öz feodal həyatlarını yaşamağa davam etdilər. Rusların yerləşdiyi vadidə kabardinlərin vannalarından və onlarla bağlı olan əfsanələrdən başqa heç nə qalmadı. Bu şəfalı bulaqların yaranması ilə bağlı bir əfsanənin hərfi tərcüməsini burada verirəm.

Min illər qabaq, – kabardinlər deyir, – onda ki, yer hələ çox cavan idi, gözəl idi, onun səthində keçmiş əzabların heç bir kölgəsi yox idi, nə kişi, nə qadın vardı. Çöllərdə bir ins-cins gözə dəymirdi. Dərin dənizlər, uzaq adalar kimsəsiz, tənha idi. Yalnız dağlar vardı – qara, nəhəng qum və daş kütləsi olan dağlar öz içində nəfəs alırdı. Cazibədar və əzilib-büzülən, korlanmış qadınlar kimi kiçik dağlar və ucaboy, güclü kişilər kimi xəncərli-dəbilqəli azman və nəhəng dağlar. Dağlar onda azad və mütəhərrik idi. Onlar çöllərdən, səhralardan, meşələrdən keçir, hər yanı dolaşır, dənizlərin yaşıl güzgüsündə özlərinə baxır, bir-birinə qəribə nağıllar söyləyirdi, elə nağıllar ki, zavallı insanlar bu gün bu haqda heç nə bilmirlər.

Onlar tez-tez bir yerə yığılır, böyük, azman zirvələr kiçik dağların diqqətini cəlb etmək istəyir, kiçik dağlar isə utancaq işvələri ilə bu güclü dostlarına naz edir, qorxa-qorxa özlərini bəyəndirməyə çalışırdılar. Dağlar xüsusən Xəzər dənizi ilə Qara dəniz arasındakı kiçik torpaq zolağında görüşməyi çox sevirdilər. Burada çoxlu gözəlliklər, elə arıq gözəl xanımlar vardı ki, dillə təsvir etmək mümkün deyil. Yalnız Qafqazın uca zirvələrində qanad çalan qartallar o günləri hələ də xatırlayır, dağların daş gözəlliyi haqda vəhşi çığırtılarla nəğmə oxuyurlar, amma biz insanlar onların nə oxuduğunu başa düşmürük.

Orada bütün Qafqaz, Himalay və Alp dağ nəhənglərinin ağlını başından alan gözəl bir xanım da vardı. Onun adı Maşuk idi. O, incə qamətli, gənc və bütün qadınlar kimi vüqarlı, məğrur idi. Nəhənglərdən yalnız ikisi ona yaxınlaşmağa cürət edirdi. Onlar Elbrus və Tau idi. Onların zirvələri göylərə çatırdı, səhərlər

günəşin doğmasını birinci onlar görürdü, axşamlar
batan günəşi sonuncu onlar yola salırdı. Amma gözəl
Maşuk da çox vüqarlı, şıltaq idi, nəhənglərin ürəyi-
ni oynadırdı. Əvvəlcə qəlbini birinə, sonra o birisinə
verəcəyini deyirdi. Adətən belə hallarda baş verənlər
burada da baş verdi: qısqanclıqdan yanan iki nəhəng
dalaşmağa başladı. Elbrus çox yüksəklərdən Allah
qəzəbinin təcəssümü kimi Taunun üstünə atıldı, Tau
cəsurluqla özünü müdafiə etdi. İki nəhəng dağ odla,
qılıncla döyüşürdü, torpaq ayaqları altda titrəyir, yer-
göy, bütün aləm azmanların al qanına boyanırdı.

Döyüş beş yüz il davam etdi, nəhənglərin ürəyinin
atəşi getdikcə artır, bədənlərinin qanı çaylar kimi axır-
dı. Sonda Elbrus qalib gəldi. Var gücü ilə Taunun üs-
tünə atılıb son qılınc zərbəsini vurdu. Tau bu dəhşətli
zərbəyə tab gətirə bilmədi. O, beş parçaya bölündü,
məğrur düşməninin ayaqları altına töküldü. Beləliklə,
qüdrətli Taudan (Dağ) Beş tau (beş dağ) yarandı.

Amma qalibin sevinci uzun sürmədi. Elbrus özü-
nü Maşuka təqdim edəndə gördü ki, o, gənc bir qız
deyil, qoca bir qarıdır, sifətində dərin qırışlar var, bu
qırışlardan kristal göz yaşları axır. Nəhənglərin döyü-
şü beş yüz il çəkmişdi. Heç bir qadının gözəlliyi sev-
gi üçün bu qədər gözləyə bilməz. Maşukun cavanlığı
ötüb keçmişdi. İndi isə o, məhv olmuş həyatının, Elb-
rusun qanlı yaralarının və ölüb getmiş yaraşıqlı Tau-
nun dərdini çəkirdi. Həmin vaxtdan min illər keçib.
Dağlar indi qocalıb, yorulub. Daha dünyanı da gəzib
dolaşmırlar. Başları ağappaqdır, sifətlərində dərin qı-
rışlar var. Daha kiçik və nərmə-nazik məxluqlar indi

geniş çöllərdə və yaşıl meşələrdə məskən salıblar. On-
lar yer üzünü dolaşır, bir-biri ilə döyüşür, vuruşurlar,
ta o vaxta qədər ki, onlar da bir gün ölüb daşa dönə-
cək, öz yerlərini daha cavan məxluqlara verəcəklər.

Amma Maşukun göz yaşları, Elbrusun qanı hələ
də yer üzünə axır. Kabardiyanın hündür dağların-
da, nəhəng Taunun öldürüldüyü yerdə Maşuk uca-
lır, onun dibindən həmin məşhur göz yaşları süzülüb
gəlir, dağların şəfa suları axır, odur ki, harada sevgi
və qocalıqdan əzab çəkən varsa, buraya gəlir, sağalır,
şəfa tapır. Hətta zəhmli Elbrusun qanı elə bil Maşukun
göz yaşlarından da məşhurdur, ona Narzan deyirlər –
nəhəngin qanı. Kim sevgidən və qocalıqdan şəfa tap-
maq istəyirsə, Kislovodsk şəhərindəki Elbrus dağına
gəlir, Beştauya baş çəkir, buz kimi soyuq qanda vanna
qəbul edir, gücünü, sağlamlığını bərpa edir. Knyazlar,
nazirlər, aristokratlar, onların köməkçiləri Rusiyanın
incə gözəlləri ilə buraya təşrif gətirirlər. Burada villa-
lar, bağlar salıblar, dağlar qoynunda yalnız Rusiyanın
əski vaxtlarında və imperiyanın son illərində müm-
kün olan həyat tərzi yaradıblar, o vaxtlar ki, kazaklar
dəbdəbəli, gizli hücrələrə göz olurdu, o zamanlar ki,
çarın Qafqaz vassalları bu dağlarda onların yerlərini
əllərindən almağa cürət etmirdilər.

Dağların qurtardığı yerdə, məşhur Gürcüstan
hərbi yolunun lap axırında yerləşən rus şəhəri Vla-
diqafqazda həmin şəfalı çeşmələri ətraf dünya ilə bir-
ləşdirən rahat dəmir yolu başlanır. Dağlardan, yaxud
çar imperiyasının mərkəz şəhərlərindən gələnləri,
şəhərlərin incisi olan bu yerin gözəlliklərini görmək

istəyənləri hələ Avropanın tanımadığı geniş vaqonlu qatarlarda qarşılayırdılar. Mən də yollarda bizi müşayiət edənlərlə, dağların ibtidai həyatı ilə xudahafizləşib xidmətçimlə birlikdə bu qatara mindim. Bütün günü qatarla dağlar arasından yol getdik, cəmi bircə dəfə dayandıq. Bələdçi hər yarım saatdan bir kupenin qapısında görünür, ingilis, fransız və alman dillərində nəsə istəyib-istəmədiyimizi soruşurdu. Bu dil seçimi, şübhəsiz, nüfuz-hörmət məsələsi idi, çünki sərnişinlərdən kimsə çətin ki, Avropa dillərində danışardı. Kurort rayonunun sərhədində qatar bir yolayrıcında dayandı, sərnişinlər düşüb gözləmə otağının divarında vannalardan istifadəyə dair rəsmi bildirişləri oxumağa başladılar:

1. Yəhudilərə Kislovodska gəlmək qadağandır.

2. Kurortlarda qalmaq məqsədilə gələn yəhudilər Daxili İşlər Nazirliyindən icazə almalıdırlar.

3. Rus zadəganlığına mənsub olan yəhudilər Kislovodska gələ bilər.

4. Kazak, ya da zadəganlığı olmayan heç kimə, Daxili İşlər Nazirliyinin xüsusi icazəsi olmasa, Kislovodskda torpaq mülkiyyətçisi olmağa icazə verilmir.

Bu dörd paraqraf və buna oxşar neçə bildiriş və izahlar bu qiymətli müalicə vannalarının əhəmiyyətini aydın göstərirdi. Feodal Rusiya bu şəfa ocağından mümkün olduqca təkbaşına istifadə etmək istəyirdi. Bir də olsa-olsa, köklü Qafqaz aristokratiyası buraya gələ bilərdi.

O vaxt Kislovodskın böyük parkında mövsümün qızğın çağında çarın bütün vassallarına rast gəlmək olardı. Şən və əyləncəli paltarlar geymiş saray adamlarının əhatəsində rus generalı mundirində olan Buxara əmiri başdan-ayağa ipək libasa bürünmüş, kafelərin birində portağal şirəsini təkəbbürlə qurtum-qurtum içən Xivə xanını çəpəki nəzərlərə süzürdü. Minqreliyadan gəlmiş doqquz sarışın şahzadə qız Abxaziyanın sonuncu hökmdarının oğlu ilə rus xanədanının xeyirxahlığından söhbət edirdi. Tarki şamxalı qonşusu Qaraqaytaq usmisini görüb yolunu xeyli aralıdan saldı, çünki hamı onu "qırmızılardan" hesab edirdi və ola bilsin ki, haçansa həmişə ehtiyatlı olan şamxalı güdaza verə bilərdi. Başqa bir yerdə rüsvay olmuş İlisu sultanının qardaşlarından biri bu yerlərin mülki qubernatoru olan Krım Girey knyazını müşayiət edir, onu inandırırdı ki, o, qardaşı ilə həmişə düşmən olub və nahaq yerə öz mülkiyyətindən məhrum edilib.

Arabir parkda gəzməyə çıxan Əlahəzrət Canişin yanlarından keçəndə bütün bu əyan-əşrəf dəstəsi tez-tez qorxudan boyaboy ayağa qalxıb ona tərəf boylanırdı. Əlahəzrətin yanınca gedən xanədan knyazları, Rusiyanın alimənsəb zatları yerli knyazlara, bu "cangüdən adamlara" lovğa-lovğa baxırdılar. Axı çarın məşhur cangüdənləri Qafqaz knyazlarından olurdu, çar rus əyanlarından çox onlara inanırdı.

Amma burada diqqəti cəlb edən nə knyazlar, nə ehtiyatlı şamxal, nə də həddən artıq bəzək-düzəkli əmir deyildi. Buradakı xanımlar, Rusiyada yaşayan müxtəlif xalqların nümayəndələrindən olan, Qafqaza axın-axın gəlmiş qadınlar daha çox diqqət mərkəzində idi. Gəlmişdilər ki, vəhşi çərkəzlərə tamaşa etsinlər (çünki Rusiyada bütün qafqazlılara çərkəz deyirdilər), bir tatar knyazı ilə sevişsinlər, görsünlər ki, qızı qaçıranda necə qaçırırlar, sonra da Sankt-Peterburqa gedib bu vəhşi torpaq haqda həyəcanlı əhvalatlar danışsınlar. Kislovodskda "vəhşi"liyin bütün izlərini yox etmələrinə baxmayaraq, qadınları naümid qoymamaq üçün qəsdən bir neçə "quldur, bandit" obrazı hazırlayıb, geyindirib onlara göstərirdilər. Həmişə nəzakətli olan gürcü knyazlarını bu işə qoşmuşdular, onlar da hərdən görürdün ki, sakit yay günlərinin birində bir "vəhşi" tamaşası başladılar, xəncərlərini qınından çıxarıb anlaşılmaz səslər çıxarır, hər dəfə "qafqazlıların dəliqanlılığından" qorxan rusların hərəkətindən qəribə bir sevinclə təəssüratlarını danışırdılar. Kislovodsk əslində dünyada birinci şəhərdir ki, əsl vəhşi adamı, sonralar Avropada da bir obraz kimi qəbul edilmiş adamı sizə göstərə, təqdim edə bilər. Bu gün Qərbi Avropada elə bir ortabab şəhər yoxdur ki, orada Şərq gecə klubu, onun da qapısında vəhşi çərkəz olmasın.

Kislovodsk kazak stanitsaları, yaxşı pul verilən "vəhşi adamlar" və Sankt-Peterburqun romantik xanımları olmadan da əsl nağıl şəhəri idi. Avropalılara görə, "cənub" çaları olan və hər bir şimallının gizli arzusunu təşkil edən hər şey bu böyük Qafqaz vadisində öz təcəssümünü tapır: tropik tarlalar, tropik meşələr, qıjovlu-köpüklü dağ çayları, sanki hansısa sənət əsərindən olan insanlar, Narzanın qayaları və geniş bağları, əjdahanın hər kəsə şəfa verən soyuq qanı – Narzan suları. Bağlar və qayalar arasındakı geniş parkda ucalan, hər cür Avropa dəbdəbəsi ilə təchiz edilmiş mərmər villalar. Beştaunun cah-cəlallı kurort-larında nümayiş olunan Şərq romantikası ilə Qərbin super mədəniyyəti arasında belə bir sintez dünyada heç vaxt olmayıb. Mübaliğəsiz demək olar ki, kim 1917-ci ildən əvvəlki Kislovodkı görməyibsə, demək, köhnə dünyanın bütün gözəlliyini görməyib, bilmir.

Ətrafın gözəlliyi və rus-Qafqaz irqinin qarışıq rən-garəngliyi öz yerində, Kislovodsk həm də başqa bir cəhətə görə nadir şəhər idi: bura Avropa mədəniy-yətinin üstünlüklərini cəmi 24 saat ərzində özündə görmək istəyən ibtidai, yarımvəhşi qafqazlıların gö-rüş yeri idi. Bir də görürdün, ruslaşmış gürcülərdən tamam fərqlənən, Pşavidən, Kistindən (*Gürcüstanın Pankisi vadisində yer adları – tərc.*), ya da Allah bilir, hansı dağdan-dərədən olan barbarlar bir bölük qo-hum-əqrəbası ilə gözlənilmədən Kislovodskda pey-da oldu. Onlar çəngəl-bıçaqdan istifadə edən daha mütərəqqi həmvətənlərinə bir gün, iki gün təəccüblə, qorxa-qorxa baxır, sonra getdikcə daha dərindən ina-nırdılar ki, onların hətta ən şıq geyinmiş forslu Lon-don ədabazından belə öyrənməli bir şeyləri yoxdur. Amma bu vəhşilərin rəftarı, davranışı hər kəsin qibtə edə biləcəyi bir tərzdə sadə idi: onlar arvadlarının başıaçıq, örtüksüz gəzməsinə icazə verir, bəzi zahiri xüsusiyyətləri ilə ətrafdakıları təəccübləndirdiklərini gördükdə bununla məzələnir, əylənirdilər.

Kislovodska gələndən bir, ya iki gün sonra, sakit bir yay günü şəhərin böyük parkında skamyada otu-rub ətrafa baxırdım. Yan-yörəmdə kazakların təmin etdiyi rahatlıq və təhlükəsizlik içində Avrasiya irqlə-

rinin qarışığı olan insanlar gəzib-qaynaşırdı. Oturdu-
ğum skamyada məndən bir az aralı gənc, xəyalpərvər
çöhrəli, gözəl, tipik qafqazlı qadınlar kimi incəbel bir
qadın oturmuşdu. Başıaçıq olması onun bir Avropa
düşüncəli olduğunu göstərsə də, qadın Dağıstan liba-
sında idi, boynunda da qızıl sikkələrdən olan zəncir
vardı ki, demək, tamam şərqli idi. Qafqazda tanış ol-
madığın xanımlarla danışmaq məqbul sayılmır, heç
onların da tanış olmayan cavan bir kişiylə danışmaq
adəti yoxdur, ona görə də bu cazibədar qonşumla ta-
nış olmağı heç gözləmirdim də. Amma sən saydığı-
nı say.

İzah etməyi lazım bilmədiyim kiçik bir yanlışlıq
tanışlığımıza səbəb oldu. Bu yanlışlıq, necə deyərlər,
məxsusi bir şey deyildi. Gənc qadın məni qız zənn
etmişdi. Onda mən cavan idim, saqqal saxlamırdım,
çərkəzi libasda idim, üstəgəl, o vaxtlar naməlum sə-
bəblərdən bir çox qadınlar çərkəzlər kimi geyinib
Kislovodska gəlirdilər, məni də tez-tez amazonlara
oxşadırdılar. Məsələ belə idi. Gənc qonşum məni bir
az gözdən keçirdi, sonra azacıq mənə tərəf əyilib bu
yerlərdə ümumi ünsiyyət dili olan Azərbaycan dilin-
də dedi:

– Gözəl qız, yəqin ki, hələ bir kişi ilə tanış olmamı-
san? – Hiss etmək çətin deyildi ki, təcrübəli bir qadı-
nın üz-göz ifadəsi ilə o sanki bakirə bir qıza bəzi ağıllı
məsləhətlər vermək istəyir.

Bir az çaşıb qalsam da, cavan qızlar sayağı əzi-
lib-büzülüb dedim ki, hələ kişi ilə tanışlıq təcrübəm
yoxdur. O, dərindən köks ötürüb dedi ki, ola bilsin,

bakirəliyimi hansısa kişiyə təslim etmək vaxtı çox da uzaqda deyil. "Ondan sonra daha çərkəzi paltar geyməzsiniz. Amma sonralar sizi Kislovodska həkimlərin yanına gəlməyə, yəqin ki, məcbur etməzlər, məni isə buralara hər il zorla gətirirlər", – qadın əlavə etdi, yenidən daha dərdli bir ah çəkdi.

Cavan və təravətli sifətində heç bir daxili əzabın, xəstəliyin əlaməti yox idi, ona görə də lap ürəkdən dedim ki, bu avropalı həkimlərə çox da inanmasın, ondansa bu sakit, füsunkar yerlərdən zövq alsın.

– Mən heç xəstə deyiləm, – qadın dedi. – Həkimə də ona görə gedirəm ki, ərim belə istəyir. Şübhəsiz, o haqlıdır.

– Onda əriniz sizi çox sevir, – dedim, sonra da qız kimi qızardım.

– Ola bilsin, – o dedi. – Amma o məni sevdiyinə görə yox, yüngülxasiyyət olduğuma görə cəza olaraq həkimlərə aparır.

Təəccüb içində indi soruşdum ki, onun səhhəti üçün bu cür qayğıkeşlik necə olur ki, həm də yüngülxasiyyətliliyə görə cəza olur. Əlüstü cavab verdi:

– Ərim məni səhhətimə görə həkimlərə aparmır.

– Bəs nəyə görə aparır? – maraq məni götürdü.

Gənc qadın qızardı, başını aşağı salıb utana-utana dedi:

– Ona görə ki, onlar mənim burnumu kəssinlər. – Sonra yəqin üzümdəki səfeh ifadəni görüb əlavə etdi:

– Bunu özü etmək istəmir.

Yalnız indi onun nə dediyini, deyəsən, başa düşdüm, amma bu barədə onunla danışandan sonra ərinin qəribə istəyini tamam anladım. Qadın ərinə xəyanət etmiş, xəyanəti ifşa olunmuşdu. Əri Dağıstanın hörmətli zadəganlarından idi, adını, şərəfini çox qoruyurdu, üstəlik özünü Avropa kamilliyinin mücəssəməsi hesab edirdi. Dağların qanununa görə, kişi arvadını xəyanət üstə tutsa, bu rüsvayçılığın cəzası olaraq onun burnunu kəsə bilər (bu, hər halda onu öldürməkdən, yaxud da Avropadakı kimi sonra bəraət verməkdən yaxşıdır).

Əri arvadını xəyanət üstə tutmuşdu və bu qanuna əməl etmək istəyirdi. Amma dərhal da özünü düşünüb əl saxlamışdı. Belə bir hərəkəti – bu vəhşi adətə əməl etməyi o özünün Avropa məziyyətlərinə (hər halda özü belə hesab edirdi) müvafiq hesab etmirdi. İnkişaf etmiş, mədəni bir insan kimi ətrafına yaxşı bir nümunə göstərməli olduğunu hiss edirdi.

– Mən sənin burnunu kəsməyəcəyəm, – o, camaat içində arvadına demişdi. – Çünki qanın zəhərlənə bilər, bir də ki, bu səni çox incidər. Allaha şükür, indi hər şey inkişaf edib. Yayda Kislovodska gedəcəyik, orada yaxşı Avropa həkimləri var, onlar sənin burnunu necə lazımdır kəsəcəklər.

Bunu eşidənlər ərin bu yüz faiz avropalı münasibətinə gülüb əyləndilər də, arvad isə səfərə hazırlaşmağa başladı. Onlar Kislovodska gəlib çıxandan sonra ər bütün avropalı həkimlərə baş çəkir, amma hər dəfə başını bulaya-bulaya geri qayıdırdı. Bu adamın öz Dağıstan şərəfini bərpa etmək üçün təklif etdiyi yüksək pul-paraya baxmayaraq, həkimlərin hamısı onu nifrətlə rədd edirdi. Həkimlərdən biri – Sankt-Peterburqdan olan həkim isə hətta onu polisə xəbər verə-

cəyi ilə hədələmişdi. Ər başa düşmürdü ki, bu həkim-
lər avropalı, həm də kişi olduqlarına baxmayaraq,
niyə ona ürəkləri yanmır, onu başa düşmürlər, ona
görə də bir neçə həftədir ki, arvadını şəhərin bütün
həkimlərinə aparırdı. Arvadı isə səbirlə, peşman-peş-
man buna dözür, deyirdi ki, qoy əri necə istəyir elə
də eləsin, sonra əyilib qulağıma yavaşca pıçıldadı ki,
əgər həkim tapılmasa, ola bilsin, əri onun bu günahı-
nı bağışlasın. Çünki qadın getdikcə daha çox ərinin
xoşuna gəlirdi, xüsusən o rus generalı bu qadını cə-
miyyət içində görüb hamının gözü qabağında əlindən
öpmüşdü və şövqlə demişdi: "Allah necə də incə ya-
radıb! Yalnız dağların xanımı bu cür ola bilər!" Onun
əri, görünür, Rusiya meyilli idi.

Mən kim olduğumu bildirmədən qadınla xuda-
hafizləşib ayrıldım. Arzu etdim ki, öz kiçik Dağıstan
burnunu qoruyub saxlaya bilsin, sonra da ümidvar
olduğumu bildirdim ki, yəqin mənim də gələcək ərim
Rusiya meyilli olacaq.

Bir-iki gün sonra mən qadını əri ilə birlikdə gör-
düm. O, ucaboy, xoş görkəmli bir kişi idi, uzun bığ-
ları vardı, gözləri buzov gözləri kimi kədərli idi, öz
hərəkətlərinə cavab verə bilən adam təsiri bağışlayır-
dı. Bildiyim qədər, o, axırda arvadının günahını ba-
ğışlamış və onlar heç bir şey olmamış kimi dağlara
qayıtmışdılar.

O vaxt mən Kislovodskda olanda çox mühüm bir
hadisə bütün Qafqazı, xüsusən adlı-sanlı adamların
toplaşdığı bu möhtəşəm kurort şəhərini təlatümə gə-
tirdi. Yayın qızmar çağı olmağına, gözəl havaya və ət-

rafın gözəlliklərinə baxmayaraq, kurortdakılar təşviş içində idi. Köhnə dost-tanışlar bir-birini salamlaşmaqdan qaçırdı, əvvəllər bir-birinə dost olan xalqlar indi bir-birinin boğazını üzməyə hazır idi. Bütün Qafqaz elə bil iki fraksiyaya ayrılmışdı. Artıq Rusiyada hakimiyyətdə olanları təşvişə salan bir münaqişə qəfildən bir-birinə düşmən kəsilmiş ermənilərlə gürcülər arasında getdikcə şiddət edirdi. Qəribə idi, bu düşmənçiliyin səbəbləri nə siyasi, nə də iqtisadi amillərlə bağlı idi. Min illərlə yerində duran, heç kimin diqqətini cəlb etməyən köhnə bir daş indi birdən-birə çox aktiv olaraq diqqət mərkəzinə gəlmiş, mübahisəli bir şey olmuşdu. Elmi işdən çox səyahət həvəsli bir "elmi ekspedisiya" qədim bir yazılı daş tapıb, heç biri də onu oxuya bilməyib. Qədim yazının surətini köçürüb bir neçə tanınmış alimə göstəriblər, onlar da yazının üç min il yaşı olduğunu deyiblər. Alimlərdən bir neçəsi onun qədim gürcü dilində, bir neçəsi isə qədim erməni dilində olduğunu bildirib. Bu, iki xalq arasında qovğaya, dava-dalaşa səbəb olmuşdu. Pərgar icmalçılar bir göz qırpımında yazını yozub oxumuş, demişdilər ki, burada qədim bir imperiyadan danışılır, sonra da tərəddüd etmədən deyiblər ki, erməni xalqı (ya da gürcü xalqı) daha qədimdir, həm də təkcə Qafqazda deyil, bütün dünyada ən inkişaf etmiş xalqdır (onların qərarı hansı millətə mənsub olmalarından asılı idi). Mətbuat da buna rəvac vermiş, çox məhsuldar müzakirələrə yol açmışdı. Tərəflərdən heç biri qədimliyi o birinə vermək istəmirdi. Məsələ körüklənir, şişirdilirdi.

Jurnalistlər üçün əsl fürsət yaranmışdı. Əks halda sərt senzura bilmirdi ki, elmi müzakirələri necə qadağan etsin, ona görə də məsələyə müdaxilə etmirdi. Bu, erməni və gürcü mətbuatı üçün tapıntı idi. Bir erməni qəzeti yazırdı: "Bu, görünməmiş fərziyyədir ki, gürcülər kimi səfeh, degenerat və kütbeyin bir xalq – onların nə mədəniyyəti varsa, bizə minnətdar olmalıdırlar – birdən-birə cürətə gəlib bizim şanlı keçmişimizə aid olan və gürcülərin heç mövcud olmadığı bir dövrdən bəhs edən bu yazını öz adlarına çıxsınlar" və s. Gürcülər buna belə cavab verirdi: "Ermənilər yaddan çıxarırlar ki, uzaq keçmişdə bizim Misir mədəniyyəti ilə müqayisə oluna bilən mədəniyyətimiz olub (bu yaxınlarda tapılmış kitabə bunu aydın göstərir), onlar faktlarla manipulyasiya edərək elə ağ yalanlar uydurmağa çalışırlar ki..." və s. və s.

Bu məqsədli müzakirələr tezliklə xalqın ən aşağı təbəqələrinə də çatdı, hətta kəndlilər tam ciddiyyətlə danışmağa başladılar ki, bəs dağ boyda bir almaz tapılıb, deyirlər ki, bu almaz ya erməni xalqına, ya da gürcü xalqına məxsusdur. Bu almaz xaricdə satılacaq, hər erməniyə (ya da hər gürcüyə) min rubl veriləcək. Min rubl almaq imkanı bütün kəndlilərdə savaş əhvalı doğurmuşdu, onlar qiymətli daşı mənimsəmək istəyən hər hansı bir xalqın nümayəndəsini öldürməyə hazır idilər.

Elmlə, mədəniyyətlə heç vaxt maraqlanmayan adamlar belə, bu polemikaya qoşulmuşdular. Məsələn, bir dəfə Kislovodskda gözəl bir erməni qızı ilə rastlaşdım, qız tam səmimi deyirdi ki, ən qədim bir

sivilizasiyanın nümayəndəsi olaraq o, ibtidai təfək-
kürlü gürcülərlə heç vaxt ünsiyyət saxlamaq istəmir.
Bu sivilizasiyaların heç biri ilə bölüşməli bir malımız
olmadığına görə biz eyni fikri hər iki tərəfdən eşitmə-
li olurduq. Atamgildə bu xalqların nümayəndələrini
hər gün görürdüm, hər biri təşəxxüs və həyəcanla, ba-
cardığı qədər istehza və rişxənd dolu sözlərlə fikrini
ifadə etməyə çalışırdı. Dedikləri də əsasən belə başla-
yırdı: "Bilirsiniz də, biz dünyanın ən qədim sivilizasi-
yalı xalqıyıq".

Bu qalmaqalın heç dəxli olmadığı adamlar o dərə-
cədə çaşbaş qalmışdılar ki, məsələn, adətən ehtiyatlı
olan Xivə xanı birdən özünü dünyada ən qədim sivi-
lizasiyalı şəxs elan etdi və onunla razılaşmayanlardan
bərk incidi. Ona görə də Kislovodskdan dərhal çıxıb
öz vətəninə qayıtdı. Hətta çox qorxaq bir adam kimi
tanıdığım Tarki şamxalı da pörtüb-qızarıb müəm-
malı eyhamlar vurmağa başladı ki, bəs onun – Tarki
şamxalının da üç min il yaşı var və bütün bu deyilən-
lərin yazıldığı o daşı canfəşanlıqla axtarmağa başladı.

Mədəniyyətlə bağlı bu mübahisələr çox ciddi fə-
sadlar verə biləcək əndazəsiz və olduqca qeyri-mə-
dəni bir çəkişmə-didişməyə çevrilirdi. Hökumət iki
"qədim sivilizasiya" arasında qızışan bu ixtilafa cid-
di şəkildə müdaxilə etməli oldu. Sankt-Peterburqdan
olan dünya şöhrətli bir alimi göndərdilər ki, daş üs-
tündəki yazını birdəfəlik oxuyub dəqiqləşdirsin. Son-
ra xəbər yayıldı ki, hökumət ona ciddi təsir edir, çünki
onun izahları tərəflərin heç birinə sərf etmirdi. Bunun
da arxasınca söz yayıldı ki, daş üstündəki yazı nə qə-

dim erməni, nə də qədim gürcü dilindədir, bu kitabə Assuriya mixi yazısıdır və nə vaxtsa erməni və gürcü qullarının bələdçiliyi ilə bu dağlara gəlib çıxmış Assuriya ordusunun yürüşündən xəbər verir. Beləliklə, bu böyük ixtilaf sona çatdı. Sonralar, əlbəttə, eləri tapıldı ki, "əsl həqiqət"i yoxlamağa çalışdılar, amma həmin yazılı daş yoxa çıxdı, gördüm deyən də olmadı. Dedilər ki, – Allah bilir nəyə görə – Almaniyanın kayzeri onu istəyib, aparıb.

Tərəflərin hər ikisi bu sülh versiyası ilə razılaşdı, amma bir az keçincə bir-birini daha yumşaq formada hədələməyə başladılar: "Bir az gözləyin! Almaniyada o kitabəni dəqiq-dürüst oxuyacaqlar, onda görərsiniz!" Amma Kislovodskda sülhü, bir qayda olaraq, cidd-cəhdlə qoruyub saxlayırdılar və inqilaba qədər sakitliyi pozan olmadı. Xivə xanı da qayıdıb gəldi, Tarki şamxalı isə qəzetlərdə bəyan etdi ki, onun heç də üç min il yaşı yoxdur və heç belə bir şeyə iddia da etmir.

22.

EŞQ VƏ XƏYANƏT QALASI

Bu, Kislovodsk yaxınlığında, sıldırım üzərində ucalan bir qayanın romantik adıdır, xəstə əl-ayaqlarını Narzanın soyuq sularında yuyub dincəlməyə gedənlərin sevimli yeridir.

Lovğa aristokratlar qayanın bütün əl çatmayan yerlərində adlarını yazıb. Bir zaman Peterburqa gedərkən yolüstü buradan gəlib keçmiş İran şahzadəsi bir az aralıda, sal qaya üzərində fars dilində aşağıdakı misraları həkk etdirib:

> *Möhnət vadisidir bu dünya, qardaş,*
> *Allah hüzuruna ürəklə gəl sən.*
> *Həyatın zövqünə aldanma, çünki*
> *Sənin tək nə qədər canlar yaradıb,*
> *Yaradıb, sonra da məhv edib, bilsən...*
> *Şahzadə Xosrov Mirzə*

Amma bu tərki-dünya hisslər hər halda yaramaz bir adam olan fırıldaqçı şahzadəni Peterburqda çarı məharətlə aldatmaqdan saxlaya bilməyib.

Qədim bir Kabardiya əfsanəsi həmin qaya ilə bağlıdır və bu gün bütün Şərqdə – İranda, Türküstanda, Hindistanda söylənir. Əfsanənin tərcüməsini oxuculara təqdim edirəm:

22. Eşq və xəyanət qalası

"Deyirlər ki, dünyanın hökmdarı Sultan Mahmud Qəznəvi nağıllardan özünə bir çələng düzəldib. Bu çələngi neçə daş-qaş bəzəyib, kimsə bilmir. Amma onun hər bir daşı bir nağıldan xəbər verirmiş.

Başqa bir rəvayətə görə, şairlər şahı Firdovsi bir dəfə Sultandan bu daşların mənasını soruşur. Sultan ona aşağıdakı əfsanəni danışır:

Qafqazda, nəhəng Elbrusun qanı axan torpaqda, dərin, qaranlıq bir dənizin sahilində böyük bir sıldırım dağ var. Deyirlər ki, bir vaxt gənc bir oğlanla cavan bir qız həmin sıldırımın başında oturublarmış. Sevgililərin solğun üzündə ay işığı əks olunur, gözlərindən kədər yağırdı.

– Ah, əzizim, – qız deyirdi, – biz bu gün bir-birimizi axırıncı dəfə görürük. Sabah mən o varlı şahzadəyə ərə getməliyəm, bundan sonra ömrüm zindandakı kimi keçəcək.

Bunu deyib qızın gözlərindən iri, şəffaf yaş giləsi axdı.

– Gözəlim, – gənc oğlan dedi, – ağ zanbaqlar ləçəklərini açanda sənin adını pıçıldayır. Küləklər adını götürüb uca zirvələrə aparır, çobanlar onu eşidəndə sənin adınla tütək çalır, nəğmə oxuyurlar. Sevgilim, sənsiz bu həyat Şirvan şahının qaranlıq zindanında cüzamlı bir məhbusun həyatından betərdir. Sənin ayaq basdığın yerdə qıpqırmızı qızıl güllər bitir, onların ətri cəngavərləri bihuş edir, onları cəsur və nəcib olmağa çağırır.

Cavan oğlan susub dayandı, onun gözlərində yaş ləpələnirdi. Bir az keçincə dedi:

241

– Sevgilim, dərin, qaranlıq dəniz burada, ayağımızın altındadır. Qurtuluş onun dibindədir, bizi gözləyir. Qoy onun qaranlıq dalğaları yorğanımız olsun. Onun dərinlikləri bizi əbədi birləşdirsin.

Qız dedi:

– Mən sənsiz yaşamaram. Qaranlıq suların dibi pis adamlardan qorunmaq üçün ən yaxşı qalxandır.

Sonra onlar birlikdə qaranlıq sulara atılıb qərq olmağı qərara aldılar. Ayağa qalxdılar, ulduzların işığında oğlan suların qucağına atıldı. Suların üzündə dərin bir inilti eşidildi – dəniz öz qurbanlarını belə qarşılayır.

Qız da sıldırımın kənarına gəldi, maraq və heyrətlə dalğalara baxıb düşündü: "Nə yaxşı ki, ondan canımı qurtardım. İndi mən zəngin şahzadəyə ərə gedə bilərəm". O, gözlərinin yaşını silib, sevinc içində dağ cığırı ilə aşağı qaçdı.

Beləliklə, o cavan oğlanın və gənc qızın göz yaşları ayın solğun işığında o sıldırımın başında düşüb qaldı. Ulu Yaradan o qızın göz yaşlarından mirvari düzəltdi, oğlanın göz yaşlarını isə almaza döndərdi. Sonra buyurdu: "Ey mirvari, sən cazibədar gözlərin füsunkar yaşından yarandın. Əslində sən lənətə layiqsən". Ona görə də mirvari xəcalətdən dərin okeanların dibində gizləndi. Amma Yaradan almazı yayda günəş şüalarının qızdırdığı qranit dağların dərin qatlarında gizlətdi. O gündən bəri mirvari soyuq və qaranlıq suların dibində qalmalı oldu, Yaradan lənətlədiyi üçün soldu, donuq-tutqun bir şəkil aldı. Tanrının alqışladığı almaz isə qranit dağların qəlbində günəş şüalarını

canına çəkərək cilalandı, göylərin nurunu içib par-par
yandı. Deyirlər, şəffaf mirvari onu geyənlərə göz yaşı
gətirir, almazı taxanlar isə bəxtəvər-bəxtəvər gülüm-
səyir, çünki onlar almazın cilasında Tanrının alqışla-
dığı əbədi işığı görürlər".

Qul oğlu, dünyanın hökmdarı Sultan Mahmud
Qəznəvi belə dedi. Başından tacı götürüb onun təpə-
sini göstərdi:

– Mən sultan olduğum üçün həm mirvari, həm də
almaz gəzdirirəm, çünki mən hər şeyi bilməliyəm –
qaranlıqların soyuq göz yaşlarını da, günəşin şaqraq
qəhqəhələrini də.

Şair Firdovsi bu hikmətin önündə baş əydi. Amma
böyük söz ustası olduğu üçün başqasının hekayətini
təkrar etmədi. Odur ki, onun "Şahnamə"sində bu he-
kayəti tapa bilməzsiniz. Qafqaz camaatı, gəzəri aşıq-
lar və şahzadələr Firdovsi kimi adlı-sanlı deyillər, ona
görə də Sultanın bu hekayətini eşitmək istəyən hər
kəsə danışırlar.

Bu əhvalat, sıldırımlı dağlar, onların üstündəki ya-
zılar bir çox ağıllı, düşüncəli adamlara qorxulu təsir
edir. Məsələn, kök, həddən artıq sərxoş olan bir rus
generalı bundan təsirlənib qayaların birində belə yaz-
mışdı: "Özünə qəsd etmək nikahsız sevgi kimi dinə
ziddir. Ondansa Allah, Çar və ya Vətən yolunda qanı-
nı axıtmaq daha yaxşıdır". Sonralar bu sözləri qaya-
dan silmək xeyli əziyyət olub, çox uzun vaxt aparıb.
Qalanın yanından axan kiçik dağ çayının məcrasını
dəyişmək, əməlli-başlı axtarış aparmaq, sonra çayı
yenidən öz məcrasına qaytarmaq bundan da əziyyət-

li olub. Axtarış ona görə aparılıb ki, guya "Şərq-Qərb divanı"nı yazan Hötenin qızıl qələmi bu çaya düşüb itib.

Hötenin qızıl qələminin burada, düz "Eşq və Xəyanət Qalası"nın yanında axtarılması bir az izahat tələb edir. Deyirlər ki, Höte öz qızıl qələmini şair Puşkinə göndərib, o da o vaxt Qafqaza səyahət edib, üstündə də həmin qızıl qələm. Şair Kislovodskda olarkən qalanın yanında şeir yazırmış, birdən qələmi əlindən sürüşüb, çaya düşüb, şeir də yarımçıq qalıb. Ədəbiyyat tarixçiləri hələ də dəqiq müəyyənləşdirməyiblər ki, Höte qızıl qələmini Puşkinə göndərib, ya yox, amma romantika həvəskarları çayın dibini eninə-uzununa axtarıblar. Təəssüf ki, bir neçə boş meyvə bankasından başqa heç nə tapmayıblar. Buna baxmayaraq, qızılaxtaranlar özlərini ədəbiyyat tarixində mühüm tədqiqatçı hesab edirlər.

Kislovodskda olanda mən də Eşq və Xəyanət Qalasını ziyarət etdim, bu zaman qala ilə heç bir əlaqəsi olmayan, amma buraya yay istirahətinə gəlmiş adamları həftələrlə həyəcanda saxlayan bir əhvalat baş verdi. Qala ilə şəhər arasında ağ sütunları, səliqə-sahmanlı bağı olan gözəl bir villa vardı. Günəş şüalarını əks etdirən geniş pəncərələrindən ətrafı, villanın dəbdəbəli gözəlliklərini seyr etmək olardı. Orada Qafqazın məşhur alverçisi ailəsi ilə birlikdə olurdu, xidmətçiləri, digər qulluqçuları da öz yerində. Bu möhtəkir varlı olduğu qədər də inamsız idi, heç kəsə etibar etmirdi. Onun inamsızlığı təkcə ayrı-ayrı şəxslərə deyildi, o, banklara da etibar etmirdi. And içmişdi ki, həyatı boyu bircə qəpiyini də onlara etibar etməz. Deyirdi ki, pulu saxlamaq üçün ən etibarlı yer adamın öz cibidir. Onun evi doğrudan da əsl xəzinə idi. Seyflər qızılla, portfellər pul çeki və istiqrazla dolu idi. O, hər zaman evdən çıxanda mütləq böyük əsginaz bağlamasını özü ilə götürürdü ki, birdən, Allah eləməmiş, nəsə baş versə, ev yansa əlində nəsə qalsın. O, həmişə ehtiyatlı idi, işini möhkəm tuturdu. Üstəlik knyaz idi, Dağıstanda haradasa subyektləri vardı, onlara hərdən pul-para verirdi, onlar da ona itaət edirdilər. Qoca centlmenin banklara inanmaması bütün Qafqaza yayılmışdı, odur ki, onun bu xasiyyəti özündən başqa hamının təbii olaraq əvvəlcədən gördüyü bir hadisəyə gətirib çıxardı.

Bir dəfə onun evinə qarətçilər gəldi. Seyfləri heç cür aça bilməmişdilər, amma hər halda onlardan biri açılmışdı, onun içindəki yüz min rubl qiymətində olan cavahirat isə oğrulara bəs olmuşdu. Köhnə möhtəkiri elə bil ildırım vurdu. Ona görə yox ki, bu boyda itki onu sarsıtmışdı – onsuz da o biri seyflərdə sərvət çox idi. Ona görə ki, sadəcə olaraq kimsə onun pullarına sahib olmasını qəbul edə bilmirdi. O əvvəlcə qəzəbləndi, sonra sadiq adamlarını çağırdı ki, əgər həyatlarını itirmək istəmirlərsə, oğurlanmış pulları tapıb gətirsinlər. Yoxsa onlar cəzalanacaqlar – əvvəlcə onları lənətləyəcək, sonra da onlara verdiyi cüzi pulu da kəsəcəkdi.

Xidmətçiləri buna etiraz etdilər, dedilər ki, onlar peşəkar xəfiyyə deyillər, amma ağalarının qamçısından qorxub sonda ona baş endirib söz verdilər ki, oğurlanmış pulları tapacaqlar. İki həftədən sonra xidmətçilər şad-xürrəm ağalarının yanına gəldilər, oğurlanmış pulları ona qaytardılar. Qoca möhtəkir xeyli sevincək olsa da əvvəlcə bir az məyus oldu, çünki bütün qızıl və daş-qaşı əsginaza çevrilmişdi. Digər tərəfdən, yüz min rublu indi iki yüz min olmuşdu. Ona görə də o, əvvəlki yüz minin faizini də bonus kimi almışdı ki, bu da onun dilxorçuluğunun mükafatı olmalı idi.

Qoca centlmen indi xeyli razı idi, xidmətçilərin də hərəsinə bir gümüş pul verib Allahdan onlara lütf dilədi və pulu möhkəm-möhkəm gizlətdi. İndi o daha ehtiyatlı olmuşdu, nə evindən bayıra çıxırdı, nə də bir adamı evinə gəlməyə qoyurdu. Odur ki, bu arada kurortda yayılan həyəcanlı şayiələrdən xəbəri yox idi. Onun evindən pul oğurlandıqdan sonra bu gözəl, yaxşı mühafizəsi olan kurortda buna bənzər hadisələr, qəribə, qorxulu əhvalatlar baş verirdi. Varlı-hallı, amma qorxaq olan adamlar tez-tez hədələyici məktublar alır, onların yanına qəfildən maskalı adamlar gəlirdi. Nəticədə hər dəfə onların pulu müəyyən qədər azalırdı. Amma nədənsə bu ağaların pulunu aparandan sonra onlar çox da hay-küy salmır, yalnız sonradan-sonraya bunu açıb deyirdilər. Bu vaxt ərzində isə pulu aparanlar aradan çıxır, yox olurdular.

Hadisə baş verdikdən xeyli sonra salınan hay-küy getdikcə çoxalırdı. Yayın ortasında, günün günorta çağı qəfildən qarət edilən bu adlı-sanlı adamlar rus hökumətinə şikayət etdilər – bu həyasız Qafqaz banditləri qoca möhtəkirin evini qarət etməklə kifayətlənməyib, indi də onlara sataşırdılar. Polisin axtarışları nəticə vermirdi. Cinayətkarları hər yerdə – quldurlar arasında, Tiflis qumarxanalarının məşhur oğruları arasında, hətta Sankt-Peterburqun caniləri arasında axtarırdılar. Heç kim hiyləgər möhtəkirin sadəlövh xidmətçilərindən şübhələnmirdi, hətta o özü də. Oğurluq hadisələri yatdıqdan aylar sonra məlum oldu ki, böyük ziyan dəymiş bu centlmen daha oğrulardan narazılıq etmir, şikayətlənmir, əksinə oğurlanmış əmlakı yüz faiz bonusla ona qayıtdıqdan sonra oğrulara çox minnətdar idi. Amma bu əhvalatda hallanan iki yüz min rubl dəqiq idi, çünki bir çox ruslar şikayətlənirdilər ki, onlara xeyli ziyan dəyib. Möhtəkir bu pulun qaytarılması haqqında heç fikirləşmirdi də, əksinə onu sıxma-boğmaya salanda xidmətçiləri ilə birgə hamısını başından rədd elədi.

Bu boyda oğurluq ört-basdır edildi, hətta bəzi ağıllı adamlar təkidlə deyirdilər ki, möhtəkirin evindən edilən oğurluq böyük bir yalanın, fırıldağın bir hissəsidir, bu saxta ziyanı qonşularının hesabına faizlə doldurmaq ideyası da bu adamın öz işidir. Bir az qəribə görünür, amma bu mümkün ola da bilər. Hər halda Kislovodskda qəzəblənmiş centlmenlər tezliklə itkilərini yaddan çıxardılar, kasıblara isə onsuz da bir ziyan dəyməmişdi.

Kislovodskda həmin yay bu dəbdəbə məskəninin gördüyü sonuncu aristokrat mövsümü oldu. Sonrakı yay hersoq və knyazların əvəzinə buraya inqilabın pərən-pərən saldığı qorxaq-ürkək adamlar gəldi. Köhnə titullarından hələ də istifadə etsələr də, bu adamların əvvəlki şöhrətlərindən əsər-əlamət qalmamışdı. Amma hətta burada da – bu sakit, səfalı guşədə də onlar rahatlıq tapmırdı.

Qafqazın müalicəvi sularının – dünyanın ən şəfalı bulaqlarının axdığı bu yer də tezliklə bir çox qanlı hadisələr səhnəsinə çevrildi. Tezliklə ağqvardiyaçıların 25 yaşlı komandiri general Şkuro özünün "qurd sürüsü" adlanan məşhur əsgərlərinin müşayiəti ilə buraya gəldi. Məlum oldu ki, Şkuro Kislovodskda xaç suyuna çəkilməmiş iki yəhudi olduğunu eşidib. Nəinki o iki yəhudini asdılar, üstəlik şəhər əhalisinin hər onda birinin "bolşevikdir" deyə edam olunması üçün şəhərin mərkəzində, ya da parkında dar ağacları quruldu. Şkuro bir neçə ay tüğyan elədi, sonra şimala – bolşeviklərin üstünə getdi. O haradasa məğlub oldu, onun düşməni olan bolşeviklər bu feodal şəhəri tutdular. İndi də kazakların hər beşdən birini və şəhərə gələnlərin hər ikisindən birini monarxist hesab etməyə, Çekada adlı inqilab qanunları ilə cəzalandırmağa başladılar. Şəfalı sular kurortu morqa, meyitxanaya çevrildi.

Sonralar kabardinlər, ya da inquşlar baş qaldırdılar. Dəstə-dəstə şəhərə basqın edib əllərinə düşəni qarət edirdilər. Onlar ən çox kazak stanitsalarına nifrət edir, onları dağıdır, viran qoyur, yandırırdılar. Sonra da Qafqaz kəndlilərinin kotanı ilə həmin yerləri şumlayır, izini-tozunu itirirdilər. Təcrübəli kabardinlər üçün bir kazak qəsəbəsini şumlanmış zəmiyə çevirməyə bir gün kifayət idi. Kazaklar igidliklə müdafiə olunsalar da, onları son nəfərinə qədər məhv edirdilər. Döyüşlər tamam ümidsiz olanda hər kənddən ən yaxşı kazak əsgərlərindən bir neçəsini zorla vuruşmaqdan ayırıb arxaya göndərirdilər ki, özləri demişkən, bəlkə kazak nəsli davam edə bilsin.

Kislovodska amansız hücumlar edilirdi, Ağlar, Qırmızılar, Dağıstan quldurları şəhərə göz verib işıq vermirdi. Möhtəşəm, gözəl parkın ağacları qırılır, binalar yandırılır, qiymətli Narzan suları partlamış trubalardan boş-boşuna küçələrə axırdı. Kislovodskın əski vaxtlarını xatırladan, hersoqların, çar vassallarının nəhəng Elbrusun qanında vanna qəbul etdiyi, titulları ilə fəxr eləyə-eləyə parklarda təşəxxüslə gəzdikləri vaxtdan əsər-əlamət qalmamışdı.

Bu gün Kislovodsk çox primitiv şəkildə bərpa olunmaqdadır. Amma əski dəbdəbəsi yoxdur. Nə çar var, nə də təşəxxüslü aristokratlar. Kommunistlər on dörd günlük məzuniyyətlərini keçirmək üçün buraya gəlir, salamat qalmış ağacların gövdələrinə əyri-üyrü xətlə adlarını cızırlar, altında da oraq-çəkic şəkli. Sonra da evlərinə qayıdır, ölüb getmiş imperiyanın həşəmətli knyazlarına məxsus olan bu qəribə şəhərdən müxtəlif əhvalatlar danışırlar.

23.

DAĞLARDA TƏBABƏT

Qafqazın loğman sularının axdığı yerdə Avropanın yüzlərlə gözəl həkimi adlı-sanlı xəstələrini gözləyirdi. Sanatoriyalar gözəl təchiz olunmuşdu, arğın-yorğun adamlar irsi, ya da sonradan tutulduqları xəstəliklərini Avropa təbabətinin son üsulları ilə müalicə etdirə bilirdilər. Dava-dərmanın edə bilmədiyini şəfalı sular eləyirdi – təkcə Kislovodsk rayonunda Narzandan başqa otuza qədər belə bulaq vardı – bu zənginlik dünyanın az-az yerlərində tapılar.

Amma Qərb elminin təsiri həmin bulaqları mühafizə edən kazak xutorlarından, villalardan və dəbdəbəli hotellərdən kənarda hiss olunmurdu. Qalalarda, aullarda, başı qarlı dağlarda, bu dağlarda məskunlaşan qəbilələr arasında kafirlərin həkimlərinə elə də inanmırdılar. Olsa-olsa, bir degenerat knyaz, ya da yarı avropalaşmış bir tacir həkimlərə yardım üçün zəng edə bilərdi. Başqaları – savaşçılar, qadınlar, uşaqlar, qocalar həkimi heç axtarmırdılar. Onlar kafir həkimdən qorxur, onu dağ yollarında görəndə qaçıb gizlənirdilər. Həkim onların xəstəliyini soruşanda cavab vermirdilər. Dağlıların beynində bu fikir möhkəm yer eləmişdi ki, Qərbin dərmanları donuz piyindən düzəldilir və belə bir qadağan edilmiş zəhrimar yalnız o halda qəbul edilə bilər ki, ölüm labüd olsun. Amma xəstə qafqazlı heç düşünmürdü ki, ölüm göz-

lə qaş arasındadır. Niyə də düşünsün? Onun öz hə-
kimləri var, onlar da Kislovodskdakı o həkimlər kimi
möcüzə yaradırlar, həm də heç dindar müsəlman da
deyillər. Onlar güclü cindardır, cadugərdir, qaranlıq
dünyanın, xəstələri əlinə keçirən iblisin, cinin qənimi-
dirlər.

Məni müşayiət edən xədimin dediyinə baxmaya-
raq, Qafqazda cinlər var. Düzdür ki, onlar dağların
başında oturmurlar, vadilərə, dərələrə enir, cəngəl-
liklərə doluşur, çayların bataqlıq sahillərində məskən
salır, yoldan keçənlərə belə yerlərdə hücum edirlər.
Onlar adamın ağzından onun içinə girir, bədənini qız-
dırma, ürək bulanması, malyariya, çiçək, qarın ağrısı,
skarlatin kimi xəstəliklərə yoluxdurur. Müdrik adam-
lar vaxtında müdaxilə edib şər ruhu qovmasa, xəstəni
müalicə etməsə, onlar doğuş zamanı qadını incidir,
əzab verir, adamları məhv edir. Qafqaz bilicilərinin
bu sənəti adamı qeyd-şərtsiz inandırır, həmişə nəticə
verir, hətta xəstə ölsə belə ona inam azalmır.

Kislovodskdan, ya da Tiflisdən bir-iki kilometr
uzaqda, həkimlərin və müasir xəstəxanaların olduğu
yerdə qədimlərdən bu günə gəlib çıxmış həmin ca-
dugər yenə də öz işini görür, primitiv qaydalarla öz
ənənəvi sənətini davam etdirir, onun müalicəsinə şü-
bhə edənlərə rişxəndlə, nifrətlə baxır.

Bir tərəfdən, bu ovsunçuların işi doğrudan da hey-
rətamizdir: dünyada yaraları bundan yaxşı müalicə
edən çətin tapılar. Adamın neçə-neçə yarası olsa da –
istər güllə yarası, istər süngü yarası olsun, adam əzi-
lib parça-parça olsa da, bu dağ sehrbazları ona çarə

tapır, düzəltdikləri məlhəmi onun yaralarına sürtür, ustalıqla sarıyır və demək olar ki, ölümcül halda olan adamı onda doqquz halda həyata qaytarırlar. Müalicə edərkən ruhları köməyə çağıran pıçıltıları, ovsun oxuması, xəstənin başı üzərində əllərini qəribə, sirli şəkildə dolandırması sizi çaşdırmasın. Avropa həkimləri də bildiyi, öyrəşdiyi ənənəvi müalicə üsullarından əl götürmür. Amma bu da faktdır ki, ölümcül yaralanmış rus generallarını və zabitlərini onların öz həkimləri müalicə edə bilmədiyi halda, onları yerli cadugərlərin yanına apardıqda, sağalıb nicat tapıblar. Bəzən elə olurdu ki, hörmətli bir adam, knyaz, abrek və ya azadlıq savaşçısı al-qan içində döyüşdən gətirilirdi, dağlı cadugərlər onu ustalıqla düzəldilmiş xərəkdə dağlara aparır, Avropa həkimlərinin ümidsiz diaqnozlarına baxmayaraq, orada müalicə edib sağaldırdılar.

Amma qafqazlılar yara müalicəsində yaxşı həkimdirlər, hər halda dağlarda yara və yaralanmaq çox vaxt adi bir şeydir. Ona görə də daxili xəstəliyiniz varsa, dağlı həkimə çox da etibar etməyin. Onun xəstəyə verdiyi dərman çox qəribədir, dərmanın təsir edib-etməyəcəyi xəstənin xarakterindən asılıdır. Dağlarda müalicə olduqca bahadır. Məsələn, beyin xəstəliyi olan adam kiçik, həqiqi almaz həblərini, ya da almaz tozunu udmalıdır. Doğuş zamanı dəhşətli ağrıları kəsmək üçün qadına çoxlu miqdarda firuzə tozu verirlər, ya da deyirlər ki, içinə mirvari qoyulmuş sirkə bütün ürək ağrılarını götürür.

Dağlarda, ümumiyyətlə, qiymətli daşlar təbabətdə mühüm rol oynayır. Ağ mirvari, aleksandrit daşı, sapfir (göy yaqut), zümrüd, həmçinin brilyant dağlı hökimlərin həmişə istifadə etdiyi daşlardır. Qiymətli daşların iki növü var: erkək və dişi. Bir xəstəliyin müalicəsində erkək opal daşı, o birisində dişi opal daşı işlənir. Daşların növünü, cinsini yalnız mütəxəssislər müəyyən edə bilir. Saysız-hesabsız elmi işlər daşların bir-biri ilə əlaqəsi, onların effektivliyi, hər şeydən əvvəl, onların mənşəyindən bəhs edən mürəkkəb bir elm haqqında oxucuya bəzək-düzəksiz məlumat verir. Bu elmi iddialara görə, daşlar da canlıdır, dərin dərələrdə məskunlaşıblar, insanın əli onlara çatmır, onlar da Allahın yaratdığı bütün canlılar kimi təbii yolla artır, çoxalırlar. Daşların irsi düşməni qartallardır. Onlar buludlardan yüksəyə qalxaraq daşların yaşadığı dərin dərələrə nəzər salır, onları tapanda üstünə atılır, caynağına götürüb yenidən səmaya qalxırlar. Caynaqlarındakı daşla onlar dağlar üzərində uçuşur, daşın parlaq rənglərindən zövq alır, daşı o qədər incidirlər ki, axırda daş ölür, sonra onu yerə atırlar, burada isə zavallı insanlar qartalın oyuncağı olan bu daşların qalıqlarını acgözlüklə yığırlar. Hər halda ərəb dilində olan və bütün Şərqdə yayılan dağlı əfsanələrində belə deyilir.

Qiymətli daşlar hər bir xəstəyə tətbiq oluna bilməz. Amma qafqazlı hökim həm də molladır, keşişdir, onun ixtiyarında kişi cinsindən olan brilyant daşlar kimi daha asan vasitələr var. Məsələn, şər ruhlardan gələn bütün xəstəliklərin müalicəsində xəstənin yatağı yanında yandırılan Quranın tüstüsü çox xeyirlidir.

Həm də gərək Quran mahir bir xəttat əli ilə və səhvsiz yazılsın. Bu cür Quran çox bahadır, amma qiymətli daşlardan baha deyil.

Hamı kimi qafqazlı da bilir ki, həkimin əsas məqsədi profilaktikadır, xəstəliyin qabağını almaqdır. Bunun üçün sadə və təsirli bir vasitə var. Üstündə dua və magik işarələr yazılmış bir parça perqament kağız bürmələnib iplə xəstənin sinəsindən asılır. Bu kağız açılanda gərək uzunluğu onun sahibinin ayağı boyda olsun – nə az, nə çox. Amma əgər duanın sahibi xəstəliyə tutularsa, demək, kağızın uzunluğunda səhv olub. Və əgər şər ruhlar xəstənin bədəninə girərsə, həm də xəstəyə düşən daş düzgün tapılmazsa, onda köhnə davacat və Qafqaz magiyasının yüz illərlə dəyişməz qalan üsulları işə düşür.

Hər yaşın və hər cinsin öz spesifik vasitələri var. Bu məsələdə qafqazlı həkimə lazım olan bilik özlüyündə kifayət qədər genişdir və müdrik adama hörmət və şərəf gətirir. Ta qədim zamanlardan istifadə olunan Qafqaz müalicə üsullarından bir neçəsini təqdim edirəm.

Hər şeydən əvvəl, qadın və uşaqlar arasında çox yayılmış boğma (boğaz iltihabı) xəstəliyi haqqında. Onun müalicəsi asandır. Xəstənin çarpayısı üzərində iki ip çəkilir və yandırılır. Yandırılmış iplərin külü suya atılır, sonra bu su ilə xəstənin ayağının altını sürtürlər. Sonra da bir qab qaynar suyu xəstənin başı üzərində tutub qıpqırmızı qızarmış dəmir parçasını üç dəfə bu suyun içinə salıb çıxarırlar. Xəstə bu yolla müalicə olunur.

Psixi xəstəlikləri müalicə etmək daha çətindir. Əgər dua kağızı suda batırsa, demək, xeyri yoxdur, onda musiqiçilər bir həftə sərasər çalmalı, xəstə onların çalğısına rəqs etməlidir. Əgər bu da kömək etmirsə, deməli, müalicəsi yoxdur.

Göz xəstəlikləri daha mürəkkəbdir. Onları müalicə etmək üçün həkim yeddi gözəl bakirə qız tapmalı, onları dairəvi oturdub xəstəni onların arasında əyləşdirməlidir. Xəstənin qabağında bir tas su qoyulur, bakirə qızlar bir-bir barmaqlarını suya batırıb gözlərinə sürtür, həkimin işarəsi ilə oxuyurlar: "Göylər aydındır, gözlər niyə aydın olmasın?"

Ürək-ciyər xəstəliklərinin müalicəsində süd, bal və duzu qarışdırıb xəstəyə verirlər, hərarət çox olanda həkim xəstəyə qıcqırmış süd vannası yazır. Bunlar hamısı yaşlılar üçündür.

Uşaqların müalicə üsulları çoxdur, amma birisi həmişə işlənir. Bir inək kəsilir, qarnı yarılır, içalatını çıxarıb uşağı onun yerinə qoyurlar. Uşaq bir-iki saat orada qalır, əgər uşağın bədəni qızarırsa, demək, sağalacaq. Çox xəstələnən uşağın adını dəyişib başqa ad, ləqəb verirlər, bununla şər ruhları aldadırlar. Ruhlar onun ləqəbini eşidib çaşıb qalır, bədənini tərk edirlər. Əlbəttə, ən vacibi odur ki, biləsən xəstəlik şər ruhlardan, yoxsa Allahdan gəlib. İkinci halda insanın cidd-cəhdi hədərdir, yalnız Allaha dua etməli, ondan kömək istənilməlidir. Yalnız vəziyyət çox gərgin olanda, cinləri uşağın bədənindən çıxarmaq üçün cadu yazılır, ovsun duası oxunur (ekzorsizm), şər ruhlar qovulur, amma bu çox qorxuludur, hətta müalicə edən üçün də.

Şər ruhları qovmaq üçün gürcü dilində belə bir ekzorsizm (cadu-ovsun) var: "Anisani Banisani, Mamaverli-Kantani... Saçletitsa, Xvtsisitsa, Mammisatsa da zisatsa da Kulisa Tzmindisa. Amin." Həmin cadu-ovsun üç, beş ya da səkkiz dəfə təkrar edilir. Niyə məhz bu rəqəmlər, bu da qəribədir. Guya ki, həmin rəqəmlər "Qızıl Orta"nın tərkib hissəsidir (*"Qızıl orta" Allahla bağlı məqamdır – tərc.*), onun haqqında isə şər ruhları qovan heç bir cadugər, ovsunçu, əlbəttə ki, heç vaxt heç nə eşitməyib.

Daha əhəmiyyətli profilaktikaya gəlincə, onun prinsipləri də əcdadların qanunları və cəngavərlik adətləri kimi hamıya məlumdur. Məsələn, əgər uşaq ad verilməzdən qabaq ölsə, onun üstünə qaynar su tökür, sonra da birdən dirilər deyə başını da vururlar, çünki onun dirilməsi onun əlaməti olacaq ki, uşağın anası da daxil olmaqla, bütün doğmaları tezliklə öləcək.

Göbək bağı xəstəliyin profilaktikasında mühüm rol oynayır, onu sadəcə kəsib atmaq lazım deyil. İnanca görə, göbək bağının yapışdığı yer uşağın gələcəyini müəyyən edir. Uşaq böyüyənə qədər onu saxlamaq lazımdır. Sonra uşaq onu paltarına tikib, ya da bir iplə boynundan asıb özü ilə gəzdirər. O hər cür şəri, pisliyi qaytarır. Göbək bağı hər yerdə, xüsusən qadınlar arasında çox lazımlı hesab edilir. Qadınlar onu boyunlarından asıb qarınlarının yanında saxlayırlar ki, hamilə olmasınlar. Qəribədir, digər tərəfdənsə, göbək bağını qadının bədəni üstə kəsirlər ki, o, uşağa qalsın. Ona görə də uşaq doğulanda qonşu otaq həmişə qadınla dolu olur, gözləyirlər ki, göbək bağını gətirib onların

bədəni üstə kəssinlər, ya da onu alıb paltar altında ge-
yib gəzdirsinlər.

Nəhayət, epidemiya yayılanda profilaktika üçün
yatmazdan qabaq yatağın üstünə çiçək səpir, otağın
künc-bucağına konfet və oyuncaqlar qoyurlar. Xəstə-
liyin cinsi də nəzərə alınmalıdır, çünki qiymətli daş-
ların erkəyi-dişisi olduğu kimi, xəstəliklərin də erkə-
yi-dişisi var. Məsələn, qızılca qadın xəstəliyi sayılır və
konfet istəyir. Çiçək xəstəliyi isə kişi xəstəliyidir, onu
bir bardaq şərabla rəf etmək olar. Epidemiya zamanı
xəstə uşağın valideynləri cinsi yaxınlıqdan çəkinməli-
dir, çünki bu, xəstəliyi incidə, hirsləndirə bilər. Skarla-
tin qızdırmasında bir xoruzu rəngləyib xəstənin ota-
ğına buraxırlar.

Amma həqiqət naminə deməliyik ki, dağlarda tə-
babət təkcə belə spesifik vasitələrdən ibarət deyil.
Məsələn, qızdırmaya və qarın ağrısına eyni dərəcədə
təsir edən yerli vasitələr var ki, bunlarla bağlı mühüm
hüquqi məsələlərin həllində həkimlər çox vacib infor-
masiya verirlər.

Bir dəfə Dağıstanda qiymətli daşların məhkəmə
təbabətində necə rol oynadığını gözümlə görmüşəm.
Qaldığım kəndin sakinlərindən biri kəndin başçısı
olan qazının yanına gəlib yaxın qonşusundan şikayət
edirdi. Məlum oldu ki, bir neçə il qabaq həmin qonşu
bu şikayətçinin başından vurub, indi isə onun başın-
da ağrılar tapılıb. "Mənim kəllə sümüyüm çatlayıb",
– iddiaçı deyirdi, – "ziyanın əvəzində üç inək, səkkiz
qoyun istəyirəm". Günahlandırılan dəfələrlə bu itti-
hamı rədd etmişdi, belə işlərin hər gün baş verdiyini

bildirən hakim axırda məcbur olub həkimə müraciət etdi. Həkim çağırdılar, ekspert dəlil-sübut axtarmağa başladı. Əvvəlcə şikayətçinin başı lüt qırxıldı, sonra həkim xəncərini (hətta həkimlər də həmişə silah gəzdirir) çıxarıb ehtiyatla onun kəlləsindən bir az dəri qopartdı ki, kəllə sümüyünü görmək olsun. Həkim barmağını sümüyə toxundurdu, sonra dərini yerinə çəkdi, cibindən iynə, sap və qayçı çıxarıb yaranı tikdi. Bütün bu vaxt ərzində şikayətçi yerdə oturub sakitcə qəlyanını tüstülədirdi.

Bəli, – həkim, nəhayət, dedi, – tamamilə doğrudur. Kəllə sümüyü çatlayıb, həm də bu yalnız zərbədən ola bilərdi.

O anda təqsirləndirilən şəxsə hökm oxundu – o, dəymiş ziyanı ödəməli idi.

Belə ekspertizalar dağlarda adi şeydir, elə şikayətbazlar var ki, belə məhkəmə-ekspertiza işlərini öz üzərində aparmağa həmişə hazırdır və bunun pis qurtara biləcəyini heç ağlına da gətirmir.

Qafqazlılar orta hesabla səksən-doxsan il yaşayırlar. Yüz il və daha çox yaşamaq da burada qeyri-adi bir şey deyil. Əlbəttə, Qafqaz uzunömürlülüyünün həlledici səbəbi heç də buradakı təbabət üsulları deyil, amma bu uzunömürlülük buradakı müalicə üsullarını da inkar etmir. Tiflis və Kislovodsk kimi sivil şəhərlərin beş addımlığında bu dağ təbabətinin belə çiçəklənməsi çox da təəccüblü deyil. Bu, Qafqaz həyat tərzindəki bir çox ziddiyyətlərdən yalnız biridir və elə at oğruları olan sosialistlər, ya da özünü sosialist kimi göstərən knyazlar qədər ziddiyyətlidir.

Avropa Qafqazda öz mədəni təsirini çox az saxla-
ya bilib, onun cüzi mədəniyyət toxumları Asiyanın
nəhəng təsiri müqabilində nəzərə çarpmır. Bu Avro-
pa şəhərləri dağlarda itib-batır, onların təsiri də çox
azdır, onlar yalnız öz sivil və yarımsivil insanları ilə
kifayətlənirlər. Qafqazlılar bu şəhərlərdə yaşayan in-
sanları özlərinə tay bilmir, əksinə onlara yuxarıdan
aşağı baxır, dağları və dağlıların adət-ənənələrini heç
vaxt başa düşməyən səfeh hesab edirlər, buna görə də
onların "başı çatmır".

Dağlılar haqqında söylənən hətta bu son illərin əh-
valatları həmişə mübhəm bir romantika ilə doludur,
bu əhvalatlarda heç bir qonşu mədəniyyətin sıxışdıra,
ya da məhv edə bilməyəcəyi bir rahib, bir pirat-qul-
dur dünyabaxışı var. Bu dünyabaxışı şüurlu bir mə-
dəniyyətə və dağlının dözüm və iradəsinə, sarsılmaz-
lığına söykənir. Əgər bu həyat tərzi kiməsə həddən
artıq rəngli-boyalı, hətta ola bilsin, zövqsüz, bayağı
görünürsə, onda icazə verin deyək ki, bu, dağların gü-
nahıdır. Yəni o kimsə oxucumuz olsa belə, qoy bilsin,
qafqazlıların dediyi kimi, degenerat şəhər sakinləri
dağların həyatını başa düşməyə qabil deyil.

24.

GERÇƏK DAĞISTAN
HEKAYƏTLƏRİ

Qarlı zirvələrlə dövrəyə alınmış dağlar, dərin də-
rələr, bunların arasındakı dibsiz uçurumların lap kə-
narında, sıldırım başında çiçək ləçəyi kimi görünən
qalalar və aullar. Ensiz bir cığırla bir-birinə bağlanan
evlər bir-birinin çiynində ucalır elə bil, hər ev də sıl-
dırım başında bir qala görkəmində. Basqın zamanı
hər bir evə ayrılıqda hücum edilməlidir, çünki təkcə
kişilər deyil, qadınlar və uşaqlar da onları müdafiə
edir. Onlar sal daşları, hər cür mebeli aşağı diyirlədir,
sonra da özləri düşmən üstünə atılır, dişləri-dırnaqla-
rı ilə döyüşürlər. Birinci ev ələ keçəndə onlar onun üs-
tündəki evə çəkilib oradan döyüşü davam etdirirlər.
Axırıncı ev də alınanda müdafiəçilər uçurumun ey-
vanına çəkilir, sonuncu patrona qədər vuruşur, sonra
arvad-uşaqları ilə dərəyə tullanırlar. Dünyada Dağıs-
tan ərləri kimi cəsur savaşçı yoxdur və bu fars məsə-
li elə belə deyilməyib: "Şah ağlını itirəndə Dağıstana
hücum edər".

Farslar nə dediklərini bilirlər. Onların Nadir şahı
bütün Hindistanı fəth etdi, sonra yüzlərlə məmləkə-
ti işğal edib axırda Dağıstana yürüş etdi. Şah burada
məğlub oldu, onu kişilər yox, qadınlar məğlub etdi,
həm də yalnız qadınlar. Çünki Dağıstan ərləri farsla-
rı özlərinə bərabər döyüşçü hesab etmirdi. Odur ki,

farsların cəsur döyüşçüləri, həttа Hindistanı fəth et-
miş Şah özü də evdar qadınların qabağından qaçmalı
oldular.

O vaxtdan bəri heç bir şah cürət edib Dağıstana
üz çevirməyib. Dağların lap başında, sarp qayaların
əhatəsində Darginin mərkəzi olan Darqo aulu yer-
ləşir. Dağıstan aslanı İmam Şamil ruslara qarşı uzun
müharibəsini məhz buradan aparmışdır. İmam Şamil
75 yaşında hakimiyyətinin zirvəsində idi. Bütün Da-
ğıstan, çeçenlər, kabardinlər və digərləri bu insana
beyət edirdilər, onun hakimiyyəti altında bir dövlət
olmuşdular. Şərqdə heç bir hökmdar onunla müqa-
yisə oluna bilməzdi. Ətrafında yüzlərlə əyan-əşrəf
vardı. Sultan və Şah ona iltifatlı məktublar göndərir,
Çar ona yüksək ehtiram göstərirdi. Məscidlərdə onun
adı hörmətlə çəkilir, sarayına gələn hər kəs paltarının
ətəyini öpməli olurdu.

Ruslar çeçenləri yaman sıxışdırmışdılar. Onların
torpağı İmam Şamilin oturduğu Darqodan uzaq idi.
Onlar İmamdan kömək istəyən zaman onun bu im-
kanı yox idi. Ona görə də çeçenlərə belə bir məktub
yazdı: "Özünüz özünüzü müdafiə edin və döyüşdə
ölün!" Beləliklə, çeçenlər özlərini müdafiə etdilər. Dö-
yüş qeyri-bərabər və sonsuz olduğundan, nəhayət,
onların qüvvəsi tükəndi. Çar dağlara fasiləsiz əsgər
göndərirdi. Amma çeçenlər Şamilin sözündən çıx-
mamağa and içmişdilər, odur ki, məcburən döyüşü
davam etdirirdilər. Çünki İmam sözündən dönəni
bağışlamırdı, satqına rəhm etmirdi. Nəhayət, çeçen-
lər vəziyyətin çıxılmaz olduğunu görüb Darqoya nü-

mayəndə göndərməyi qərara aldılar. Xahiş-yalvarış etdilər ki, İmam izin versin, qoy onlar ruslarla sülh bağlasınlar. Sonra vəziyyət bir az yaxşılaşanda onlar yenə İmam uğrunda vuruşacaqdılar. Amma indi, əgər İmamın razılığı olsa, sülhə böyük ehtiyac vardı.

İmam Darqoda elçiləri hörmətlə qarşıladı. O, elçilərə məsləhətlər verdi, müqəddəs müharibə olan cihaddan və müsəlmanların vəzifələrindən danışdı, gələn çeçenlər isə camaatın xahişini ona deməyə cürət etmədilər. Belə olduqda elçilər İmamın nüfuzlu əyanlarından, xidmətçilərindən axtardılar ki, ona qızıldan-gümüşdən bəxşiş versinlər, ta ki o adam İmama onların xahişini çatdırsın. Amma bunu edəcək birisini tapmadılar. Onlar da İmamın qəzəbindən qorxurdu.

Sonda çeçenlər Xanıma – İmamın anasına müraciət etməyi qərara aldılar. O, yeganə adam idi ki, İmam sözündən çıxmır, qarşısında baş əyirdi. Onun hər bir arzusunu yerinə yetirir, həmişə sözünə qulaq asır, hətta düşməni və cinayətkarı onun sözü ilə bağışlayırdı. Şamil yaxşı oğul idi, bütün dağlılara nümunə idi. Bu deyim də onun adı ilə bağlıdır: "Anasına dərd çəkdirən oğula lənət olsun, çünki o hökmən cəhənnəmə gedəcək".

Xanımın mərhəmətli ürəyi vardı. "Oğlum camaatı idarə edir", – deyə o düşündü. "Bir ovuc çeçenlər nədir ki? Qoy oğlum çeçenləri andlarından azad etsin". Odur ki, Xanım çeçenlərə söz verdi ki, işi yoluna qoysun.

Anası çeçenlərin xahişini İmama deyəndə onun üzü tutuldu. Saqqalını tumarlayıb, bir az fikrə getdi, sonra dedi: "Quran xəyanəti bağışlamağı qadağan edir. Amma Quran anaya qarşı getməyi də qadağan edir. Bunu həll etməkdə mənim ağlım acizdir. Mən gedib dua edəcəyəm, oruc tutacağam ki, bəlkə Allah ağlıma-zehnimə bir işıq verdi, fikirlərimi aydınlatdı". İmam üç gün, üç gecə məsciddə qalıb ibadət etdi. Xidmətçilər, generallar, camaat və elçilər də məscidin qabağında onu gözlədilər. Nəhayət, qapı açıldı, İmam göründü. Allah onun fikirlərinə işıq salmışdı. Üzü solğun, dodaqları kip bağlanmışdı, dərin fikirlərə qərq olmuşdu. İmam saqqalını tumarladı, əlini irəli uzadıb dedi: "İndi dediklərim Allahın əmridir: bu xəyanətə İmamdan icazə istəyən birinci adama yüz qamçı vurulmalıdır". Susub yenə saqqalını tumarladı, sonra davam etdi: "Bu xəyanət haqda mənimlə danışan birinci adam Xanımdır, mənim anam. Ona yüz qamçı vurulmalıdır".

İmam fərraşlara işarə etdi, dərhal hökmdarın anasını məscidin qabağına gətirdilər. Onun üzündən baş örtüyünü götürdülər, yerə uzatdılar. İki savaşçı əllərində qamçı yaxınlaşdı. Xanıma bir qamçı vurmuşdular ki, dəhşətdən gözləri bərələn İmam özünü anasının yanına atdı, acı-acı ağlamağa başladı. Sonra sakitləşib dua etdi, ardınca dedi: "Qüdrətli Allahın qanunları dəyişməzdir, onları heç kim, heç mən də dəyişə bilmərəm. Amma Quran bir şeyə icazə verir: övladlar cəzanı öz üzərinə götürə bilər. Odur ki, mən qalan doxsan doqquz qamçını özümə götürürəm". Bütün Dağıstanın İmamı, çeçenlərin və kabardinlərin hökmdarı, möminlərin ağası camaatın gözü qabağında kürəyini soyunub məscidin pillələri üstə uzandı, əsgərlərə əmr etdi: "Məni qamçılayın. Həm də İmam olduğumdan əmr edirəm: var gücünüzlə, necə lazım-dır, elə qamçılayın məni. Yoxsa başınızı bədəninizdən ayıracağam".

Beləliklə, Şamil qalan doxsan doqquz qamçını özünə vurdurdu. Yüz qamçı Quranın icazə verdiyi ən böyük cəzadır. İmam qan içində məscidin pillələri üstə uzanıb qalmışdı, dərisi zol-zol partlamışdı, amma do-dağından inilti-zad eşidilmirdi. Dəhşətə gəlmiş cama-at – generallar, savaşçılar, bütün əhali mat qalmışdı. Çeçenlərin bət-bənizi ağarmışdı. Onlar kor-peşman evlərinə qayıtdılar, sonralar heç vaxt İmama verdiklə-ri sözə xəyanət etmədilər.

Dağlar bu cür idarə olunurdu və yalnız bu yolla idarə oluna bilərdi. O vaxtdan altmış il keçib, bu gün də Darqoya gələnlərə məscidin pillələrini göstərib Şərqdə birinci kişinin, Dağıstan İmamının hamının gözü qabağında özünə necə yüz qamçı vurdurduğu-nu, məscidin pillələrini öz qanı ilə necə qızartdığını danışırlar.

Bir Roma əfsanəsi ola biləcək bu əhvalat, övlad sevgisi və oğul borcu haqqında bu gerçək hekayət heç vaxt unudulmayacaq. Amma bunun əksi – Andalal aulunun qüdrətli knyazı haqqında, xəyanət və xara-bazara çevrilən bir aul haqqında olan başqa bir əhva-lat da heç vaxt unudulmayacaq. Onu dağlarda hər kəs bilir, atalar və övladlar, yaxud vətən sevgisi və müha-ribədən söz düşəndə onu həmişə yada salırlar.

Bu knyazı hamı yaxşı adam hesab edirdi. O, kasıbla-ra əl tutur, zəifləri müdafiə edir, hər yerdə əmin-amanlığın, qayda-qanunun keşiyində dururdu. Camaat onu sevirdi, o da camaat üçün karxanalar, məktəblər açır, tərəqqiyə yardım edirdi. Amma adamlar buna o qədər də əhəmiyyət vermirdilər. Andalal camaatı məğrur və özündən razı idi, heç bir nəsihət, tövsiyə eşitmək istəmirdi, aralarında belə ağıllı və görkəmli adamın olması onları qıcıqlandırır, hirsləndirirdi. Odur ki, bir gün ağsaqqallar knyazın yanına gəlib dedilər: "Sən yaxşı və ağıllı adamsan, amma biz səndən bezmişik, yorulmuşuq daha. Adamlar daha səni görmək istəmir. Ona görə də buranı dərhal tərk et. Üç gün müddətində çıxıb getməsən, camaat səni daşqalaq edəcək. Amma oğlanlarınız yaxşı, cəsur döyüşçüdür, adamlara xeyri dəyər. Onlar qoy qalsın".

Knyaz onların sözünə qulaq asmağa məcbur oldu. Atını minib auldan çıxdı, oğlanları da daxil olmaqla hamıdan üz döndərdi, gedə-gedə camaatın soyuq nəzərlərini hiss edirdi. Amma knyazın qəlbində öz camaatına qarşı nifrət hissi yuva saldı. Şahın sarayında onu hörmət-izzətlə qarşıladılar, sonralar o, şahı Türkiyə, Hindistan və Türküstan yürüşlərində müşayiət etdi. Xeyli məşhurlaşdı, hökmdarın da etibarını qazandı. Bir gün o, hökmdara dedi: "Andalal vadisində xeyli qızıl-cavahirat var. Andalal camaatı zəif və gücsüzdür, sayları da çox deyil. Gedək onların torpağını alaq".

Şah razılaşdı. Xorasandan, Şirvandan, Mazandarandan, Azərbaycandan yığılan böyük bir ordu Dağıstana yürüş etdi. İranın ən yaxşı döyüşçüləri toplanmışdı. Ordunun başında şah özü gedirdi, onun da yanında knyaz – həmin xain və qisasçı. Onlar dağlara çatdılar, həmin aula yetib döyüşə başladılar. Xain knyaz öndə vuruşurdu. Burada bütün yollar ona tanış idi, hər qayanı tanıyırdı, buna baxmayaraq, farslar qələbə çala bilmədilər. Andalalın ərləri, qadınları, uşaqları da vuruşurdu. Hər sıldırım bir qalaya dönmüşdü. Adamlar igidliklə müdafiə olunurdular, onların da arasında xainin oğulları. Buradan qovulmuş o müdrik xain öz yurduna, özününkülərə qarşı vuruşurdu. Farslar məğlub oldular. Xorasandan, Şirvandan, Mazandarandan, Azərbaycandan yığılan qoşunun tör-töküntüləri Andalal camaatının qabağından qaçdılar. Qaçanların qabağında şah, axırda da knyaz. Qadınlar və uşaqlar qaçan ordunu təqib edirdilər, xəyanətkar knyaz da qadınların vurduğu yaralarla qaçıb aradan çıxdı. Andalal torpağı böyük itkilərə məruz qaldı, tarlaları viran oldu, evləri yandırıldı, odur ki, bir vaxt burada doğulub böyümüş o adama qarşı sonsuz nifrət baş qaldırdı.

On il keçdi. Şahın dostu qocaldı. O, vətəni üçün darıxmağa başladı, yurdunu, ona nifrət edən doğmalarını bir də görmək istədi. Ona görə də Tehrandakı sarayından çıxdı, köhnə zirehini geyinib öz torpağına sarı yol başladı. Öz auluna çatıb yavaş-yavaş gedirdi. Aulun içindən keçəndə adamlar onu görüb tanıdılar, hər kəs ona tüpürüb evinin qapısını bağlayırdı. Bütün aulu gəzib dolandı, heç kəs üzünə baxmadı. Oğlanları da ondan qaçdılar. Nəhayət, o, qazının idarəsi qabağında atdan düşdü, qazı da ona qapı açmadı. Onda xain dedi:

– Mən yurduma qayıtmışam ki, günahımı yuyum. Qanunlarımız necə deyirsə, mənimlə o cür rəftar edin.

Qazı dedi:

– Xainin əl-qolunu bağlayın!

Ertəsi gün camaat yığılıb xainin mühakimə olunmasını tələb etdi. Qazı gəldi, dustağı da gətirdilər. Qazı elan etdi:

– Əcdadlarımızın qanununa görə, bu adam diri-diri basdırılmalıdır.

Camaat bir ağızdan:

– Qoy belə olsun! – deyə qışqırdı.

Qazı haqlı idi. O, dustaqdan soruşdu:

– Özünü müdafiə üçün nə deyə bilərsən?

– Heç nə. Mən günahkaram, düşmənə bələdçilik edib doğma torpağıma gətirmişəm. Odur ki, mən günahımı yumalıyam. Yaxşıdır ki, camaat qanunlara hörmət edir, mənə də ədalətlə yanaşır. Amma mən onları daha ədalətli olmağa çağırıram. Əcdadlarımızın qanunları deyir: "Atasına qarşı vuruşan oğul öldürülməlidir". Mənim oğullarım burada qalıb mənə qarşı vuruşdular, əvəzində mən xainin övladları camaatın hörmətini qazandılar. Mən öz hüququmu tələb edirəm. Qoy oğullarımın başını mənim qəbrim üstə kəssinlər, yoxsa Andalal camaatı ataların qanunlarına dönük çıxmış olar.

Xəyanətkarın oğulları yurdda çox hörmətli adamlar idi. Onlar vətənlərini igidliklə müdafiə edib, ən yaxşı döyüşçü kimi ad qazanmışdılar. Qazı camaatla məsləhətləşəndən sonra dedi:

– Qoy belə olsun!

Belə də oldu. Xaini diri-diri torpağa basdırdılar, qəbri üstündə yurdun ən yaxşı döyüşçüləri olan oğullarının başları kəsildi.

Andalal camaatı bu qərarla bu gün də fəxr edir. Hər cür məziyyətlərdən qabaq, hətta cəsarət və yurd sevgisindən də qabaq hər şeydə, hətta cinayətdə və xəyanətdə belə (qafqazlılara görə) atanın yolu ilə getmək oğulun borcudur. Dağıstanın bütün uşaqlarına bu əhvalatı nümunə kimi danışırlar ki, onlar öz həyatlarını necə qurmağı bilsinlər.

Bu və buna oxşar minlərlə əhvalat dağlıların xarakterini formalaşdırır, onları cəsur və sözə baxan ruhda, qisasçı və quldur kimi böyüdür. Uğurlu qarət dağlını şərəfləndirir, uşaq ikən atası ona ilk dəfə silah verəndə bu ənənəvi sözləri deyir: "Qoy silahın gecə-gündüz sənə kömək olsun!" Yəni qanuni də olsa, qanunsuz da olsa. Dağlı üçün qonşu kəndə hücum edib onu yağmalamaqdan, çapıb-talamaqdan böyük sevinc yoxdur. Oğurluq və qarətdən çox onu yalnız qisas və intiqam nəşələndirir – şair-quldur Xolçvarın əhvalatında olduğu kimi...

Avar xanı oğru və quldur Xolçvarı aldadıb tutmuşdu. Onu qolları bağlı halda gətirib xanın əyləşdiyi Xunzax kəndinin mərkəzi meydanında camaata göstərirdilər. Avar camaatı durub baxır, qulduru ələ salırdılar. Sonra qərara alındı ki, onu tonqalda yandırsınlar. Tonqal hazır olana qədər quldur camaatı əyləndirmək üçün mahnı oxumalı idi. Xolçvar söz verdi ki, mahnı oxuyacaq, amma qollarını açsınlar ki, o öz musiqi alətində çala bilsin. Qorxunc bir dağlı cəngavərin ruhunu əks etdirən o məşhur mahnıda belə deyilirdi: "Mən bir Xolçvar cəngavəriyəm, mahnı oxuyuram, çünki ölməyimə az qalıb. Avarlar, dinləyin bu nəğməmi. Ey, bu torpağın knyazları, ey, xanlar! Dinləyin bu nəğməmi! Gör ətrafımda nə qədər adam var! Hələ qadınlar! Amma bu qadınlar dul qalıb hamısı! Onların ərlərini mən öldürmüşəm! Nə qədər uşaq var burda! Hamısı da yetim! Onların atalarını mən öldürmüşəm! Xunzaxda nə qədər bakirə qız var! Onlar pəncərələrdən boylanıb baxırlar mənə. Mən bir-bir o bakirə qızların döşündən öpmüşəm, hamısını mən pozmuşam! Mən! Xolçvar qulduru! Hələ bu nədir ki!? Xanın arvadının tumanını kim oğurlayıb? Əlbəttə, mən! İndi isə tonqalın qabağında durub mahnı oxuyuram. İndi siz mahnının sonuncu misralarını eşidin! Səsim çox məlahətlidir mənim! Uşaqların da çox xoşuna gəlir...".

Bu sonuncu sözlərlə quldur əlini uzatdı, tonqalın yanında durub mahnıya qulaq asan xanın oğlanlarını özünə sarı çəkdi, onlarla birlikdə zəbanə çəkən tonqala atıldı. Mahnının sonuncu misraları alovlar içindən eşidildi: "Sakit olun, qəhbə qarnından çıxanlar! Mən də sizinlə yanıram! Ey, avarlar, qulaq asın! Ey, xan, qulaq as! Gedin anama deyin ki, mən necə öldüm, öləölə necə intiqam aldım! Mən, Xolçvar qulduru!"

Hətta od-alov içində yana-yana qisas ala bilən bu adam qisasın, quldurluğun və övlad sevgisinin ən üstün insani dəyər olduğuna inanan dağıstanlılar üçün bir ideala çevrilib. Belə hekayətlər yüzlərlədir, amma elə bu üçü də yüz illərlə ərəb, gürcü, fars və Avropa mədəniyyətləri arasında sıxılan bu dağ adamlarının özünəməxsusluğunu başa düşməyə kifayət edər.

Qeyd etmək lazımdır ki, bu gün qədim rıtsarlıq və cəngavərlik romantikası yalnız Dağıstanda – çeçenlər və kabardinlər arasında, bir də bir-iki gürcü qəbiləsi arasında yaşayır. Qafqazın başqa yerlərində başqa şərait hökm sürür, tamamilə avropalaşmış elə yerlər var ki, orada dağların əski romantikasını süni surətdə yaratmaq, yaşatmaq istəyirlər. Amma bir addım o yanda əcdadların qanunlarına görə, sakitcə və dəyişməz həyatını yaşayan Qafqaz aulunda ruhlar hələ də müqəddəs bir ciddiyyətlə assosiasiya olunur, düşmən əskildilir, qızlar oğurlanır.

25.

LÜTFƏN, BİZƏ QONAQ OLUN!

Yunan-Roma şəhərləri, koloniyaları Qara dəniz sahillərində hələ çiçəklənib inkişaf etdiyi zaman Roma qubernatorları yerli əhali ilə birtəhər ünsiyyət yaratmaq üçün yüz otuz daimi dilmanc saxlayırdı. Amma tez-tez bu yüz otuz dilmanc da bəs etmirdi, bundan iki-üç dəfə çox dilmanc gərək olurdu. Biri o birisinə tərcümə edirdi, o birisi də üçüncüsünə, nəhayət, o da qubernatora. Təsadüfi deyil ki, bura səyahət edən coğrafiyaşünaslar Qafqaza sadəcə "Dağlar ölkəsi" yox, həm də "Dillər ölkəsi" deyiblər.

Doğrudan da adam bilmir ki, Qafqazda başa düşülmək üçün əvvəlcə hansı dili öyrənmək lazımdır. Dağıstanda Azərbaycan dilini bilmək kifayət edər, amma Qafqazın qərb silsiləsində xalqlararası ünsiyyət dili yoxdur. Oraya yolu düşən, əgər dilmancı yoxdursa, tamamilə öz əl-üz hərəkətlərinin ekspressiv imkanlarından asılıdır. Məsələn, svan dili həqiqətən gözəl dildir, amma mən inanmıram ki, onu yaxşıca öyrənmək Qafqazda liberal təhsilin bir hissəsi kimi mütləq lazımdır.

Bu dili bilməməyim bir dəfə məni çox pis vəziyyətdə qoyub. Məni müşayiət edən dostlarımla Kislovodskdan çıxıb bir neçə həftəliyə cənub-qərb tərəflərə səfərə çıxmışdıq. Svanetiyadan, İmeretiyadan, Minqreliyadan keçməli idik. Hər iki tərəfdən dağlarla əhatə olunmuş xalı kimi çəmənliklərdən keçirdik – bu yol bizi Rion vadilərinə aparmalı idi. Yoldaşlarım da bu tərəflərdə ilk dəfə olurdu, hətta həmişə yol yoldaşım olan xədim də bu yerləri tanımırdı. Bələdçimiz qoca qaraçay yolu yaxşı tanıyırdı, amma o da buradakı vəziyyəti bilmirdi. Onun bizə verə bildiyi yeganə etnoqrafik informasiya o idi ki, svanlar vəhşi xalqdır və iki həftə əvvəl onlar bizim kimi buraya səfərə gəlmiş rus turistlərini qarət ediblər. Amma onu da dedi ki, svanlar qaraçayların əbədi düşmənidir, buna görə də onlar haqqında yaxşı heç nə deyə bilmirdi.

Biz onun dedikləri ilə kifayətlənib sakitcə svanların torpağında yolumuza davam etdik. Birdən qabaqdakı təpənin dalından ucaboy bir kişi çıxdı və iri addımlarla bizə yaxınlaşdı, arxasınca da bir az uzaqdan gələn elə özü boyda onlarla adam. Adam bizə bir az da yaxınlaşanda doğrudan da qorxduq. O, lap iblisin özünə oxşayırdı, çox yekə və heybətli idi, çil-çil, şişman dodaqları, uzun dişləri vardı, balaca gözləri sulanırdı, üstü-başı tökülürdü. Xəz paltosunun arasından lüt bədəni görünürdü. Adamdan çox sanki yuxuda gördüyümüz həyula, ya da kabus idi. Bu bədheybət birimizin atının yüyənindən yapışıb hədələyici bir tərzdə qışqırmağa başladı. Heç nə başa düşmürdük, amma elə bil iltifatla nəsə deyirdi. Arxasınca gələnlər gəlib çatdı, bizi dövrəyə aldılar, onlar da qabaqda gələnin getdikcə təkidlə səslənən sözlərinə başlarını yellədir, təsdiq edirdilər. Bircə söz də başa düşmürdük, bələdçimiz də bir şey başa düşmürdü, məyus halda durub baxır, sanki deyirdi ki, bu adamlar, şübhəsiz, bizi qarət etmək, öldürmək istəyirlər. Bu, tamamilə inanılan idi, amma bütün bunlar nə demək idi, bilmirdik. Sonda bu bədheybət adamın dediklərini öz sözlərimizlə izah etməyə çalışdıq, amma yenə də bir şey başa düşmədik. O isə daha da qızışır, cani-dildən izah edirdi. Sonra ətrafdakı çəmənliklərə, dağlara işarə edib sinəsinə vurmağa başladı. Səsi getdikcə bərkdən çıxırdı. Eyni zamanda onun adamları atlarımızın yüyənindən tutub saxlayır, vəziyyət getdikcə qorxulu şəkil alırdı. Nə qədər çalışsaq da, svanların uzun-uzadı dediklərindən heç nə başa düşmədik.

Axırda qaraçay bələdçimizin ağlına bir fikir gəldi. Ola bilsin, əvvəllər də belə bir şey onun başına gəlmişdi. O, svanların dilini bilmirdi, svanlar da qaraçay dilini bilmirdi, amma ola bilərdi ki, onlar hansısa üçüncü bir dildə bir-birini başa düşsünlər. Qaraçay əvvəlcə osetin dilini yoxladı, amma nə fayda? Sonra adıgey dilində bir-iki söz dedi və birdən bu adamlarla bizim aramızda olan uçurum götürüldü. Onlar adıgey dilini başa düşürdülər. Amma bu da məsələni həll etmədi. Sadəcə svanların monoloqundan sonra danışıqlar onların bələdçi ilə dialoqu şəklində davam edirdi. Biz hələ də bir şey başa düşmürdük. Onlar danışır, sərt əl-qol hərəkətləri ilə bir-birini başa salmağa çalışır, bizi göstərir, daha da bərkdən danışırdılar. Deyirdik, indi yəqin xəncərlər havada oynayacaq, hansısa qan düşmənçiliyi bizim başımızda çatlayacaq. Bu zaman bizdən kimsə bələdçimizin əlini tutdu, dedi ki, bircə söz də danışmasın, əvvəlcə svanların dediklərini bizə tərcümə etsin.

– Bir dəqiqə, ağa, – bələdçi dedi. – Mən demək istəyirəm ki... – o təzədən svanlara tərəf döndü. Mübahisə yenidən qızışdı. Əvvəlcə nəzakətlə, sonra da kobudluqla dəfələrlə danışıqlarına müdaxilə etdik,

– qoy, bələdçi dediklərini bizə tərcümə etsin. Qəribə olsa da, bədheybət svanın dedikləri bunlar idi:

– Mən Svanetiya zadəganıyam. Burada hər kəs bunu bilir. Gördüyünüz bu torpaqlar mənimdir. Mən çox varlıyam və əsilzadə bir insanam. Xahiş edirəm ki, düşüb mənə qonaq olasınız, məni şərəfləndirəsiniz. Buralarda səfərdə, səyahətdə olanlar mənə baş çəkməmiş keçib getmirlər. And içirəm ki, sizə yaxşı xidmət edəcəyik.

Beləliklə, aydın oldu ki, bu nahamar bandit əsl centlmen kimi qonaqpərvər imiş və istəyirdi ki, bu torpağın adətinə görə ona qonaq olaq.

– Görürəm ki, hörmətli adamlarsınız, – o dedi. – Mən də bir hörmətli adamam, odur ki gəlin mənə qonaq olun. Burada sizi məndən yaxşı qarşılayan olmayacaq. Əynimdəki köhnə-külə də iş paltarımdır.

Sonra da öz məqsədini daha aydın başa salmağa çalışdı:

– Bütün günü burada dayanıb yoldan keçənləri, səyyahları gözləyirəm ki, onları evimə dəvət edim. Amma buralardan az adam keçir, gələnlərsə mütləq mənə baş çəkirlər.

Bu Svanetiya aristokratının dəvətini qəbul etməkdən başqa ayrı yolumuz qalmadı və onun müşayiəti ilə evinə getdik. Biz öz atlarımızda, svanlar da qabaqda, biz atlı, onlarsa piyada, amma elə iri addımlar atırdılar ki, atlarımızla həmahəng yeriyirdilər. Bu yeyin yeriş svanların irqi xüsusiyyətidir. Svanlar dünyada ən yaxşı qaçanlardır, istəsələr, beynəlxalq idman yarışlarında öz ölkələrini dünyada məşhur edərlər. Bu alicənab svanın evinə gedərkən bir atlı qarşımıza çıxdı

– svanlar arasında qeyri-adi bir mənzərə – kəndə çathaçatda ev sahibinin səkkiz yaşlı oğlu bizi qarşılamağa çıxmışdı. O, qayışbaldır bir uşaq idi, səkkiz yaşına rəğmən üstündə bir neçə silah vardı, at üstündə şəstlə oturmuşdu. Mən Qafqazda beş, hətta dörd yaşında uşaqlar görmüşəm ki, məharətlə at minir, silah işlədir. Yeddi yaşında adətən uşaqları döyüşə, ya da quldurluğa, soyğunçuluğa aparırlar. Bu svan ağanın oğlu da heç sakit uşağa oxşamırdı, Svanetiya qaydalarına görə bizi qarşılayanda bunu aydın görmək olurdu.

Bir az yol gəldikdən sonra Svanetiya kübarının qartal yuvasına yetişdik. Bu, möhkəm tikilmiş bir qala idi, düz dağın başında ucalırdı, adətən olduğu kimi, iki və ya üç palçıq daxma ilə əhatə olunmuşdu. Qala elə də köhnə deyildi, orta əsrlərdə Avropa knyazlarının qəsrləri nə kimi rol oynayırdısa, o da öz sahibinə belə xidmət edirdi. İçəri girən kimi qala sahibinin doğrudan da zəngin və yüksək varidatını gördük. Qalanın başından o öz qoyun sürülərini, torpaqlarını bizə göstərdi, sonra da bir neçə daş göstərib dedi ki, babası onların üstündə Svanetiya knyazları olan dadaşkelianlarla döyüşüb, həlak olub. Görünür, svanların çoxu kimi onun da babası qiyamçı olub. Kübar ağanın alicənablığını, var-dövlətini bir xeyli təriflədik, əlini sıxıb şəninə qiymətli sözlər deyəndən sonra o, bizi imarətin qonaq otağına dəvət etdi. Qonaq otağının hündür divarlarından vəhşi heyvanların buynuzları asılmışdı.

– Mən çoxlu vəhşi heyvan vurmuşam, – kübar svan dedi. – Amma ən yaxşı başları da Tanrıya qurban vermişəm.

"Tanrı" deyəndə kimi nəzərdə tuturdu, bilmədik. Svanlar rəsmi olaraq xristiandır, amma onlar vurduqları bütün heyvanların buynuzlarını ov tanrısına qurban deyirlər və deyilənə görə, o tanrının məbədi dağlardadır. Amma xristian kilsəsinə də xor baxmırlar. Hər təpədə, hər yol ayrıcında svanların qəribə xaç nişanları var. Şaquli gövdədə çarmıxa çəkilmiş adamın baş və bədəni təsvir olunur, əllər isə havada yellənir. Parlaq rəngli sifətində dəhşətli nifrət ifadəsi var. Çarmıx, düzünü desək, çarmıxa da oxşamır, çünki xaçı yoxdur. Bu daha çox qollarını geniş açıb yoldan keçən ən qorxmaz adamı belə lərzəyə salan bir insan heykəlciyidir. Svanlar hər halda bu çarmıxları sevirlər, hətta onu gürcü kilsələrindəki ən müqəddəs sayılan şeylərdən daha yüksək tuturlar.

Qonaq olduğumuz ev sahibi mömin xristian idi, svan mətbəxinin dadlı yeməklərini dadmağı təklif edəndə təntənəli şəkildə xaç çəkdi. Məmnuniyyətlə bu yeməklərdən daddıq, amma bu vəhşi torpaq hara, belə ləziz yeməklər hara – Avropa süfrəsini bəzəyə biləcək nemətlər idi. Amma ev sahiblərinin yeyib-içmək vərdişlərini müşahidə etmək hünər istəyirdi. Svanlar dəhşətli qarınquludurlar.

Hamısından dadlı Svanetiyanın ov pendiridir, onu lap Avropa süfrəsinə tövsiyə etmək olar. Qoy Avropada da ondan düzəltsinlər. Bu pendiri belə hazırlayırlar: adi Qafqaz pendiri lət şəklində qazanda qaynar yağla qarışdırılır. Sonra bir az un əlavə edilir və bu kütlə bir çubuqla bərkiyənə qədər qarışdırılır. Sonra həmin kütlə dəyirmi şəkildə ipə sarınır, ip isə öz növbəsində suya salınmış çubuğa dolanır. Sonra da kütləni soyudurlar. Lent şəkilli pendir əmələ gələndən sonra onu çubuqdan ayırır, ova gedəndə çiyindən asıb aparırlar ki, acanda yesinlər. Bu pendir yumşaq və elastikdir, köhnəlmir, dadlıdır. Bu, avropalının buterbrod dediyi şeyi tamamilə əvəz edir, çünki tərkibində həm yağ var, həm də un.

Bir neçə saat bu svanetiyalı ev sahibinin qonağı olduq, svanlar da bizimlə birlikdə yeyib-içdilər, amma o səkkiz yaşlı igid nədənsə birdən-birə yox olmuşdu. Dedik, yəqin atını çapıb çöl-bayıra gedib, sonra yeyəcək, amma səhv edirdik. Yaxşıca yeyib-içdikdən sonra qaladan bayıra çıxdıq, bu zaman həndəvərdə qəribə bir mənzərənin şahidi olduq. Səkkiz yaşlı dəcəl yaraq-əsləhəsini soyunub kənara qoymuşdu, yerdə oturub yanındakı dayənin döşünü əmirdi. Həmin döyüşçü, həmin süvari indi də südəmər bir körpə idi. Lütfkar ata razı halda yeniyetmə oğluna xeyli baxdı, sonra elə bil kədərlə dedi: "Heyf ki, bugün-sabah onu süddən ayırmalıyıq".

Biz heyrətimizi bildirmədik, amma sonra öyrəndik ki, heç demə, Svanetiya kübarları arasında bu, bir adətdir, uşaqlarını mümkün qədər çox dayə südü ilə əmizdirirlər ki, sağlam olsunlar. Dayələr mümkün qədər tez-tez dəyişməlidir, heç olmasa altı aydan bir. Bir də ki, yaxşı əmən uşaq üçün bir dayənin südü azdır. Yaxşı əmən, sağlam uşaq üçün üç yaşdan sonra iki, bir az sonra üç dayə lazımdır. Svanların süd iştahası özlərinə yaraşır. Onlar qeyri-adi dərəcədə sağlam böyüyür, şişman əzələli, yekəpər adamlar olur, uzun ömür yaşayırlar. Ümumiyyətlə, uşaqları uzun müddət ana südü ilə əmizdirmək bütün Şərqdə adətdir, amma bildiyim qədər, bu müddəti heç yerdə Svanetiyada olduğu qədər uzatmırlar.

Svanetiya zadəganının evində üç gün qonaq olduq, sonra xudahafizləşdik. Onlar bizi öz torpaqlarının sərhədlərinə qədər müşayiət etdilər. Biz Svanetiyanı arxada qoyub Minqreliya vadilərinə tərəf yol aldıq.

Svanlar – onlar haqda bildiklərim üçün mən bu nəcib insana minnətdaram – şübhəsiz, maraqlı xalqdır, amma bir çox Qafqaz səyyahlarının dediyinə rəğmən, elə də sirli, müəmmalı xalq deyil. Onlar sadəcə gürcülərin bir budağı, vəhşiləşmiş bir hissəsidir. Dağlara gəldikdən sonra onlar əsil-nəsillərindən tamamilə ayrı düşmüş, əvvəlki mənalarını da itirmişlər. Onlar indi yalnız köhnə Gürcüstanı öyrənməkdə gələcək axtarışlar üçün çox zəngin informasiya verə bilər. Son dövrlərə qədər svanlar üç hissəyə ayrılırdı: Dadian svanları, zadəgan svanlar və məşhur azad svanlar. Dadian svanları Minqreliya kralı Dadiana tabe idi. Zadəgan svanları Svanetiya knyazlığını yaratmışdılar, bu knyazlığı keçən əsrin (*XIX əsrin – tərc.*) ikinci yasına qədər Dadaşkelian ailəsi idarə edirdi. Azad svanlar əlçatmaz, insan ayağı dəyməyən, vəhşi dərələrdə yaşayır, hökumət nədir, bilmirlər. Son dərəcə ibtidai həyat sürürlər, yalnız qonşularını qarət etməklə, oğurluqla məşğuldurlar. Quldurluqdan, soyğunçuluqdan başqa heç bir məşğuliyyət tanımırlar, bunu da onunla izah edirlər ki, onlar – azad svanlar çox kasıbdır, qonşuları isə var-dövlət içində üzürlər və onlara nəsə bir şey verə bilərlər. Azad svanlar hansı şəraitdə Rusiya vətəndaşı olub, bu da çox maraqlıdır.

Bir gün canişinin əyləşdiyi Tiflisdə elan etdilər ki, hansısa naməlum adamlar – azad svanlar canişinin yanına nümayəndə göndərmək istəyirlər ki, onları da böyük çarın himayəsinə qəbul etsinlər. Xəbər çox iltifatla qarşılandı. Əlahəzrət canişin mərhəmətlə gülümsündü, şəxsən çara məktub yazdı ki, "dağlarda Rusiyanın nüfuzu hər gün artır". Doğrudur ki, svanetiyalılar haqda dəqiq heç nə məlum deyildi, hətta həmin vaxt canişinin sarayında qalan Svanetiya knyazı da öz adamları haqda dürüst bir şey bilmirdi. Buna baxmayaraq, rəsmi qəzetlər yazdı ki, "bəs indiyə kimi heç bir hökmdar tanımayan, nə Sezarın, nə Mitridatın, nə də Makedoniyalı İsgəndərin tabe edə bilmədiyi bir xalq tapılıb, bu xalq könüllü olaraq öz azadlığını Ağ Çarın ayaqları altına atıb, ona rəiyyət olmaq istəyir". Bu məqalələr canişinin çox xoşuna gəlirdi, sarayda da hamının əhvalı yüksəlmişdi. Nəhayət, deyilən nümayəndələr gəldi. Canişin onları qəbul edib, bu kobud, nahamar dağ adamlarına xeyli baxdı. Bu adamlar həm də xristian idi, canişinin ayaqlarına düşüb yalvarıb and içəndə ki, çara sədaqətli olacaqlar, onsuz da əhvalı yaxşı olan saray adamlarının içindən böyük bir sevinc dalğası keçdi.

Nümayəndələrə yaxşı mükafatlar verib, üstəlik təltif də etdilər, yaxşı arzularla öz torpaqlarına yola saldılar. Onların arxasınca da təzəcə azad Svanetiyanın qubernatoru təyin olunmuş knyaz Eristov yola düşdü. Svanetiyada qubernatorun başına gələnlər onun canişinə göndərdiyi çox quru hesabatında təsvir olunub. Hesabatdan bəzi maraqlı məqamları təqdim edirəm.

Çarın yeni təbəələri qubernatoru özləri bildiyi kimi hörmət-izzətlə qarşıladılar. Onlar qubernatorun qabağında diz üstə çöküb təzim etdilər, çəkinə-çəkinə, amma lap aydın şəkildə soruşdular ki, qubernator onlara vodka gətiribmi. Qubernator əvvəlcə bir şey başa düşmədi, svanlar təkrarən dedilər ki, bəs onlarla zarafat etməsinlər, çünki onlar dəqiq bilirlər ki, çar yeni təbəələrinə on il ərzində onların istədiyi qədər havayı vodka verir. Deyirdilər ki, belə səxavətli vodka payı Rusiya təbəəliyini qəbul etmək üçün onların əsas şərtidir. Qubernator Svanetiyada hələlik tək özü idi, başqa işçisi yox idi. Ona göstərilən hərarətli pişvazı korlamamaq üçün özü ilə gətirdiyi bir yeşik vodkanı onlarla böldü, sonra da ehtiyatla soruşdu ki, bəlkə istədikləri nəsə başqa bir şey də var. Aydın oldu ki, svanetiyalıların ikinci bir xahişi var. Dedilər ki, onların əsas məşğuliyyəti oğurluqdur. Amma bu adətə baxmayaraq, qonşu qəbilədən olanlar biləndə ki, onların oğurlanmış əmlakı svandadır, onda bu svan ya oğurladığı əmlakın yarısını öz sahibinə qaytarmalı, ya da qan tökülməlidir. İndi onlara elə gəlir ki, bu, düz deyil və daha buna dözmürlər. Ona görə də xahiş edirlər ki, çar bir qanun qəbul etsin ki, oğurluğun üstü açılanda azad svanetiyalı oğurladığı əmlakın yalnız on faizini qaytarsın. Deyirdilər ki, bu daha ədalətlidir.

Qubernator xeyli narahat oldu – nə etməli? Qubernator yüksək maaş alırdı. Bu təntənəli sözlərdən, danışıqlardan sonra Tiflisə qayıdıb Svanetiya qubernatorluğundan imtina etmək ayıb olardı. Düşündü ki, qoy vaxt qazansın. "Mən bu haqda çara məktub yazıb dediklərinizi çatdıracağam", – o dedi. – "Amma əv- vəlcə gərək ölkənizlə, buradakı başbilənlərinizlə tanış olum, şəhər və kəndlərinizi gəzim, görüm, camaatı- nızla görüşüm". İndi də svanetiyalılar çaşbaş qaldı. "Hansı camaat"? – deyə soruşdular. – "Hansı kənd- lər? Bütün camaat sizin qarşınızdadır. Bizdən başqa azad svanetiyalı yoxdur".

İndi qubernatorun qəzəbinin həddi-hüdudu yox idi. Onun idarə edəcəyi bu bir ovuc dağ adamı, bu iki- üç evdir? Belə bir şey heç ağlına gəlmirdi. Amma hər halda, bu acı həqiqəti udmalı idi. Azad svanetiyalı- ların bütün qəbiləsində iki min adam güclə olardı, onlar da bir dərədə yaşayırdılar, qonşularını qarət etməklə, oğurluqla ömür sürürdülər. Bunlar sadəcə bir dəstə bandit və quldur idi, fikirləşirdilər ki, Rusiya hökm- ranlığı altında daha çox quldurluq edə, mənfəət əldə edə biləcəklər. Amma dəstə bağlayıb Tiflisə, hökumə- tin yanına gəlmişdilər ki, guya bunlar fəth edilməmiş böyük bir xalqdır.

Qubernator başılovlu Tiflisə qayıtdı, Əlahəzrət Çara raport yazdı. Axırda da təklif edirdi ki, idarə üçün buraya bir zabit, on polis göndərilsin. Bir də ki, svanetiyalıların tərbiyəsi, əxlaqı ilə məşğul olmaq üçün bir keşiş istədi.

Belə də oldu. Bir köhnə zabit, on polis və bir kənd keşişi tapıb yüksək maaşla Svanetiyaya göndərdilər. Kilsə tikməyə, yollar çəkməyə, başqa xərclərə də pul ayırdılar. Onlara hər şey verildi. Hesablayıb gördülər ki, bundansa həmin iki min azad svanetiyalını Tiflisə köçürüb orada yerləşdirmək və onlara ömürlük pen-

siya kəsmək daha ucuz başa gələrdi. Dediklərim, əl-
bəttə, yalnız azad svanetiyalılara aiddir, Dadianlara
və zadəgan qəbiləsinə aid deyil.

Bu gün də azad svanetiyalıların yaşadığı ərazi, hə-
mişə olduğu kimi, əlçatmaz və vəhşiyanədir. Amma
svanlar Rusiya təbəəsi olduqlarına peşman deyillər.
Zabitin və keşişin aldığı pullar həmişə onlarla xristian
xeyriyyəçiliyi ruhunda bölüşdürülüb. Bu işdə udu-
zan yeganə adam Svanetiya knyazı Konstantin Da-
daşkelian olub. Çünki azad svanetiyalılar Rusiyaya
tabe olduqdan sonra təklif etdilər ki, o da başqa svan-
lar kimi ölkəsi ilə bərabər çara tabe olsun. Amma Da-
daşkelian ruhən hökmdar idi, taxt-tacından əl götür-
mək istəmirdi. Uzun müddət davam edən danışıqlar
axırda onunla nəticələndi ki, Svanetiyanın sonuncu
hökmdarı çarın nümayəndəsini və onun şəxsi dostu,
knyaz Qaqarini şuranın yığıncağında, stol başında öz
əli ilə qətlə yetirdi. Bunun üstündə o öz həyatından
keçməli oldu. Onu Kutaisidə hamının gözü qabağın-
da güllələdilər, torpağını isə Rusiyanın bir əyaləti elan
etdilər. Digərləri – zadəgan svanetiyalılar, bir az son-
ra isə Dadian Svanetiyalılar da Rusiyaya qoşuldular.
Amma "Svanetiya kübarı"nın qonağı olduğum vaxt
mən yəqin etdim ki, onların mədəni səviyyəsinə təsir
etməkdən danışmağa dəyməz. Onlar Qafqaz xalqları
arasında bu gün də ən kobud, ən vəhşi və müəmmalı,
eyni zamanda ən səmimi xalq kimi necə var, eləcə də
qalıblar.

26.
XARABALIQLAR,
ÖLÜ ŞƏHƏRLƏR, KİLSƏLƏR

Svanetiyanın cənubunda iki keçmiş Qafqaz dövləti yerləşir – İmeretiya və Minqreliya krallıqları. İkisinin də qədim tarixi, şöhrətli keçmişi var. Bu tarix Yunan Arqonavtlarının indi Rion adlanan keçmiş Fasis çayı sahillərində Qızıl Yun axtardığı günlərə gedib çıxır. İmeretiya sakinləri gürcüdür və deyirlər ki, onlar da quriyalı qonşuları kimi yəhudilərin törəmələridir, sonradan, yəni Babil istilası zamanı Qafqaza köç etmişlər. İmeretiya filoloqları bir çox yer adlarının adını çəkirlər ki, ümumi mülahizələrə görə onlar da yəhudi mənşəlidir, hətta əsli "İberiya" olan "İmeretiya" sözü də, onların fikrincə, mənası "gəlmələr" olan "Hebreher", yaxud "Huber" sözünün təhrif olunmuş formasıdır.

Əslində müasir imeretiyalılar zahirən yəhudilərdən seçilmir və Qafqazın ən hiyləgər və hazırcavab vəkilləri, natiqləri hesab edilirlər. Hətta İmeretiyanın kral ailəsi də yəhudidir və iddia edirlər ki, onlar dünyada ən qədim, ən nəcib və ən görkəmli hökmdarlar nəslidir. Bu, üç min illik krallıq tarixi şübhə doğurmayan məşhur Baqration nəslidir. Baqration ailəsi Qafqazın, demək olar ki, bütün ölkələrində bu və ya başqa bir dövrdə kral taxtında oturub. Ermənistan, Gürcüstan və başqa dövlətlərin tarixində bu ailənin krallığını görmək olar. Hətta Parisdə, Fransa krallarının dəfn olunduğu yerdə Baqration qəbri görmək olar. Ermənistan kralı öz ölkəsindən nə vaxtsa qovulub, o da gəlib Parisdə, Fransa kralının əmisi oğlu kimi burada vəfat edib, burada dəfn olunub. Həqiqətən, sonuncu Baqration bu gün Parisdə yaşayır, amma kral kimi yox, "Citroen" şirkətinin taksi sürücüsü kimi. Hər halda Baqration sülaləsi kimi nəcabətli bir nəsil yoxdur. Avropa və Asiyanın bütün zadəganları, Habsburqlar, Burbonlar, Romanovlar Baqration zadəganlığı ilə müqayisədə adi bir zadəganlıqdır. Çünki Baqratidlər Kral Solomonun və Kral Davudun birbaşa törəmələridir. Onlar həm də Musa Peyğəmbərin nəslindəndirlər. Şəcərənin digər bir xətti İsa Peyğəmbərə gedib çıxır, buna görə də onlar tamamilə haqlı olaraq deyə bilərlər ki, dünyada onların tayı-bərabəri yoxdur. Nəslin kral titulu belə olub: "Mən, Allahın izni ilə, Baqration, Allahın lütfü ilə (filan ölkənin) hökmdarı, Dünyanın Xilaskarı İisus Xristosun varisi, Kral Solomonun və Davudun oğlu, Musa Peyğəmbərin varisi, həqiqətən, Hökmdarlar Hökmdarı" və s. Bütün titul üç səhifə yer tutar.

"Baqration" sözünün mənası "Sion dağından gəlmiş" deməkdir. Hətta rəsmi genealogiya dəqiq olmasa belə, hər halda üç min illik hökmdarlıq və Baqratidlərin yəhudi mənşəyi tarixi cəhətdən təsdiq olunub. XIX əsrdə Baqration nəslindən olan birisi Rusiyaya mühacirət edir, sonralar o, Napoleon müharibəsində iştirak edir. Rusiya çarı I Aleksandr öz bacısını ona ərə vermək istəyir. Bunu çar tərəfindən edilən nalayiq və yüngül hərəkət hesab edən Baqration təklifi rədd edir. Dünyanın altıda birindən çoxunu idarə edən hökmdarın qızı heç də Baqrationun tayı deyilmiş. Çarın qəzəbi sonsuz idi və bu dikbaş qafqazlını sürgündən yalnız müharibə xilas etdi. Sonralar o, Borodino döyüşündə öldürüldü.

Baqration ailəsi düz XIX əsrə qədər İmeretiyanı idarə edib, amma onlar ölkəni çox primitiv şəkildə idarə edirdilər. Onların paytaxtı Kutaisidə İmeretiyanın sonuncu kralı II Solomonun altında məhkəmə qurub müttəhimi oradaca asdığı ağaclar indiyə qədər qalır. Həmin Solomon sonralar ruslarla igidliklə vuruşsa da, ruslar onu oradan sıxışdırıb çıxarıb.

İmeretiyanın çoxlu əfsanələri var. Qədim şəhərlərin və məbədlərin bir neçə məşhur xarabalıqları onu göstərir ki, bu ənənəvi hekayətlərin heç də hamısı nağıl, əfsanə deyil. Burada, hər şeydən əvvəl, xristian əsatirləri yaşayır. İisus Xristosun çarmıxa çəkildiyi xaçın (həqiqi xaç) hissəciklərini qoruyub saxlayan kilsələrin sayı, Xristosun əzab çarmıxına vurulmuş qızıl və gümüş mismarlar, Xristosun xitonu *(cübbə, yundan hazırlanmış uzun üst geyim – tərc.)* və digər müqəddəs şeylər burada çoxdur.

Bu ölkənin kilsələri, şübhəsiz ki, dünyanın ən qədim kilsələrindəndir, onların da ən qədimi Martvili kilsəsi, ya da "Böyük Palıd Kilsəsi"dir. Güman edirlər ki, kilsəni eramızın 40-cı ilində Apostol Endru tikdirmişdir. Kilsənin yanında bir monastır var, burada lap qədimlərdən "Böyük Palıd Kilsəsi"nin yepiskopu Çkondideli *(dini vəzifə – tərc.)* yaşayıb. Çkondideli

Minqreliyanın baş yepiskopu idi. O, həmişə krallarla münasibətdə olub, odur ki daha çox feodal baron idi, nəinki keşiş. Bu müqəddəs palıdlığın ortasında daşdan tikilmiş bir qala ucalırdı. Qala bir vaxtlar bütpərəst məbədlərinin divarları və sütunları arasında idi. Gürcüstanın digər prelatları *(prelat – katolik kilsəsində yüksək ruhani vəzifələrindən birinin adıdır – tərc.)* kimi Çkondidelinin də daimi ordusu, öz knyazları, zadəganları və savaşçıları vardı.

Gürcü keşişlərinin çoxu döyüşkən olur. Keçmişdə dəqiq bilinmirdi ki, keşiş haradan başlanır, feodal baron harada qurtarır. Bir də görürdün ki, uğurlu bir döyüşdən sonra düşmənə bir qılınc endirən lider zirehini soyunub xaçı yuxarı qaldırdı, keşiş paltarı geyib həlak olanların günahlarını öz üzərinə götürdü. Bu keşişlər üzüdönüklüyə, xəyanətə meyilli olan peşəkar döyüşçülərdən, zadəganlardan tarixə daha çox xidmət göstəriblər. Çünki Gürcüstanın apardığı müharibələr əsasən müsəlmanlara qarşı aparılan dini müharibələr idi və məlumdur ki, Şərqdə qədim xristian torpaqları hər tərəfdən müsəlmanlarla əhatə olunmuşdu. Odur ki hətta heç müsəlmanlara qarşı olmasa belə, keşişlərin yetkin döyüş məharəti olmalı idi.

Müqəddəs Palıd yepiskopları əyləşən yerdə (bu palıd müqəddəs ağac kimi bütün Minqreliyada uca tutulur və ibadət olunur) məşhur Nikolakevi şəhərinin qədim xarabalıqları qalmaqdadır. Deyəsən, ilk dəfə olaraq oraya elmi ekspedisiya göndərməyə hazırlaşırlar. Nikolakevi Qərbi Qafqazda ən qədim xarabalıqdır, buraya arxeoloqların ayağı dəyməyib, ona görə də burada ən maraqlı tapıntılar gizlənir. "Nikolakevi" min illərdir ki, bu yerin adıdır və Minqreliya dilində mənası "köhnə şəhər" deməkdir, yunan sözü olan "Arxeopolis" sözünün hərfi tərcüməsidir. Çünki min illər bundan qabaq "köhnə şəhər" kimi tanınan bir şəhərin çox qədim tarixi olmalıdır. Göründüyü kimi, Nikolakevi şəhəri, şübhəsiz, belə bir uzaq tarixə şəhadət verə bilər. Alimlərin fikrincə, bu, nə az, nə çox – Kolxidanın paytaxtı, bütün yunan macəraçılarının arzusu olan həmin əfsanəvi Yer şəhəridir. Məhz burada, bu yerdə ilahə Medeya öz sehrkar cadularını pıçıldamış, arqonavtlar sahilə çıxmış və Yazon Qızıl Yunu axtarmışdır.

Bura həqiqətən qeyri-adi bir yerdir, bu yer gec-tez turistlərin və arxeoloqların ziyarət yerinə çevriləcək. Gün gələcək bu qədim bütpərəst və klassik məbədlər qazılacaq, Medeyanın Yazonu tilsimlədiyi həmin yerdə vurulan mis bir lövhə o hadisələri xatırladacaq, çay pulu arzusunda olan bələdçilər qonaqları xarabalıqlar arasında gəzdirəcək, ağır cildli kitablar Nikolakevi şəhərinin şöhrətindən bəhs edəcək. Amma o gün hələ gəlməyib. Gürcüstanın qədim dəfinələrini qazıb çıxaracaq ekspedisiya hələ yoldadır.

Minqreliya və İmeretiya sakinləri arasında klassik bir qədimlik yaşayır. Burada söylənən saysız-hesabsız saqalar yunan əfsanələrinin variantlarından başqa bir şey deyil. Minqrellərin boy-buxunu da klassik gözəllik meyarlarına uyğundur, güman ki, damarlarında yunan və genuyalıların qanı axır. Yunan koloniyalarının, italyan tacirlərinin və Bizans fatehlərinin əsrlər boyu davam edən varlığı bu xalqın ruhuna təsirini heç vaxt tamamilə itirməyəcək.

V əsrdə Nikolakevi-Arxeopolis Lazika xristian çar-lığının paytaxtı idi, VI əsrdə isə Bizans imperatoru Yustinian orada böyük bir kilsə tikdi, kilsənin xara-balıqları klassik dövrün xarabalıqları arasında bu gün də qalmaqdadır. Hətta minqrel kəndlilərinin və rahib-lərinin kasıb daxmaları da xarabalıqlar arasında seçi-lir. Burada yaşayan polis komissarı yerli sakinlər ara-sında əmin-amanlığa göz qoyur, yəqin ki, o, tezliklə çətin bir vəzifəni də yerinə yetirməli olacaq – bu yeni dünyanı axtarıb tapmağa, kəşf etməyə gələn alimlər buraları eşib-qazacaqlar, burada qalmağa onlara ev lazım olacaq.

Nikolakevinin ətrafında, Minqreliyada, xüsusən İmeretiyanın dağlıq-qayalıq tərəflərində və Gürcüs-tanın şərq səmtlərində elə qədim xarabalıqlar var ki, onlarla müqayisədə Nikolakevi nisbətən "təzə"dir. Bunlar sirli-müəmmalı mağara-evlər, mağara-şəhər və saraylardır, indi sakinlərinin adı da itib, yox olub. Bu qədim, ölü mağara-şəhərlərin ən məşhuru Qori şəhərinin yaxınlığında yerləşən "Uplissixe" – "Tanrı şəhəri"dir. Şəhərin adı əfsanələrdə çəkilir, şəhər indi Gürcüstanın ictimai mülkiyyətidir. Uplissixe yalçın qayalı, kolsuz-ağacsız bir dağdır, sərt, boz qayaları Kür çayının sahillərinə qədər uzanır. Əvvəlcə heç bil-mirsən ki, qarşında ölü bir şəhər var. Yalnız əlçatmaz zirvəsinə qalxanda yan-yörədə bir neçə mağara seçi-lir, azacıq qazılmış qaya divarlara yaxınlaşmaq belə mümkünsüz görünür. Çayın sahilinə açılan bircə giriş adamı qaranlıq şaxtaya aparır, buraya yalnız təcrübəli bələdçi ilə getmək olar, yoxsa bu qaya-şəhərin qaranlıq dəhlizlərində, labirint, qazma kahalarda, saraylarda və küçə-keçidlərdə yaxşıca azmaq olar. Şəhər özü heç də tarixə qədərki mağara adamlarının ibtidai yaşayış məskəni deyil. Əksinə keçid-zalların tavanını saxlayan, ustalıqla yonulmuş sütunlar oturuşmuş bir mədəniyyətin üslub və məharətini göstərir. Divarları bəzək ornamentləri və həkk edilmiş işarə-yazılar örtür. Divarlar boyunca işıq və istilik tənzimləmək üçün açılmış oyuqlar, taxça və rəflər görünür. Kələ-kötür oyulub yonulmuş yaşayış yerləri, kobud, uyğunsuz pəncərə-bacalar və nahamar, biçimsiz qapılar bu yerin əsl troqlodit (mağara adamları) məskəni olduğunu deyir. Görünür, bu şəhərdə neçə-neçə nəsil yaşayıb, çünki təkcə tikilinin üslubu deyil, divarlardakı kitabə-yazılar da fərqlidir. Çünki qədim gürcü yazısı bu günə qədər sirri açılmayan anlaşılmaz heroqliflərlə bir yerdədir.

Bu qaya şəhərin bir neçə sarayı ikimərtəbəlidir və günbəz tipli tavanı var. Ətrafda iri bardaqlar qoyulub, sanki dünən onlardan istifadə ediblər. Hər halda bu sirli, qayaların içində oyulmuş, görünməz şəhərin sonuncu sakininin buranı tərk etməsindən ən azı min il vaxt keçib. Uplissixe şəhərinin əsası nə vaxt qoyulub, bilən yoxdur. Çox qədim gürcü mənbələri də bu haqda az xəbər verir, alimlər təxmin edirlər ki, bu labirint şəhər qayalıq çapılanda polad alətlər işlənməyib və bura Pelask katakombalarına çox oxşayır. Deyilənə görə onların üç min il yaşı var, amma gürcülər başqa cür düşünür. Onlar deyirlər ki, şəhəri Çariça Tamara tikdirib. Amma bunun o qədər də əhəmiyyəti yoxdur, çünki onsuz da aydındır ki, Gürcüstanda hər bir xarabalığın – lap əlli il yaşı olsa da – Tamara tərəfindən tikildiyi iddia olunur. Sənədlər təsdiq edir ki, Makedoniyalı İsgəndər bu qaya-şəhərə – Uplissixe şəhərinə gəlib, bir çox alimlər də İştar və Baal məbədlərinin bu şəhərdə olduğunu deyirlər.

Hər halda bu şəhər bir müəmmadır, eynilə beləcə, inanılmaz olsa da, çayın dibində, qayaların altında qalmış başqa bir şəhərin də olduğu deyilir. İndiyədək kimsə onu tapıb üzə çıxara bilməsə də yerlilər onun olduğuna inanırlar. Oraya aparan pillələr Uplissixeyə gedən cığırlar kimi yerin dərin qatlarında gizlənib və yəqin ki, bir gün tapılacaq. Yalnız yuxarıdan baxanda seçilə bilən bu daş şəhər bu cür keçidləri, mağaraları ilə yəqin ki, tamamilə əlçatmaz, yenilməz bir qala olub. Şəhəri bayırla yalnız iki dar keçid birləşdirir, amma onlardan birini ən iti göz də görə bilmir.

Xaraba şəhərin düz ortasında nisbətən son dövrlərin nişanəsi olan kilsə var. Bəzən xristian adətləri ilə olmasa da, kilsə indi də inanc yeridir. Üzüm-şərab mövsümündən sonra ətraf kəndlərin adamları kilsəyə gəlir, ölü şəhərin ruhlarına bütpərəst hədiyyələri gətirirlər: mehrabın (qurbangah) yanında şərabla dolu ağzı açıq iri qazanlar durur. Şərab tanrı rizasına buxarlanır. Gürcüstan ruhaniləri bu adətə etiraz etmirlər, buna tolerant münasibət bəsləyir və bundan da qəribə, küfrlərə dözməli olurlar. Gürcü kilsəsi, demək olar ki, bütpərəstlik dövrünün bütün adətlərini qəbul edib, yunan kilsəsinin mərasimlərini də ona əlavə edərək öz dinini yaradıb, adamlar da bunu milli adət-ənənənin əsası hesab edib ehtiram göstərirlər. Buna görə də gürcü kilsəsi bu günə qədər insanların mənəvi həyatının mərkəzi, milli şərəf və qüdrətin tərəfdarı, havadarıdır.

Bir çoxu olduqca köhnə və demək olar ki, yararsız olan kilsələr Gürcüstanın davamlı memarlıq üslubunu qoruyub saxlayaraq əsrlər boyu dəyişməz qalıb. Gürcü kilsəsinin bünövrəsi xaç şəklindədir. Nazik, səkkizguşəli günbəz xaç şəklində kəsişən millər üzərində ucalır. Ölkədə bütün kilsələr bu prinsiplə tikilir. Ötəri, aldadıcı üslub dəyişiklikləri gürcü kilsəsinə yaddır. Əsrlərdən keçib gəlmiş adət-ənənənin aldadıcı yeniliklərlə əvəz edilməsini xoşlamır.

Axşamüstü kilsələr boş olanda gürcü qızları buraya gəlir. Ucuna şar bağlanmış ipi əllərində tutub kilsənin qapısı ağzında diz üstə əyilib dodaqları altda bütpərəst duaları oxuyurlar. Oxuya-oxuya da şarı öpüb buraxır, ipin ucunu əllərində saxlayırlar. Dizləri üstə sürünərək kilsənin divarları boyunca dolanır, sonra yenə şarı buraxdıqları yerə gəlir, ipin o biri ucunu da şara bağlayırlar. Əgər bunu edə bilsə, qız sevinclə ayağa durur və inanır ki, il keçib qurtarmamış o, sevdiyi adama qovuşacaq, ərə gedəcək. Kilsədəki ruhlar daha heç nə edə bilməyəcək, çünki qız onları iplə bağlayıb və arzusu yerinə yetməyincə, onları kilsədən buraxmayacaq. Arzusuna çatandan sonra qız ruhları azad edəcək, onlar kilsədən uçub kəndlərə gedəcək, gürcülərin öz daxmalarının pəncərələri qabağında onlar üçün qoyduğu ilahi nemətləri alacaqlar. Gürcü kilsələrinin qapısı tez-tez sıx ip torla örtülür, içəri girmək istəyən gərək ayağını qaldırıb iplərin arasından keçsin. Ərə getmək istəyən qızlar çoxdur.

Gürcü ruhanilərinin işi gərək elə də asan olmasın. Amma gürcü kilsələri sadəcə müqəddəslərin yeri deyil. Gürcü kilsə və monastırlarında olan müqəddəs şeylər heç italyan kilsələrində də yoxdur. Məsələn, bir kilsədə Xilaskar İisusun geyimi nümayiş olunur, o birisində Xristin apostol tərəfindən çəkilmiş ən köhnə şəkli. Başqa, daha möhtəşəm bir kilsədəki şəkildə Məryəm Ana yuxuda xristianlığı Gürcüstana gətirmiş Müqəddəs Ninoya bir üzüm tənəyini əmanət verir. Amma ən qiymətli hədiyyə Ararat dağının yaxınlığındakı erməni kilsəsində nümayiş olunur. Bu, çürük bir taxta parçasıdır ki, Nuhun xilas gəmisindən qaldığı deyilir, daşqın yatana qədər gəmi burada – Ararat dağının zirvəsində qalmışdı.

Gürcü xalqının müqəddəs əfsanələri çoxdur. Qərbin bir çox əfsanələrindən daha qədim və orijinala daha yaxın olsalar da, bu əfsanələr Avropada məlum deyil. Tez-tez tənqid və istehza olunan Şərq xristianlığı bu sadə əfsanələrdə yaşayır, bunlarda uşaq saflığı, fantaziya və səmimiyyət çoxdur. Bu, dünyada xristianlığın ən qədim formasıdır və mövcudluğu tarixində xaç uğrunda Qərb kilsələrindən daha ağır mübarizə aparmalı olmuşdur. Həqiqətən, son iki min il ərzində Gürcüstanın tarixi onu hər tərəfdən əhatə edən digər dinlərə qarşı aramsız apardığı döyüşlər tarixindən başqa bir şey deyil. Şərqin ən böyük xristian çarlığı olan Bizansın edə bilmədiyini Gürcüstan öz inadlı mübarizəsi, mətanəti sayəsində edə bildi – öz xristianlığını qoruyub saxladı. Təəccüblü deyil ki, gürcü keşişləri və rahibləri savaşçı oldular, öz həmvətənlərinə qarşı tolerant olmağı öyrəndilər, ölkənin azadlığını qorusunlar deyə əvəzində qədim bütpərəst dinini qəbul etdilər. Ona görə də Gürcüstan tarixi təriqət tanımır. Xristin müqəddəslikləri ilə bir sırada qədim su tanrısı, ov ilahəsi, məhsul tanrısı da inanc yeridir. Millətin hamisi Müqəddəs Georgi ilə yan-yana bir çox yerlərdə qədim tanrıların adına nəzir-niyaz verildiyini, əfsanələr söyləndiyini görən gürcülər buna heç də heyrət etmir. Məsələn, Pşaviya və Tuşetiyada bu tanrılar heç xristian müqəddəsliklərinin arxasında gizlədilmir və rəsmi xristian kultu onlara sitayiş etməyə mane olmur. Tuşetiyada özlərinin dadekon adlanan keşişləri var və dadekonların xristian keşişləri ilə heç bir problemi yoxdur. Hər halda Gürcüstanda xristianlığın harada bitdiyini, bütpərəstliyin haradan başlandığını müəyyən etmək çətindir, çünki İslam olmayan hər şey xristian adlandırılır. Hətta müsəlman olmadıqlarını xüsusən nəzərə çarpdırmaq üçün özlərini xristian adlandıran, amma heç bir xristian keşişini öz kəndlərinə buraxmayan vəhşi xevsurlar da rəsmi statistikada yunan-pravoslav xristianlar kimi göstərilir.

Din və etiqadları uğrunda mübarizədə gürcülər qədim bütpərəst keçmişlərini qoruyub saxlaya biliblər. Qərbi Gürcüstan vadiləri buna görə mədəniyyət tarixini, arxeologiya və etnoqrafiyanı öyrənmək baxımından əsl xəzinədir. Minqreliya, İmeretiya, Svanetiya və Quriyada elə xarabalıqlar var ki, onlarda axtarışların üzə çıxaracağı tapıntılar Babil və Misir tapıntıları kimi əhəmiyyətli ola bilər. Gürcüstan vadilərində misirlilər, assuriyalılar, yunanlar, xetlər, romalılar, bizanslar, genuyalılar, ərəblər, farslar, türklər və ruslar hökmranlıq etmişlər. Onlardan qalan izlər, tikdikləri şəhərlər, onların adət-ənənələri hələ də öyrənilməyib. İmeretiyanın qalın meşələrində, qədim Fasis çayının sahillərində viran qalmış, yıxılmaqda olan sütunların, qüdrətli qalaların, möhtəşəm mərmər sarayların qalıqları və öz tədqiqatçısını gözləyən kitabələr bu gün də qalmaqdadır. Uzaq keçmişdə qalmış qüdrətli kralların sadədil nəsilləri yaxınlıqda sürülərini otarır, yox olmuş şöhrətin kandarından mömin bir xurafatla uzaq qaçırlar. Sehrkar Medeyanın məşhur ölkəsi öz tədqiqatçısını gözləyir.

27.

İNSANLIĞIN BEŞİYİ

Arxeoloqların və səyyahların gələcək xəzinəsi olan Medeya çarlığı Qafqaz dağlarının əbədi qarlarla örtülmüş əsas massivi ilə həmsərhəddir. Orada Monblan dağından hündür, amma bu günə qədər adsız qalmış dağlar var, çünki onlar Qafqazın Elbrus və Kazbek zirvələrindən, həmçinin qədim əfsanələrə görə, ətəkləri bəşəriyyətin beşiyi olan Ararat *(Ağrı dağı – Türkiyənin şərq ucqarında ən yüksək dağdır – tərc.)* dağından alçaqdır.

İntəhasız qar tirələrinin gözəlliyi, dağ havasının saflığı təsvirə gəlməz. Dağların bu füsunkar panoramasını kim bircə dəfə görübsə, ya da Qafqazın ecazkar havasından bircə kərə udubsa, həmişə bunu arzulayacaq, çünki dünyada belə saf hava yoxdur. Belə gözəl dağlar da heç yerdə yoxdur. İnsan gözü inanılmaz dərəcədə çox uzaqları görə bilir burda. Orta hündürlükdə olan bir dağın zirvəsindən adam bütün Qafqazı görə bilir – Qara dəniz sahillərindən Dağıstan dərələrinə, Gürcüstan vadilərinə və kazakların torpağına qədər. Adsız və saysız-hesabsız dağ massivləri, hətta adı olan və Avropanın ən hündür zirvələrini kölgədə qoyanlar belə yalnız mütəxəssislərə məlumdur. Məsələn, kim bu dağların adını eşidib: Cimeras Xox (Homer dağı), Sirxubar, Tepli, Zmiakomi-Xox, yaxud Palivter? Kimsəyə məlum deyil, fəth olunmayıb. Tarixdən də qabaq var olan bu başı qarlı zirvələr az qala göylərə çatır və mistik əfsanələrə bürünüblər. Bir ins-cinsin, bir vəhşinin ayağı bu qarlara dəyməyib, bu nəhənglərin müdhiş sükutunu pozan səs olmayıb. Sirlərlə dolu bu dağların möhtəşəm gözəlliyi var. Təəccüblü deyil ki, dağlar dumana bürünəndə qafqazlılar mömin kimi dizi üstə çöküb alnını yerə qoyur, bu azman dağların ruhuna dua edir. Dağlarda nəsə bir müqəddəslik, bir qorxu və əzəmət var, baxdıqca insanı vəhşət sarır, tarixdən qabaq onları dünyanın sərhədi hesab ediblər. Qədim insanlar bu dağlara "Kaf" deyib, düşünüblər ki, üzük barmağa dolanan kimi onlar da dünyanın belinə dolanıb. Qafqazda, ulduzların göy üzünə yapışdığı yerdə Zevs Tayfunla döyüşüb. Burada titanlar yaşayıb, bütün qoca tanrılar buraya qaytarılıb, Prometey odu buradan oğurlayıb və burada quzğunlar *(mifologiyada Tantal – tərc.)* onun ciyərini dimdikləyib.

Səyyahlar yəqin görüb, Abxaziya və İmeretiya sərhədində bir qaya var. Yerlilər deyirlər ki, Prometey məhz bu qayaya bağlanıb. Qədim yunanların bütün əsatirləri bu dağlarda yaşayır. Həm də müxtəlif qəbilələrdə müxtəlif cür və saysız-hesabsız. "Bura insanlığın beşiyidir, xalqlar buradan dünyaya yayılıb" – qafqazlılar fəxrlə deyir. "Təkcə İncil deyil, Qafqazın bütün xalqları da təsdiq edir ki, Dünya Daşqınından sonra insanlar məhz burada yenidən ayağa qalxacaq".

Deyirlər ki, Nuhun xilas gəmisi Qafqaz üzərindən sürüşərək Elbrus zirvəsinə doğru üzdü. Elbrus iki yerə ayrılıb yol verdi, gəmiyə yol vermiş həmin iki

zirvə Tanrı mərhəmətinin nişanəsi kimi indi də ucal-
maqdadır. Gəminin dayandığı Ararat dağında Nu-
hun uşaqları yaşayıb, Ararat əhli – indiki ermənilər
Nuhun oğlu Yafətin törəməsi olan Haykın nəslindən-
dirlər. Amiran erməni kralının adıdır, o, çox qəddar
olduğuna görə ermənilər onu ölkədən qovub. Amma
kral tez-tez öz adamlarına basqın edərək onları qarət
edib, çapıb-talayıb, qətlə yetirib. Ona görə də Tanrı
bu qəddar kralı Ararat dağının qayaları altında dəmir
zəncirlə bağlayıb, zindana salıb. Onun yanında yalnız
sevimli iti qalıb. Sədaqətli köpək gecə-gündüz zənci-
ri çeynəyir ki, kralı azad etsin. Əgər Yeni il ərəfəsin-
də hər bir erməni dəmirçisi çəkiclə zindana üç dəfə
vurmasa, qəddar kral çoxdan azad olardı, çünki guya
dəmirçilər zindana üç dəfə vurmaqla həmin zənciri
yenidən birləşdirirlər.

Ermənilərin qonşuları olan gürcü və azərbaycan-
lılar arasında da eyni adət yaşayır. Millətindən asılı
olmayaraq, Qafqazda hər bir dəmirçi Yeni il ərəfəsin-
də üç dəfə zindana vurur ki, zülmkar kralın əl-ayağı
açılmasın, onların qonşuları olan ermənilərə hücum
etməsin.

Əfsanələrlə daha zəngin olan uca dağlar hər halda
Ararat yox, Elbrus və Kazbekdir. Tanrıların böyük qü-
rubu zamanı (Norveç-Skandinav mifologiyası – tərc.) qo-
vulan nəhənglərin hamısı Elbrus dağının sıldırımları-
na zəncirlənmişdi. Hətta bu gün də osetinlər haradasa
uzaq mağaralarda zəncirlənmiş nəhəngləri axtarırlar
ki, azad etsinlər, bəlkə mükafat olaraq onlara qızıl,
cavahirat verilsin. Barbarossa saqalarının da Elbrusla
bağlı dəyişmiş variantı var.

Azman dağlar arasında qoca bir kral oturub, dörd bir tərəfində keşikçiləri. Kral yüz ildə bir dəfə keşikçilərdən soruşur:

– Yer üzündə hələ də ot bitirmi? Quzular hələ də artıb-törəyirmi?

Keşikçilər "hə" deyəndə, kral inildəyib yumruğunu oturduğu mağaranın divarına zərblə vurur. Onda Yer titrəyir, Elbrusdan uçqunlar ayrılıb tökülür.

Dağların zirvəsində quşlar şahı Simurq quşu yaşayır. Simurq bir gözü ilə keçmişə, bir gözü ilə gələcəyə baxır. O, Elbrusun gözəgörünməz padşahlığı olan Cinnistanda – "cinlər diyarında" hökmdarlıq edir. Elbrusun cinləri şər cinləri deyil. Onlar gələcəyin qəhrəmanları üçün Simurqun böyütdüyü gözəl qızlardır. Simurq gələcəyin qəhrəmanlarını tanıyır və hər biri üçün bir cinniyə, ya da pəri seçir. Gözəgörünməz qüvvələr – Qoq-Maqoqlar da Elbrusda yaşayır. Əhdi-Cədidə və Qurana görə, onlar bir gün yeraltı dünyadan çıxıb möminlərin dünyasını alt-üst edəcəklər. Elbrus belə Elbrusdur...

Qafqazın ikinci ən hündür zirvəsi olan Kazbek haqqında da xeyli maraqlı əfsanə var. "Kazbek" adını bu dağa ruslar təsadüfən verib. Qafqaz xalqları hərə öz dilində onu "Xrist dağı" adlandırır. Dağın zirvəsində yalnız günah işləmiş adamın gözünə görünməyən bir kilsə var. Göylərin qüdrəti ilə İbrahimin çadırı bu kilsənin içində qurulmuşdu, məhz bu çadırda müqəddəslər müqəddəsi – Xilaskarın beşiyi saxlanırdı. Beşiyin dövrəsində misilsiz daş-qaşlar asılmışdı, amma onlara yalnız həqiqətən xeyirxah adamlar əl vura bilərdi. Saysız-hesabsız adamlar özlərini həqiqətən mömin hesab edərək onlara əl uzatmış, amma həyatları ilə vidalaşmışlar. Bu daş-qaşları axtaranlar arasında hətta keşiş və rahiblər də olub, sonuncu gürcü çarı da öz adamlarını Xristin beşiyini axtarmağa göndərib. Amma bu günə qədər onu tapmaq kimsəyə müyəssər olmayıb. 1868-ci ildə Elbrusa ilk dəfə ayaq basan ingilislər də onu tapmayıb. Dağların əlçatmaz yerində yox olub getmiş xristianlığın nişanəsi kimi qalmış köhnə daş xaçlardan savayı onlar heç nə görməyiblər.

Bu qarlar ölkəsini dönə-dönə fəth etməyə cəhd göstəriblər – Qafqazın ecazkar dünyasına baş vurmağa cürət edən cəsurlar həmişə olub. Dini və qanlı əfsanələr dağlı qəbilələrin yaddaşından tədricən silinib gedir, amma Qafqaz da Qafqazdır və bu torpaq öz xarakterini lap sonda dəyişəcək. Hələ heç kim dağların sahibi ola bilməyib. Dağlar özünü qorumağı bacarır. Kədərli nəğmələr, dəliqanlı hoqqalar, heyrətamiz adamlar və azman dağların nəhəng və mistik sükutu yenə əvvəlki kimi iki dünyanı – Avropa ilə Asiyanı bir-birindən ayıran divar kimi burada ucalır.

Qafqaz yalnız bir dəfə uduzub. Cəmi əlli il qabaq dağların qurtardığı, məhsuldar torpaqların başlandığı bir yerdə müxtəlif xalqlar yaşayırdı. Zəngin kəndlərdə zəhmətkeş, heç kimlə işi olmayan insanlar yurd salmışdı. Bu gün bu insanlar yox olub gedib. Saysız-hesabsız nəsillər və dillər öz yurdunu itirib. Kəndlər yox olub, şimaldan gələn adamlar burada yurd salıb, amma bu işğal nəticəsində olmayıb. Əlli il qabaq xalqların böyük, qansız-qadasız miqrasiyası baş verdi, milyonlarla insan öz yurdunu tərk edib könüllü olaraq uzaq bir ölkəyə köç etdi, orada yad bir xalqa birləşdi. Yerli Qafqaz dilləri yox olub gedib, bir çox filoloqlar onları öyrənib tədqiq etmək üçün həmişəlik itirilmiş imkanlardan ötrü bihudə yerə acı göz yaşı tökməyə hazırdırlar.

Qafqazın bu miqrasiya hekayəti belədir: bir dəfə beş Dağıstan knyazı rusları Qafqazdan qovub çıxartmağı qərara aldı. Bunlar Osetiya knyazı Musa Kundux, Tabasar knyazı Musa Uzmi, İnquş knyazı Zur, Çeçen knyazı Sadulla Osman və Kabardin knyazı Atashuk idi. Kabardiya knyazı yoldaşlarına xəyanət etdi, çara xəbər verdi. Çar həmin xalqları cəzalandırmağa qərar verdi. Kundux və Osman insanları xilas etmək yollarını fikirləşdilər. "Bizi öldürməyə ehtiyac yoxdur", – onlar çara dedilər. – "Biz dinsizlər ölkəsini tərk edirik, böyük İstanbul sultanı bizə mərhəmət edəcək". Odur ki miqrasiya başladı. Musa Kunduxun rəhbərliyi altında xalqlar yavaş-yavaş Türkiyəyə köç etdi. Onlar Osmanlı torpağına piyada, ya da gəmi ilə gedirdilər. Amma onları burada heç də xoşbəxtlik gözləmirdi. Sultanın onlara verdiyi torpaq yararsız idi, buradakı həyat dağ adamları üçün münasib deyildi, quldurluq, soyğunçuluq qadağan idi. Onlar aclıq çəkir, yurd həsrətindən üzürdülər. Nəticədə məhv olur, ya da türklərə qarışıb yox olurdular. Bu insanların az bir qismi mühacirətdəki həyata öyrəşə bildi. Bunlar sultanın şəxsi mühafizəçiləri, son dövrlərə qədər Türkiyənin ən yaxşı dövlət xadimləri və paşa kimi tanınan çərkəzlər idi. Mühacirlərin başçısı Musa Kundux da Osmanlının hörmətli bir paşası kimi burada vəfat etdi. Amma bir vaxt tüfənglərindən üç dəfə atəş açıb Qafqaz sahilləri ilə vidalaşan insanlar Türkiyədə ac qaldı, əzab-əziyyətlərə düçar oldu, xilaskarları general Musa Kunduxa alqış edə-edə dünyadan köçdülər. Onların Qafqazdakı torpaqları kazaklara verildi.

O vaxtdan çox illər keçib. Qafqaz hökuməti öz arxivlərini açandan sonra o hadisələr haqda daha çox şey aydın oldu. Mühacirlərin bütün başçıları, o cümlədən Musa Kundux da Rusiya hökumətinin yaxşı pul verilmiş agentləri imiş. Hər köçən Qafqaz ailəsi üçün onlar çardan müəyyən qədər gümüş pul alırmışlar. Mühacirət edən hər bir qafqazlı haqqında müfəssəl məlumatlar saxlanırdı, əhalisi köçüb getmiş yerlər rus kazaklarına veriləndən sonra rusların sevincinin həddi-hüdudu yox idi. Musa Kundux xain idi, xalqına xəyanət etdi, mühacirlərin o biri başçıları da satqın idi. Buna baxmayaraq, Türkiyəyə mühacirət etmiş insanlar arasında onların xatirəsi hələ də əziz tutulur, ehtiram göstərilir. Bütöv xalqların köç etməsi, yaxud tamam yox olması çarın təklifi idi, amma şöhrətli generalların və knyaz Musa Kunduxun xəyanəti sayəsində həyata keçmişdi. Bütün bunlar son dövr Qafqaz tarixində qaranlıq bir səhifədir, o səhifə hələ yazılmalıdır, özü də olduğu kimi.

Bəli, bu yeganə hadisə idi ki, dağlar məğlub oldu, düşməni öz ağuşuna aldı. Amma bu, Qafqaz üzərində qələbə deyildi. Dağ havasının, Qafqazın füsunkar mənzərələrinin fatehlərin psixologiyasına necə təsir etdiyini, sürətlə dəyişdiyini görəndə inanmaq olmur. Bir zaman Qafqaz xalqlarını buradan sıxışdırıb çıxarmış, onların torpaqlarını mənimsəmiş kazaklar və ruslar bir neçə on ildən sonra tamam dəyişib, əsl qafqazlıya çevriliblər. İndi qəbul olunmuş "Qafqaz rusları" termininin Rusiya ilə heç bir bağlılığı yoxdur, yaşayış tərzi etibarilə bu insanlar başqa Qafqaz xalqlarından çox az fərqlənir.

Bu köçün, köçmələrin diqqət çəkən bir nəticəsi odur ki, bu dağlarda artıq səsi eşidilməyən bir neçə Qafqaz dilləri uzaq Suriya düzənliklərində, Livan dağlarında danışılır, onlar Qafqaz mühacirlərinin nəslindəndir. Qafqaz Suriyaya "köçürülüb". Orada cəngavərlər öz qonşuları ilə vuruşur, oğurluq, çapqınçılıq edir, öz qafqazlı əcdadlarının qanunlarına və qan düşmənçiliyinin əbədi adətinə sadiq qalırlar. Amma doğma yurdları olan Qafqaz hələ də onları çəkir, cəzb edir, halbuki onlar buradan çoxdan qopmuş nəsillərdir. Onlar öz nəğmələrində bu yurd üçün xiffət çəkir, Suriya ərəblərinin içində yaşaya-yaşaya qədim dillərində danışdıqları söhbətlərdə hələ də nəhəng Elbrus haqqında, zindana salınmış cadugər kral haqqında, Kazbek dağının əlçatmaz zirvəsində olduğu deyilən Xilaskarın beşiyi haqqında əfsanələr uydururlar.

28.
BİR AZ EKSTRAVAQANT NƏTİCƏ

Mən Qafqazda quldurlar, azadlıq savaşçıları, gizlədilmiş xəzinələr və gözəl qadınlar haqqında bir çox heyrətamiz əhvalatlar eşitdim. Şübhəsiz, onların bir çoxu əfsanədir. Amma hər halda onların arasında qədim kitabələr, köhnə əlyazmaları, ya da saralmış arxiv materialları ilə sübut oluna bilən həqiqətlər də var. Qafqazı tanıyıb öyrənmək üçün qədim perqamentlərə və şübhəli muzey eksponatlarına baş vurmağa ehtiyac yoxdur.

O şeyləri ki qafqazlı özü və ölkəsi haqqında deməlidir, çox əhəmiyyətlidir, çünki heç bir şair öz təsəvvürünə qəlbinin dərinliklərində qafqazlı qədər gizli və pünhan inana bilməz – qafqazlı bir dağı göstərər və deyər ki, bax, onun girişi tamam qızıldandır. Onun fikrincə, bu, həqiqətdir və başqa hər cür həqiqəti haqlı bir narazılıqla rədd edəcək. Poeziya və həqiqət arasındakı fərq hələ ki, dağlarda qəbul olunmayıb. Bütün dağların qızıldan olmaması, hər yol kəsənin da nəcib bir cəngavər olmaması haqda məyus bir düşüncə haçansa bu dağlara yol tapacaqmı? Çünki qafqazlı üçün bircə Qafqaz var – onun gördüyü, onun bildiyi Qafqaz. Səlibçilərin, şər ruhların məskunlaşdığı, əfsanəvi xəzinələrin, macəraların və müqəddəs rəvayətlərin yarandığı Qafqaz. Bura əfsanəvi ölkədir, əgər buranın adamları deyirsə ki, onların yaşadığı bu vadidə, məsələn, filan dağın o üzündə ciddi bir tədqiqatçını gülümsəməyə məcbur edəcək şeylər var, onları həqiqətən qınamaq olmaz.

İndi danışacağım əhvalatın Qafqaza dəxli yox-
dur, amma Avropa düşüncəsinə görə, tarixi cəhətdən
doğrudur. Çünki Avropa düşüncəsi tələb edir ki, baş
verən hər şey sənədlə təsdiq olunmalıdır. Onu mənə
Medeya çarlığından gözəl Beştau şəhərinə qayıdarkən
məşhur Gürcüstan hərbi yolunun üstündəki Passa-
nauri stansiyasında kök, xeyirxah bir qafqazlı qoca
danışdı. Əhvalat təkcə ona görə doğru deyil ki, onu
mənə qafqazlı danışıb, onu təsdiq edən polis sənədlə-
ri də var. Həm də polis sənədləri başqa yerlərdə oldu-
ğu kimi, Qafqazda da uydurma-zad olmur. Üstəlik bu
sənədlər heç cürə fantaziya deyil, ola bilər, sadəcə bir
az şişirdilmiş olsun. Onu da bilmirəm ki, dağlardan
yadımda qalan bu əhvalat niyə belə xoşuma gəlir. Ola
bilsin, məni hər şeydən artıq həyəcanlandırıb, vəcdə
gətirib, ona görə bilmirəm.

Beləliklə, müharibədən *(Birinci Dünya müharibəsi –
tərc.)* bir neçə il qabaq Qafqazda Kərim adlı bir qul-
dur və soyğunçu yaşayırdı. O, yolçuları, səyyahları
qarət edir, kəndlərə, stansiyalara basqın edir, sonda
Fars imperiyasının general-adyutantı rütbəsini alma-
ğa hazırlaşırdı. Bu peşəyə necə gəlmişdi, məlum de-
yildi. Deyirlər ki, atasını bir rus zabiti güllələmişdi.
Bu onu, hər şeydən əvvəl, qan düşmənçiliyinə, sonra
da uzunmüddətli banditizmə, quldurluğa sövq etdi.
Amma Kərimin alicənab xarakteri vardı, yalnız var-
lıları soyurdu, həm də yalnız kişiləri. Qadınlara qarşı
nəzakətlə, kavalercəsinə davranırdı. Dəmir yolunda
qatara basqın edərkən kişiləri alt köynəklərinəcən so-
yurdu, qadınların isə əlini sadəcə öpməklə kifayətlə-
nirdi. Qadınlara heç vaxt dəymirdi, hətta torba dolu

qızılları olsa da. Buna görə də kişilər hər dəfə soyğuna rast gələndə əmlaklarını tələsik qadınlara verir, görüntü üçün özlərində kiçik bir məbləğ saxlayırdılar.

Kərim hətta polislərlə atışmada centlmen kimi hərəkət edirdi. Üç dəfə xəbərdar etməyincə zabiti öldürmürdü. Birinci xəbərdarlığı o idi ki, yatdığı zaman onun paltarlarını oğurlayırdı. İkinci dəfə evini yandırırdı. Axırda atını güllələyirdi. Bu xəbərdarlıqlardan sonra zabit onu yenə təqib edirdisə, onda Kərim ona rəhm etmirdi.

Onu tutmağa bütöv bir polk göndərirdilər, amma o hər dəfə vaxtında aradan çıxa bilirdi. Qafqazlılar şövqlə onu az qala milli qəhrəman dərəcəsinə qaldırmışdılar ki, bu hadisə baş verdi. Rus hökuməti, nəhayət, əsrlərin sınağından çıxmış bir üsulu sınaqdan çıxarmaq qərarına gəldi, çünki bu yolla artıq bir çox cinayətkarlar ələ keçmişdi. Qafqaz meyarlarına görə, fantastik məbləğ olan əlli min rublu qulduru ruslara satan hər kəs ala bilərdi. Əlli min rubl xəbəri sürətlə ölkəyə yayıldı. Qafqazda bu cür məxfi işlərdə çox qəribə nəticələr baş verir. Hər bir xəbər dağlarda, uçurumlar başında, vadilərdə ildırım sürəti ilə yayılır. Qəzet-zad lazım deyil, dağlarda xəbər dili yüyürək olur, yol-çılğır xəbərləri kabel kimi daşıyıb gətirir. Əgər ucqar bir dağ aulunda birbaşa şəhərdən gələn bir xəbəri ətrafındakılara danışmağa başlasan, gülüb deyərlər: "Onu bilirik, təzə bir şey de".

Həmin əlli min rublla da bax belə bir şey baş verdi. Bir az keçməmiş bütün Qafqaz bunu bildi və gülməyə başladılar. Şəksiz, dağlarda bir ins-cins Kərimi satmazdı. Bunu etmək istəyənlər bacarmazdı, bacaranlar isə etməzdi. Bu dəfə rus fəndi işləmədi.

İllər keçir, pul öz xain sahibini gözləyirdi, Kərim isə yenə öz işində idi. Bir gün o xəstələndi, müdriklər dedilər: "Sənin vaxtın gəlib çatıb, ömründən bir aya yaxın vaxt qalıb". Kərim fikrə getdi. Beyninə ağıllı bir fikir gəldi. Həmişə etibarlı hesab etdiyi, çətin anda gizləndiyi kəndə gəldi və orada ən kasıb bir kəndçinin evinə düşdü. Onun əsl niyyəti bu adamı xoşbəxt etmək idi, çünki o, kasıbların kasıbı idi, Kərimə də nə qədər kömək etmişdi.

– Dost, – o dedi. – İndi sən şəhərə, rus generalının yanına get, de ki, quldur Kərim sənin evindədir. Sonra general məni tutmağa gələcək, sən də əlli min rubl alacaqsan.

Kəndli dəhşətlə ayağa qalxdı. "Mən satqın deyiləm", – dedi. – "Mən dostumu satmayacağam". Quldur təkid etdi, sonra da əmr etdi ki, qazını və kəndin ağsaqqallarını çağırsın. Onları da başa saldı – onun niyyəti odur ki, kəndli həmin mükafatı alsın. "Mənim həyatımın daha bir qiyməti-zadı yoxdur", – o dedi. – "İstəyirəm ki, dostum o əlli min rublu alsın. O pul niyə ruslarda qalsın ki?"

Elə də oldu. Bütöv bir polis dəstəsi kəndə gəldi, quldurun daldalandığı evi mühasirəyə aldı, uzun atışmadan sonra onu həbs etdi. Kərim güllələnməzdən qabaq xəstəlikdən öldü. Ölümündən bir az əvvəl kəndli pulu aldı. Quldurun arzusu yerinə yetdi, rusların xəzinəsi əlli min rubl azaldı.

Bu, öz dostunu, kasıbların kasıbı olan bir adamı mükafatlandıran, artıq taqətdən düşmüş canını, faydasız bir şey olmuş həyatını ehtiyacı olan bir insanın rifahı üçün əlli min rubla dəyişən quldur Kərim haqqında həmin təsirli hekayətdir.

28. Bir az ekstravaqant nəticə

Dediyim kimi, Qafqazda quldurlar haqda minlərlə əhvalat danışırlar – qəddar və romantik, amansız və incə. Amma onlardan heç biri mənə bu əhvalat qədər təsir etməyib. Görünür, bu hadisə Qafqaz üçün heç tipik deyil, amma bir Qafqaz quldurunun, kasıbların pənahının və azadlıq döyüşçüsünün yüksək və heyrətamiz mənəviyyatını göstərir. Onu mənə danışan kök, xeyirxah qafqazlının özü də usta bir quldur idi və Kərimin şərəfli həyatını, aqibətini mənə danışarkən gözləri yaşaran o qocanın niyə ağladığını bir avropalı başa düşəcəkmi, bilmirəm. Ola bilsin, başa düşməz, çünki o avropalının başına heç vaxt əlli min rubl qiymət qoyulmayıb və o heç kimə belə bir son xoşbəxtlik imkanı yaratmayıb. Ya da ola bilsin, həmin vaxt Passanauridə mülayim və romantik bir gecə vardı. Dağların əngin, buludsuz zirvələri göylərə meydan oxuyur, yolun üstündəki kiçik yeməkxanada isə müğənni kədərli mahnılar zümzümə edirdi. Bəlkə də. Kim bilir.

Bu, Qafqazda eşitdiyim sonuncu əhvalat idi. Sonra Kislovodska yola düşdüm. Vaxtım qurtarırdı, Xəzər sahilindəki neft şəhəri yolumu gözləyirdi. Qafqaz dəmir yolu məni geriyə – evə gətirirdi, qarlı zirvələri, dağ sellərini yalnız uzaqdan görə bilirdim, orda-burda xırdaca kəndlər qaralır, yolboyu bir qafqazlı at çapır, qatarımızla cıdıra çıxırdı. Getdikcə o əsrarəngiz, unudulmaz, əfsanəvi dağlar ölkəsi yaddaşımda yenidən açılırdı.

Həmin günlərdə ölkə hələ sülh içində idi, sülh və sakitlik isə Qafqaza yaraşır. Çarın canişini böyük hersoq idi, hələ də Tiflisdəki sarayında oturudu. Heç kimin ağlına gələ bilməzdi ki, qoca Qafqazın sayılı günləri qalıb. Artıq 1916-cı il idi, ən böyük inqilabdan bir əl əvvəl – elə bir vaxt ki, dağların cürbəcür xalqlarından və romantik hekayətlərindən daha heyrətamiz şeylər vəd edirdi. Daha bir il keçdi, sonra Qafqaz alovlara büründü. Saysız-hesabsız xalqlar azadlıq uğrunda silaha sarıldılar. Dağlarda təyyarələrlə, pulemyotlarla, tanklarla döyüşürdülər. Böyük hersoq olan canişin gecə qaçdı və dərhal fantastik bir idarə sistemi ilə əvəz olundu. Mübarizə illərlə davam etdi. Qafqaz cürbəcür rejimlər gördü – teokratik monarxiyadan demokratik respublikaya qədər. Bir çox illərdən sonra alovlar, nəhayət, səngidi, buradan sıxışdırılıb çıxarılmış qoca tiran – ruslar yenidən şimaldan varid oldu və sovet komissarları hökumət kimi çarın qədim saraylarına girdilər.

Sonra aydın oldu ki, Qafqazda yenə heç nə dəyişməyib. Nə inqilab dövrü, nə də sovet hakimiyyəti illəri Qafqaza çox təsir edə bilmədi. Orada qan ədavəti yenə əvvəlki kimi intişar tapıb, azadlıq savaşçısı olan abrek yenə də dağlarda at çapır, dağlı xalqlar yenə də əvvəlki kimi yaşayır, onların həyatı, anlaşılmaz dilləri, inqilabın öz rənglərini də vurduğu minillik adət və əfsanələri öyrənilməyib, tədqiq olunmayıb. Qəribə görünsə də, görünür, Qafqazı heç nə dəyişə bilməz – o, əcdadlarının yaşayış tərzindən inadla yapışıb. Odur ki dağların şəhər və kəndlərinin təriflı avropalaşdırılmasından daha süni bir şey yoxdur, zənn edirəm. Dağlılar avropalı deyil, onlar asiyalı da deyil. Onlar qafqazlıdır, yəni hər şeyə davam gətirən ərlərin, ərənlərin xüsusi bir irqidir.